深圳地铁 SHENZHEN METRO **四期工程建设技术创新与实践系列丛书**

叠侧式运营地铁车站
换乘改造施工关键技术

KEY TECHNOLOGIES FOR TRANSFER NODES
RECONSTRUCTION OF OPERATING SUBWAY STATION WITH
STACKED SIDE PLATFORM

李正涛 主 编

王锡锋 何 岳 曹 敏 黄 锋 副主编

人民交通出版社

北京

内 容 提 要

本书依托深圳地铁 7 号线叠侧式车站改造工程实践与科研创新成果，针对工程面临的大范围主体结构改造导致受力体系转换复杂、改造过程中须确保正常运营、拆除既有建筑物时导致车站整体减重产生上浮等挑战，通过数值模拟、模型试验、现场监测等手段，梳理了既有地铁车站大规模节点换乘改造所面临的施工重难点，并提出了针对性措施，形成了一套完整的施工关键技术。

本书可供从事地下结构设计和施工的工程技术人员参考，也可供高等院校相关专业师生学习使用。

图书在版编目（CIP）数据

叠侧式运营地铁车站换乘改造施工关键技术 / 李正涛主编. — 北京：人民交通出版社股份有限公司，2025.6. — ISBN 978-7-114-20315-2

Ⅰ. U231.4

中国国家版本馆 CIP 数据核字第 20253F8M42 号

Dieceshi Yunying Ditie Chezhan Huancheng Gaizao Shigong Guanjian Jishu

书　名：	叠侧式运营地铁车站换乘改造施工关键技术
著 作 者：	李正涛
责任编辑：	高鸿剑
责任校对：	赵媛媛　武　琳
责任印制：	张　凯
出版发行：	人民交通出版社
地　　址：	（100011）北京市朝阳区安定门外外馆斜街 3 号
网　　址：	http://www.ccpcl.com.cn
销售电话：	（010）85285857
总 经 销：	人民交通出版社发行部
经　　销：	各地新华书店
印　　刷：	北京建宏印刷有限公司
开　　本：	787×1092　1/16
印　　张：	14.25
字　　数：	294 千
版　　次：	2025 年 6 月　第 1 版
印　　次：	2025 年 6 月　第 1 次印刷
书　　号：	ISBN 978-7-114-20315-2
定　　价：	98.00 元

（有印刷、装订质量问题的图书，由本社负责调换）

编 委 会

PREFACE

随着城市化进程的不断推进，以地铁为主的城市轨道交通建设迅速发展。截至 2024 年 12 月 31 日，我国 31 个省（自治区、直辖市）和新疆生产建设兵团共有 54 个城市开通运营城市轨道交通线路 325 条，运营里程 10945.6km。城市轨道交通线网纵横交错，仍在不断完善中，因此经常会出现新线并入既有运营车站形成换乘车站的情况。换乘车站作为城市轨道交通线网的重要节点，如果规划时缺乏前瞻性考量，在后期建设中，就需要对既有运营车站进行改造，包括站内设施改造、增加换乘通道等，以完成与新建车站的结构连通。但此类改造施工风险较大，会对既有运营车站的正常运营产生一定的影响，所以对既有运营车站换乘改造施工技术进行研究，有助于为类似换乘车站施工提供经验借鉴。

目前既有运营车站的通道换乘改造，具有对既有运营线路影响小、改造规模小，侧墙改造范围局限在地下一层且改造规模小的特点，鲜有涉及既有运营车站顶板和 3 层侧墙同时进行大规模改造的工程案例，并且此种改造工程的限制条件众多，无法满足城市轨道交通"补充加密"的建设需求。本书基于深圳地铁黄木岗综合交通枢纽改造工程实践，分析和研究既有运营车站换乘改造施工重难点和针对性措施，总结形成一套完整的施工关键技术，以提高城市轨道交通的节点换乘改造建设水平，为类似项目提供参考。

全书共分为 9 章。第 1 章梳理了既有叠侧式车站换乘改造的发展历程，并分析了换乘改造过程中存在的关键技术。第 2 章介绍了深圳地铁黄木岗综合交通枢纽的基本情况及其改造方案。第 3～4 章通过理论分析、物理模型试验和仿真数值模拟，验证了抗拔桩作为抗浮措施的有效性和可行性。第 5 章详细介绍了叠侧式车站既有结构拆除方案，通过数值模拟变更破除顺序，探究最优破除方案。第 6～7 章通过对施工现场现浇工艺的介绍，揭示了新建结构与既有结构的连接方法，通过对不同形状的异形板进行数值模拟，探究其受力特性的

1

变化规律。第 8 章详细介绍了换乘改造过程监控量测的实施方案和预警控制技术，保障施工现场的安全。第 9 章通过现场实测数据来验证改造方案的可靠性，并对黄木岗综合交通枢纽的效益进行分析，进一步验证改造方案的可行性。

本书由李正涛、王锡锋、何岳、曹敏、黄锋、吕晓梅等编写，裴超、刘艳萍、潘建平、孟树红、靳涛、郭双喜等参与审稿。本书主要编写分工如下：第 1～2 章由李正涛编写，第 3 章由王锡锋编写，第 4 章由何岳编写，第 5～6 章由曹敏、丁慧文写，第 7 章由吕晓梅、苟亚辉编写，第 8 章由黄锋、冯百喜编写。在本书编写过程中，得到了中铁隧道局集团有限公司、中铁隧道集团三处有限公司、重庆交通大学等单位的大力支持和帮助，中铁隧道集团三处有限公司提供了工程一线资料。此外，丁加亮、裴超、斯春梅、王宏超等人在项目开展和本书编写过程中也做了大量工作。在此向所有编审人员的辛勤付出表示衷心感谢！

由于作者水平有限，书中难免存在疏漏和不足之处，敬请各位专家和读者不吝赐教，多提批评指导意见，以利修正。

编　者

2025 年 3 月

CONTENTS

第 **1** 章

绪　论

1.1 叠侧式车站概述

1.1.1 车站站台形式

地铁车站站台的形式，可大致分为侧式站台和岛式站台两种[1]。根据客流组织、地形条件和后期规划等需求，站台还发展出一些其他形式，但大多都基于这两种主要形式发展而来。

（1）岛式站台

岛式站台又称中置式站台、中央站台，是一种常见的地铁站台。如图 1-1 所示，岛式站台的设计，是路轨在两旁，站台被夹在中间，形成一个类似"岛"的形状。

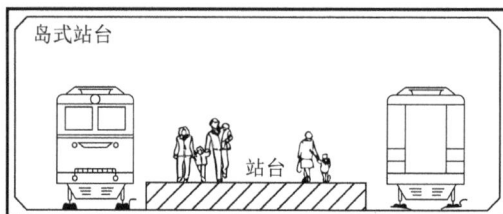

图 1-1　岛式站台示意图

（2）侧式站台

侧式站台又称侧式月台，如图 1-2 所示，是仅位于一条轨道线路侧边的站台。侧式站台为站台的基本类型，岛式站台是在侧式站台的基础上衍生出来的。相对于岛式站台，侧式站台是指轨道在中央，而站台在左右两侧的设计。

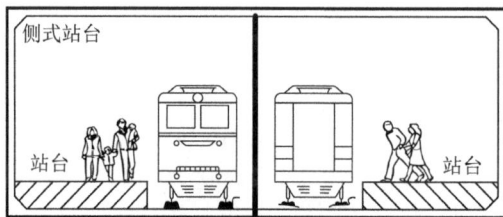

图 1-2　侧式站台示意图

1.1.2 不同车站站台形式优缺点分析

1）工程建设

（1）墩柱体系合理性与工程风险

侧式车站一般采用独柱墩结构，具有盖梁悬臂较短、结构体系合理、受力明确、工程风险小的特点。

岛式车站一般采用双柱墩结构，相对于独柱墩结构，双柱墩结构的扭转振型出现在两个主方向的平动振型之后，所以扭转刚度相对较大，纵横向刚度更合理。结构的自振基本周期较小，说明结构具有较大的抗侧刚度。轨道层的纵横向位移满足规范限值，表明结构体系更安全。

（2）车站体量与城市景观

侧式车站区间线路顺直规整，无须设喇叭口过渡段，景观效果好。独柱墩结构可适用于路中存在较窄绿化带的道路，占用城市用地资源较少。

岛式车站两端喇叭口长度各约200m，车站建筑体量大，对城市景观影响较大。双柱墩结构需要道路中间有较宽的绿化带，因而对城市用地资源的占用较多。

（3）改扩建的难易性

侧式车站区间与车站线间距一致，改扩建时，延长车站站台较为容易。

岛式车站区间与车站之间存在喇叭口过渡段，改扩建时，延长车站难度较大，技术较复杂。

（4）工程造价

相对侧式车站，岛式车站的断面较小，建筑面积也小，部分结构的造价较低。但普通岛式车站两端各有约200m长的喇叭口，总体投资要高于侧式车站。

2）车站功能

（1）客流组织分析

侧式车站应对突发性客流的能力比较差，可能会出现两侧站台客流分布不均的情况，乘客缓冲空间有限，站台面积利用率低，调剂客流能力差，但相对于岛式车站，更便于扩大站台客流的集散能力。侧式车站非付费区位于站厅两侧，付费区位于站厅中间，非付费区被付费区隔断，两侧需通过进出站闸机或栅栏门才能到另一侧，车站部分功能和对乘客的服务不太理想。

岛式车站站台相对较宽，对突发性客流的适应性较强，乘客有足够的缓冲空间。站台面积利用率高，调剂客流能力强。

（2）运营管理分析

侧式车站的站台层和公共区被区间轨行区隔断，无法实现连通。区间两侧公共区设备的运营管理维护均需通过站厅层中转，故运营管理不方便。车站部分设备对应两侧站台分别布置，其数量较岛式站台增加一倍。运营管理分散，运营成本较高。

岛式车站设备管理用房比较集中，上下层设备管理用房联系紧密，设备管理或检修运输方便。站厅层公共区、付费区集中设置，两端的非付费区相互连通。车站导向、照明、自动扶梯、楼梯等设备数量少，可集中布置。运营管理方便灵活，可节省人力、设备并减少能耗。

（3）行车条件与配线设置

侧式车站线路在车站与区间的线间距相同，线路线形顺直，行驶条件好，钢轨磨耗少，运营成本低。线路线间距小，配线设置条件好，配线较短，管理方便。

岛式车站端部喇叭口线路的线形较差，钢轨磨耗增多，增加了运营成本。车站处线间距大，渡线较长，投资略大。道岔远离车站端，管理不便。

（4）与周边物业结合的便利性

侧式车站站厅层与物业仅能在车站出入口范围内联系，其他范围均难以设置连接通道。

岛式车站站厅层可与两侧物业实现良好的衔接，除出入口可与物业连接外，两个非付费区联系通道范围部分也可根据物业的要求进行加宽或增加连接通道。

3）乘客使用

（1）公共区自动扶梯（楼梯）布置

侧式车站：为保证服务质量，公共区两个站台均需布置自动扶梯（楼梯）及无障碍电梯。例如，车型为 B 型车 6 辆编组的轨道交通线路，侧式车站的两侧均需布置 4 台自动扶梯和 2 部楼梯。若车站客流不大，则这种配置会显得自动扶梯（楼梯）数量过多，乘客必须严格按照车站导向选择正确的站台上车，否则需要通过站厅进行转换。站厅公共区由于两侧站台均需布置自动扶梯（楼梯），乘客流线稍显复杂，故为避免乘客上错站台，导向标示牌需更加明晰。

岛式车站：由于只有一个站台，只需要布置 2 台自动扶梯和 1 部楼梯即可满足乘客进出站需求，且不存在乘客选错站台的可能性。站厅公共区楼自动扶梯布置简单，乘客进出站流线相对简单。

（2）车站空间及乘车环境

侧式车站站台空间不连贯，相较于岛式站台不够宽阔，但站台位于轨行区两侧，采光条件较好。

岛式车站站台空间宽阔完整，但站台位于轨行区中间，与两侧采光点、通风窗的距离较远。

通过以上分析可知：侧式车站在车站体量与城市景观、改扩建难易程度、工程造价、行车条件与配线设置等方面，均优于岛式站台。从工程建设角度来看，侧式车站具有较高的推荐价值。但相对于岛式车站，普通侧式车站站台层公共区域无法实现连通，导致其应对突发性客流的能力比较差，运营管理分散，运营成本较高，这些因素限制了普通侧式车站的广泛应用。

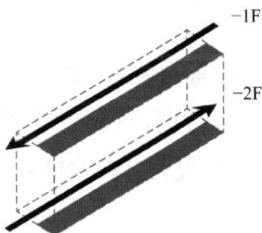

图 1-3 叠侧式站台示意图

1.1.3 叠侧式站台概述

叠侧式站台属于侧式站台的一种，如图 1-3 所示，其中两个侧式站台设置在不同的楼层并且上下重叠，上下行轨道也分处于不同的楼层。这种设计较好地解决了侧式站台因站台被轨道分隔的问题，但是也产生了乘客必须要利用天桥、地下通道或车站站厅才能往来于两站台的缺点。叠侧式站台将同一路线的往返两个方向设置于上下立体交叠的两个侧式站台上，欲乘搭相反向列车的乘客仅需要上下楼层就能达到目的。叠侧式车站一般用于车站腹地不足，或走线出于特殊原因需要上下垂直布置［例如避开建（构）筑物的桩基］的情况，或者为了将来方便扩建成同台换乘车站的情况。

1.2　既有车站换乘改造概述

1.2.1　换乘改造的重要性与意义

21 世纪的今天，人类面临着能源短缺、环境恶化、交通拥堵等各类复杂问题，"大城市病"日益凸显，因此对地下空间的充分利用和多重开发刻不容缓。而地下轨道交通有占用地上空间较少、人员输送效率高、速度快、运行时间准确和环保等优点，因此地铁成为了大城市解决交通问题的重要途径之一[2-3]。我国作为全世界发展中国家的代表，基础设施建设还不够完善。近年来，随着我国中心城市的迅猛发展，城市轨道交通的建设步入了如火如荼的快车道。目前，我国已是世界上在建城市轨道交通最多的国家。城市轨道交通作为一种节能、高效的公共交通工具，备受我国越来越多的城市青睐。随着经济水平的不断提高，人口向中心城市聚集已经成为了时代发展的趋势，公共交通工具的需求量也会越来越大。以北京为例，北京市作为全国政治、文化中心，城区人口密度居高不下，交通拥堵已经严重阻碍了城市的发展，降低了人民生活质量。

在新基建拉动内需的大背景下，我国城市轨道交通整体运营情况进一步向好。城市轨道交通由地铁、轻轨、单轨、现代有轨电车、磁浮交通、市域快轨及自动导向轨道系统组成。截至 2024 年底，我国 31 个省（自治区、直辖市）共计 58 个城市开通轨道交通线路，2024 年城市轨道交通运营里程净增长 936.23km（剔除核减线路 16.67km）。新增运营线路 25 条，新开既有线路的延伸段、后通段 26 段。北京、上海等 25 个城市有新线或新段开通运营，其中，西安新增 108.39km，居全国首位；郑州、苏州、成都、上海、广州 5 市增量超过 50km，运营线路规模增量居前。增长率超过 30% 的城市则是苏州和西安，增长率分别为 32.28% 和 32.11%。本年度核减城轨交通运营线路 2 条（珠海有轨电车 1 号线 8.81km，天津开发区导轨电车 1 号线 7.86km）。2024 年各城市轨道交通的运营里程如图 1-4 所示，深圳总里程数位居全国第五，且总里程数接近 600km。

截至 2024 年底，深圳市城市轨道交通随着 5 条地铁新线（段）同步开通运营，深圳市城市轨道交通运营里程达到 595.1km，这也是继 2022 年深圳地铁"五线三枢纽"开通以来再次迎来新线集中通车。新线开通后，深圳地铁线网密度达到 0.30km/km²，居全国第一。深圳市城市轨道交通 18 条运营线路总客运量 1188.49 万人次，进站量高达 662 万人次，深圳市地铁集团有限公司所辖 16 条运营线路（含有轨电车）总客运量为 1088.9 万人次，均创下历史最高客流纪录。截至目前，深圳市城市轨道交通单日客运量突破千万累计达到 15 次（2024 年 14 次、2023 年 1 次）。

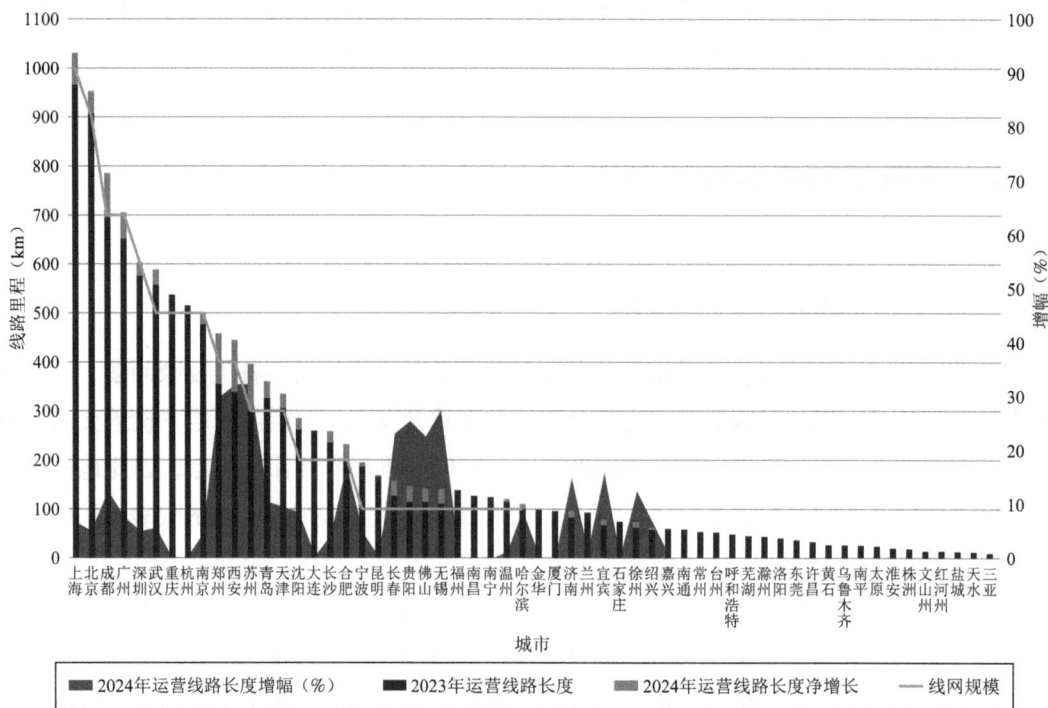

图 1-4　2024 年各城市轨道交通运营及当年新增运营里程

数据来源：中国城市轨道交通协会、易居研究院。

黄木岗综合交通枢纽改造工程位于福田区笋岗西路与华富路交叉处，它的建成，将实现地铁 7 号线、14 号线、24 号线三线换乘。地铁 7 号线车站建设时受黄木岗立交桥影响，导致两端宽、中间窄，其使用功能和舒适程度也受到一定影响；同时，地铁 7 号线车站前期规划时未预留与地铁 14 号线全面换乘条件。为实现三线高效换乘，需对既有地铁 7 号线进行改造，将分离设置通道换乘的地铁 7 号线、14 号线、24 号线进行整合，地铁 14 号线沿华富路和泥岗西路地下敷设，为地下三层叠侧式车站，与地铁 7 号线同站台换乘；地铁 24 号线沿笋岗西路地下敷设，为地下四层车站，与地铁 7 号线、14 号线形成节点换乘。黄木岗综合交通枢纽实现三条线路同站换乘，可以提升市民乘坐城市轨道交通出行体验。

黄木岗综合交通枢纽改造工程是目前世界规模最大、国内难度最高的地下运营车站增层及贯通项目。改造工程完成后，黄木岗综合交通枢纽新增了 14 个出入口，地下一层空间全面贯通，扩大了地铁 7 号线、14 号线站厅层核心区的使用范围，连通了枢纽四个象限的下沉广场，使枢纽向东、西、北三个方向延伸，地下交通回廊外观及效果得到全面展示，空间开阔性、舒适性和便捷性也得以体现。乘客可通过黄木岗综合交通枢纽的地下一层公共换乘大厅抵达体育中心、深圳市第二人民医院、华富村、华强北商业街、笔架山公园、中心公园等多个区域，快速切换体育、医疗、教育、商业办公、生活等不同城市生活景观，使出行更加便捷。

1.2.2 改造施工过程的技术难点

（1）既有主体结构拆除导致抗浮困难

改造前，地铁 7 号线车站在改造范围内未设抗拔桩、压顶梁，仅依靠车站自重即可满足抗浮要求。改造后，地铁 7 号线车站东西两侧的侧墙打开，顶板抬高，覆土厚度减小，但抗浮安全系数不满足要求。这是由于在拆除既有建筑物过程中，对车站整体结构来说，是一个减重的力学演化过程，势必会引起地基回弹和水浮力对整体结构的作用。刚性基础受力破坏与水浮力作用示意分别如图 1-5、图 1-6 所示。改造过程中，地下水对整体车站结构的影响破坏不容小觑，但通常在车站既有建筑物破除过程中，工程建设对地下水的作用条件考虑得不够全面，而且提出相应的抗浮措施也是少之又少。

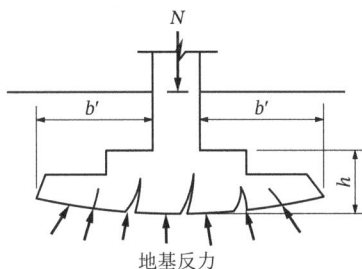

图 1-5　刚性基础受力破坏示意图
b'-台阶宽度；h-台阶高度；N-上部荷载

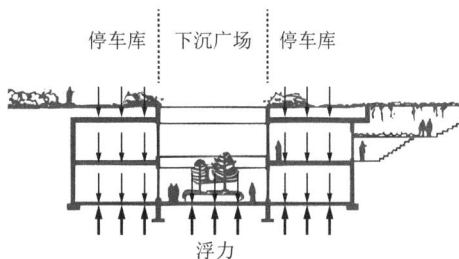

图 1-6　水浮力作用示意图

（2）改造过程中须确保正常运营

地铁 7 号线车站的日均集散客流高达 8.95 万人次，改造规模大，涉及专业广，边界条件复杂，工期仅 15 个月。改造过程中需避免对客流造成影响，确保在改造过程中不得间断地铁 7 号线的正常运营。传统改造规模较小，因此对既有运营线路的影响容易控制，但本工程为既有地铁车站大规模对节点换乘改造施工，需对施工工艺和施工设备进行优化，以此控制改造工程对既有运营线路的影响。

（3）大范围主体结构改造导致受力体系转换复杂

地铁 7 号线车站改造需大量拆除既有围护结构、车站顶板及侧墙等，新建叠合梁或叠合柱的空间受力体系转换复杂，改造时应保证受力体系转换的可靠性，确保既有地铁结构的安全。改造前还需确定合理的总体改造方案、临时支撑体系、拆除工序，保证破除结构和新建结构体系的有机转换和连接，确保车站主体结构在改造过程中的安全性。

综上所述，为解决既有地铁车站节点换乘改造涉及的抗浮困难、确保线路正常运营和受力转换复杂等多方面难题，本文依托深圳地铁黄木岗综合交通枢纽改造工程，通过文献调研、理论研究、数值模拟、模型试验、现场监测等综合研究手段，梳理并研究了既有地铁车站大规模节点换乘改造所面临的施工重难点和针对性措施，形成了一套完整的关键施工技术体系。本文分别从侧墙结构和既有顶板结构拆除两大方面进行研究，并针对不同拆除工序进行对比分析，得出了最优拆除方案；通过抗浮抗拔桩模型试验印证了抗浮措施的必要性及适用性。研究成果可为后续类似既有地铁车站改造工程提供借鉴。

1.2.3　国内外既有车站换乘改造实例与经验

我国各个地区都十分注重城市轨道交通的建设，城市的地下空间利用率在逐渐加大，地铁车站与地产商业也同步发展。然而，这也引发了一个新问题，即：新旧地铁线路的交叉换乘错综复杂。由于地铁可以承载更多的客流量，所以必须要对旧有的地铁线路进行改造调整。然而，因为我国地铁发展历史较短，铁路线网布局中有许多不合理的地方。因此，必须要尽快完善既有线车站的改造工艺，借助于科学化的改造方法，来实现对地铁线路的合理布局。

为此，我国相关部门参考了多位专家的意见，借鉴了国外有线车站改造的成功经验。通过研究国外案例的经验成果，总结出符合我国实际现状的解决方案。其中，俄罗斯莫斯科的库尔斯卡亚地铁车站改造以及日本东京都营团地铁东西线的车站改造均取得了良好的效果。其中，日本东京都营团地铁东西线的车站改造内容包括拓宽站台、新建自动扶梯、移建和新建出入口、新建和改造车站设施以及补强原有结构。近年来，国内也开始了地铁车站和高铁车站改造工程的研究，包括施工工法、设备设施更新、结构改造等，逐步填补了这一空白。

张涛[5]着重剖析探究了北京地铁 10 号线西土城站的换乘升级改造项目，提出了对既有地铁车站的小型改造方案，并借助相关基础理论和数学模型对升级改造方案进行分析论证，阐述了该方案在执行过程中可能带来的后果。

王亚鹏[6]从技术应用、设备性能以及改造影响三个角度分析了地铁既有线路信号系统方案的可行性，并对其进行了优化和调整。

马永超[7]分析了广州地铁 12 号线和 8 号线赤岗站换乘改造工程，明确了改造重点，利用局部改动来实现对车站的布局调整，并且为后期线路的建设也预留了接口，便于新建车站接入既有车站，从功能上更好地实现换乘需求。

邓冰晶[8]以地铁车站消防系统改造工程作为研究对象，依据规范要求，对既有地铁车站进行消防设备设施改造，主要研究在设计时如何运用现有消防设备设施，通过最经济合理的改造手段来满足消防规范要求。

安东辉、邵文[9]运用三维有限元分析软件建立模型，分析了广州地铁 3 号线华师站在无预留条件的情况下，换乘升级改造是否会对其自身结构及所受作用力产生一定的影响，并总结了施工行为对既有车站结构内力的影响。

张发明[10]着重剖析了北京地铁 2 号线车公庄站和新建地铁 6 号线换乘改造中 10kV 高压电缆的改造工程，对施工方法、新旧电缆倒接、型式试验等一系列改造工序进行了详细的说明。

李斌[11]探究了天津地铁 2 号线 17 标改造工程，阐述了既有车站大规模的升级改造和地下障碍物的清理等过程，梳理归纳了升级改造中可能出现的技术层面的难题，并提出了相应的应对措施。

刘力[12]探究了北京地铁 5 号线大屯路东站的升级改造项目，研究了在支撑立柱数量不变的情况下，扩大高架车站规模的可行性，这为后续高架车站的升级改造提供了一定的实践经验。

杜志涛[13]分析了成都地铁 8 号线倪家桥站改造工程，利用数字模拟，在保证既有线路正常运营的情况下，对既有线路扩建侧墙破除接口可采用的方法做了详细的说明。

结合国内外实际案例，本文将在施工前通过数值模拟对施工方案进行复现，确定施工方案的合理性，在施工过程中利用现场监控量测对关键位置进行布控，确保施工过程的安全性。

1.3　研究现状及评述

1.3.1　既有地下结构破除技术研究现状

既有地下结构破除工程一般具有施工组织复杂、技术要求高、风险大等特点。在破除过程中，一方面，需保证既有地铁正常运营；另一方面，在整个结构改造过程中需控制既有运营地铁车站的沉降变形。目前国内外对地铁车站既有地下结构破除的工艺研究尚处于发展的阶段，既有地下结构破除涉及的问题主要有施工步序、破除后力系转换、沉降控制等，这些具体问题的解决方法还均需要进一步研究，以提高地下结构破除施工的安全性。类似的既有地下结构破除案例，常用的拆除方法主要有人工凿除、机械破除、爆破法拆除及静力切割等，而金刚石绳锯静力切割技术以其安全、环保、稳定的优势受到业界的青睐[14-16]。

聂文高[17]针对既有分坑地下室改造拆除工程所处的空间位置狭小、原有钢筋混凝土结构存在一定程度老化、改造结构造型复杂、"夹心饼干"式紧邻运营地铁车站及新建基坑深等难题，借助基坑围护支撑及既有结构加固技术，进行了改造施工工艺流程研究，形成了"对撑＋背撑相结合，结构转换先行，分区分块改造拆除"的施工技术。

茅利华[18]结合原华漕 214 地块银丽华公寓（商业）改造项目的复杂地下结构拆除改造工程，提出留设部分原地下结构作为传力体系的方案，采用地下结构分区分块拆除、组合拆除工艺、结构加固工艺等系列关键技术措施，对复杂地下结构高效拆除、地下结构变形控制、降低施工对周边环境影响等方面开展了针对性的技术研究，实现了拆除工程高质、高效、节约的绿色施工要求。

孙金山[19]对中铁第四勘察设计院集团有限公司办公大楼爆破工程进行研究，考虑到工程紧邻浅埋地下室结构，大楼倒塌触地的冲击振动对邻近地下室可能造成严重影响，故为保证地下结构的安全性，采用有限元数值模拟方法 ANSYS/LS-DYNA，分析了楼房倒塌时高沙堤分别为 2.0m、2.5m、3.0m 和 3.0m 高沙堤＋1.5m 深减振沟 4 种方案的减振效果，同时考虑到施工难度和经济性，最终确定了 3.0m 高沙堤的减振方案。爆破结果表明，采用多排小间距高沙堤可有效降低楼房倒塌冲击荷载和振动，保障邻近地下室的安全。

俞天波[20]以上海市宝山区某工程地块为实例，研究了在周边复杂条件下实行地下室既有结构大范围拆改加固的技术。针对原有围护体已基本失效的情况，利用地下室自身结构作为围护体，并附加内支撑系统，以抵抗侧向土压力。采取分区分段拆除原有结构，逐步置换支撑系统和结构系统的策略，抑制对地下室及周边环境的影响。在不补桩的条件下，以梁托柱形式实现柱网的转换改造。

张长泰[21]以北京地铁某换乘车站为例，应用有限元软件对破除既有侧墙方案进行了理论分析，并将理论结果与施工过程中的变形监测值进行了对比，提出了"化大为小、分段破除、及时支撑"的侧墙破除方案，通过工程验证，对控制结构内力和变形增量行之有效。破除侧墙应采用最新的水钻切割工艺，并遵循先短边后长边的施工顺序。待换乘通道二次衬砌结构浇筑至既有侧墙结构边缘后，即可开始进行侧墙的破除施工。将需要破除的侧墙分为三个部分，首先依次破除两侧部分，然后施作两侧补强柱、补强梁和临时钢支撑，预埋钢筋接驳器，待补强结构的混凝土达到设计强度后，再破除中间剩余部分墙体，施作补强梁，闭合补强体系，最后，待混凝土达到设计强度后，拆除所有临时钢支撑。

1.3.2　防水、防火、防噪声技术研究现状

为最大限度地降低改造施工对车站运营的影响，考虑到改造施工中的各项工艺，需对车站改造区域进行围挡全封闭，同时要求围挡具备稳固、隔音、挡水、防火等特性。

（1）装配式结构防水研究现状

对于拼接缝防水，主要采用材料防水与构造防水相结合的形式，材料防水主要指用防水材料阻断水的通路，构造防水是指采取合适的构造形式来阻断水的通路，以达到防水的目的。

李长太等[22]认为预制混凝土外墙板的防水措施按原理可分为材料防水和构造防水两类。材料防水是依靠防水材料阻断水的通路，达到防水目的，如接缝嵌填耐候建筑密封胶、外挂墙板周边设置橡胶空心气密条等；构造防水是采取合适的构造形式阻断水的通路，以达到防水目的，如采用外低内高企口缝、设置排水空腔构造等。

徐建月等[23]认为预制装配式结构受外界环境的影响较大，构件接缝经常发生变化，因此，固化时间短的双组分密封胶更适用于装配式建筑接缝。目前常用的建筑密封胶主要有硅酮密封胶（SR）、聚氨酯密封胶（PU）、改性硅烷聚醚密封胶（MS）、改性硅烷聚氨

酯密封胶（SPU）。

朱志远、钟强等[24-25]通过对建筑密封胶的综合性能进行对比，发现 MS 和 SPU 在混凝土黏结性、抗位移性、可装饰性、耐污染等关键性能指标上，相较于其他传统建筑密封胶更有优势，可以作为预制装配式建筑外墙接缝的主要密封材料。

Paul[26]在试验中发现弹性密封垫与管片沟槽的接触面是可能发生渗漏的位置。传统密封垫施工会延长现场作业时间，在时间较为紧迫的情况下，现场工人的作业精准度得不到较好的保证。此外，如果橡胶条和管片之间的黏结不够紧密，在外部水压的作用下常会发生渗漏现象，并且凹槽内积水在长期作用下会腐蚀橡胶条。

张子新等[27]认为锚固式密封垫是在模具中浇筑混凝土时，将其放置于未成形的混凝土中，并调整好位置，随后将密封垫和混凝土共同养护，以实现密封垫与构件工程预制，这既能减少现场施工时间，又能有效保证施工质量。研究表明，锚固式密封垫弥补了传统防水接头中有压水易从密封垫与管片交界面处渗漏的缺陷。但混凝土在结硬过程中的表面伸缩与橡胶条不完全一致，使得橡胶条表面不够平整，有起伏不平的现象，对防水能力产生不良影响。

（2）防火涂料研究现状

乔浩等[28]参照熔体发泡法制备泡沫陶瓷的原理，将 Bi 系低熔点玻璃粉作为高温熔体添加到防火涂料中，当达到高温条件时，该玻璃粉能为涂料膨胀提供熔体，以提高涂料的膨胀倍数，优化涂料的膨胀结构，从而提高涂料的防火性能。通过热重分析及耐火时间分析发现，掺加 6%～8%的低熔点玻璃粉 Bi_2O_2-B_2O_3-ZnO（325℃-390℃-435℃）能够有效改善防火涂料的阻燃性能，尤其是涂层的膨胀倍数达到 10 倍左右，耐火时间可达 120min。热重结果发现，添加了玻璃粉的防火涂料热稳定性更高，在高温条件下残余率可达 77.34%，在很大程度上提高了无机超薄膨胀型钢结构防火涂料的防火性能。

韩忠智等[29]以环氧树脂、聚酰胺固化剂作为膜树脂，在其中加入钛白粉和云母粉作为无机颜料和填料，以聚磷酸铵、季戊四醇和三聚氰胺作为阻燃剂体系，通过添加膨胀石墨提高了防火涂料的膨胀高度和耐火时间，得到了一种具有良好附着力、耐化学品性及阻燃性优良的膨胀型环氧防火涂料。

衣欣[30]通过有限元分析得出结论：钢梁的极限耐火时间与厚型防火涂料的密度、厚度和比热容呈正相关，与导热系数呈双曲线关系。浙江大学徐世烺教授团队[31]发现涂料的导热系数随密度的升高而升高，随含水率的减少而降低。但厚型钢结构防火涂料存在涂层厚、表面光洁度低、装饰性差、施工工序多等缺点，且性能更加优异的超薄型涂料不断被开发，导致厚型防火涂料的市场不断萎缩。目前，国内外防火涂料的研究由厚型转向了超薄型。超薄型钢结构防火涂料多为溶剂型，其挥发性强、毒性大、污染严重的问题逐渐引起人们的关注。为减少对环境的危害，研究人员正致力于环境友好型水性防火涂料的研发。

舒凯征等[32]发现水性硅丙防火涂料中加入二氧化钛会使得膨胀层结构更加致密，能有效降低热传导率，使得防火性能大幅度提升。滕丽影等[33]以水性环氧为基底，在纳米二氧化钛和漂珠的使用量皆为 3%的条件下研制出超薄型涂料，涂层厚度仅为 1.9mm 时的耐火时间便可达 107min。

刘万鹏等[34]利用半连续种子引发乳液聚合等方法合成的环氧改性丙烯酸乳液与苯丙乳液按质量比 2∶1 复配，制得了环保、防火性能优异的超薄型涂料。赵雷等[35]发现以醋丙乳液为基底的涂料在涂膜厚度为 2mm 时能完全发泡，膨胀层的性能最优，当厚度超过 3mm 时，膨胀层会受热不均，易产生裂缝，反而影响涂层的防火性能。扈中武等[36]研究发现，将钼系化合物加入以硅丙乳液为基料的防火涂料中，能够改善膨胀层的强度和成炭量，增加孔状结构，达到有效抑烟的目的。

Wang 等[37]在传统的 PER-APP-MEL（季戊四醇-聚磷酸铵-三聚氰胺）体系防火涂料中尝试加入 1.5%的纳米级镁-铝层状双羟基复合金属氧化物。这种复合金属氧化物能够催化 APP 与 PER 之间的酯化反应，在有机物热分解后形成炭与复合金属氧化物穿插的纳米结构，阻止氧向底层扩散，从而有效提升炭层的稳定性和防火性能。Gu 等[38]以不饱和聚醚树脂和环氧树脂为基底，膨胀石墨、二氧化钛等为填料制作的涂料，在涂膜厚度为 2mm 时，耐火时间可达 210min。Pantai 等[39]用废弃蛋壳为填料制作的膨胀型涂料具有良好的环保性、耐水性、热稳定性及附着力，在涂膜厚度为 1.5mm 时具有优异的防火性能。

（3）吸声材料研究现状

马永喜等[40]通过研究涤纶针刺吸声材料的结构参数对吸声性能的影响，得出增加材料的厚度可以有效地提高材料的吸声性能，且厚度对材料吸声特性的影响随着频率的增大而愈加明显，而增加材料的克重只对中低频的吸声效果有影响的结论。

王双闪等[41]以非织造材料为主，构成了表层以聚酯纤维为原料、里层以涤纶短纤维为原料的"三明治"结构，并分析了影响材料吸声系数的各个因素，包括材料的厚度、孔径以及重度等。

班无用等[42]以丙纶熔喷非织造材料为研究对象，分析了非织造材料之间的组合方式对其吸声效果的影响。研究发现，当上下表层为丙纶熔喷非织造材料，中间层为涤纶熔喷非织造材料时，吸声效果显著提高；同时，当声源从克重较低的一面丙纶熔喷非织造布入射时，组合结构在低频段下的吸声性能会有明显改善；另外，整理剂和纤维截面形状对产品吸声性能也有较大影响。功能整理是提高纺织品性能的一条便捷途径，但是对于吸声降噪产品而言，如何选择合适的整理剂仍需要开展进一步的研究。

Jiang N、D V Parikh 等[43-44]通过对以天然纤维如棉、麻和化学纤维如涤纶、丙纶为原料的非织造材料的研究发现，采用天然纤维基复合材料作为汽车内饰材料进行降噪具有广阔的发展前景。

1.3.3　抗浮措施的研究现状

地铁车站一般深埋于地下，车站主体位于地下水位之下。在这种情况下，需要对车站的承载能力、正常使用极限状态进行设计，并对浮力工况进行计算，尤其是在一些地下水位相对较高的地区，车站主体的抗浮验算、设计必不可少。针对地铁车站来说，合理解决抗浮问题并制定有效的措施，能够保证地铁车站在使用期间的安全度与可靠度，为城市建设的更好发展提供支持。在既有车站快速改造中，既有车站结构将被破除，导致车站整体质量减轻，因此需采取有效的抗浮措施来保证车站结构的稳定性。

蒋明曦[45]通过锚杆拉拔试验对其受力机理进行了分析和研究，指出抗浮锚杆在拉拔力逐渐增大的过程中弹性变形和塑性变形是一直存在的，且在荷载施加到设计荷载的一半左右时，锚杆的塑性变形会出现突变，弹性变形也存在突变的现象。随着地下建筑布置形式的多样化，地下结构在深度方向上日益发展，抗浮问题也日益凸显。

郑震东[47]结合工程实例指出全长黏结型锚杆可按刚性拉杆考虑，且其弹性变形应由试验确定；当地下室在地下水位较高的地区或对防水有较高要求时，应验算结构底板的内力和产生的裂缝是否满足要求。沈德飞[48]对地下结构抗浮进行了综合系统的阐述，指出各抗浮措施的适用性，并提出施工阶段做好抗浮措施的重要性，确保建（构）筑物在全生命周期内达到安全、合理、经济、实用的建设目标。

董培鑫等[49]依据岩土工程勘察报告资料，结合现场工程实际情况，按照抗拔承载力等值代换原则，提出采用全黏结抗浮锚杆代替抗拔桩的优化方案，并对抗浮锚杆进行计算验证和优化效果分析。结果表明，在满足技术要求的前提下，采用抗浮锚杆不仅能有效解决抗拔桩现场施工困难问题，而且作业效率高、经济效益好。该研究结论对相似工程具有一定的借鉴和参考价值。牛斌[50]提出合理可行的工程设计措施，可满足不同洪水重现期时防洪评价的要求。主体设计措施如下：①加大车站埋深，利用围护桩兼抗浮桩；②附属设计中，出入口地面不抬高，采用加高防淹挡墙和防淹挡板并利用人防门兼作防淹门；③出入口底板下沉至最大冲刷线以下，并在空腔内回填配重；④加强附属结构整体刚度等。

张刘平等[51]认为抗浮措施是初雨调蓄池结构方案中的重要组成部分，并结合某湿地公园工程中的初雨调蓄池展开研究，介绍了自重抗浮、覆土抗浮、抗浮锚杆、抗拔桩四种调蓄池抗浮措施，并分析了每种抗浮措施的优缺点及适用条件。通过设计方案的比选，该项目采用适当的措施，保证了工程安全实施、缩短了工期、节约了成本，为后续相关工程抗浮设计提供了一定的参考价值。

Siau[52]通过分析位于可液化土壤堆积物中的地下结构，由于其单位质量相对于周围饱和土壤较低，在地震后容易受到漂浮的影响。为此进行了离心机试验，以评估现有修复技术（即原位密实化和使用粗砂回填）在减少地下结构隆起方面的有效性。离心机试验结果表明，这些方法确实减小了浮式结构物的上浮位移，并将其性能与地下结构上浮的理论机制联系起来。基于前面试验的认识，对粗砂回填土的使用进行了进一步的改进，使结构的隆起位移有了更大程度的减小。Taylor[53]采用非可液化充填物置换充填物来修复上浮问题。抽象地说，地震引起的土壤液化可能导致隧道等轻型埋地结构的漂浮失效，进而造成经济和人员伤亡。通过对隧道周围的地面进行这样处理，可以有效防止这类事故的发生。为此进行了 4 个 1g 振动台试验，包括一个未改良可液化地层隧道的参考试验，以及 3 个不同几何形状的粗粒土颗粒回填替代隧道周围可液化层区域的试验。

胡正东[54]研究了高水位地区的地下结构抗浮问题，提出在地下结构基础底板下方设置具有专利技术的 S 形排水 DM（Drainage Mat）地下结构主动抗浮措施，采用数值分析深入研究了地下结构主动抗浮工作机制，制定了地下结构主动抗浮措施的设计原则和计算方法，并应用于厦门和昌中心地下结构抗浮工程中。实践表明，地下结构主动抗浮措施削减了基础底板下方土体的孔隙水压力，达到了地下结构抗浮目标，节省了工期和造价，其工程应用前景广阔。

Li[55]开展了黏性土中螺旋桩离心机模型试验，在离心机旋转时安装螺旋桩，使土体的安装扭矩和孔压响应得以测定和解释，并提出了计算螺旋桩钉入黏性土安装扭矩的解析模型，并通过试验结果进行了验证。在不同深度的两根桩附近监测了孔压响应，揭示了不同深度下孔压响应规律。Emirler[56]开展了在隆起荷载作用下单桩及嵌砂桩群的研究。研究的变量包括桩面、桩身嵌入率和桩间距比，并采用有限元方法进行了三维分析，以说明不同桩间距比的桩群破坏机理和桩间相互作用。结果表明，有限元模拟结果与试验结果吻合较好，所有变量均对桩的抗拔承载有显著影响。

杨眉[57]开展了钢管桩和预应力管桩的单桩竖向抗拔破坏试验，尝试得到抗拔极限承载力与承载力特征值的比值规律，从而更好地指导设计及施工。李千[58]对削扩支盘桩进行抗拔承载力与变形测试，获得了典型的U-δ（竖向荷载-沉降）曲线和δ-$\lg t$（t为时间）曲线。削扩支盘桩的抗拔承载力的理论预估和测试结果均表明，该桩完全可以满足工程设计指标要求，也验证了该修正方案的可行性。何子睿[59]研究桩侧注浆抗拔桩的承载性能，基于桩侧注浆嵌岩抗拔桩的现场足尺荷载试验，对比分析桩侧注浆和未注浆加固的荷载-位移变化规律，分析桩身轴力传递规律与桩侧阻力发挥性状，并采用双曲线、指数函数和幂函数分别对试桩荷载-位移曲线进行拟合分析。

颜宇鸿[60]采用 ABAQUS 有限元软件对钢绞线发生偏移的预应力抗拔桩进行模拟分析。结果表明：钢绞线偏移导致抗拔桩的破坏形态发生改变，表现为端部发生弯曲变形；由钢绞线发生偏移产生的非均匀预应力对抗拔桩抗拉承载能力影响较小，基本可以忽略；钢绞线发生偏移的抗拔桩更容易产生裂缝，其初裂荷载相较于普通抗拔桩有显著下降，其裂缝首先出现在端部，并逐步扩散至全桩。

杨晶[61]用广义的荷载传递理论分析大面积群桩中的单根桩，建立桩、土单元的力与位移关系的方程组，并代入某项目进行实例分析。结果显示，基坑开挖对工程桩会产生较大的上拔力，最大值位于桩身上半部分，该方法在挖深较大时能较好地拟合工程桩的实测值。将开挖到坑底时的试桩轴力与使用阶段抗浮工况下桩顶拉力接近抗拔承载力设计值时的桩身轴力叠加，得出正常使用极限状态时的桩身轴力，结果显示在桩身中段拉力仍然很大。

1.3.4　改造施工安全监测与预警报警控制值研究现状

地铁车站是一个多专业协同运作的复杂工程，对其中一个系统进行细微的改造都会对车站运营造成影响。而大规模的地铁车站升级改造，涉及众多学科领域，操作难度大、施工面大。在不停运的情况下，对既有线运营车站进行大规模改造，势必会对车站客运服务、客流引导、设备运行、车站结构安全产生影响。例如，因某些机电设备设施存在不可替代性，在改造期间其功能会短时间丧失，进而对车站服务质量产生影响，甚至导致运营降级；又如，为了新线接入既有车站而进行的车站结构或出入口改造，需要适当封闭施工区域，这会对乘客通行、车站客流组织和疏导产生一定的影响。在地铁车站这种半封闭型空间和人员密集度较高的场所，如果发生风险事件，将可能引发不良后果。所以，为了将改造工程对既有地铁车站的影响降到最低，改造施工过程中的安全监测与预警报警机制是关键[62]。鉴于地铁工程在施工过程中可能会引起周围建（构）筑物出现裂缝、沉降、倾斜甚至坍塌等危害，需要对地铁工程实施必要的安全监测，利用监测分析结果为地铁工程安全施工提供有效保障，从而确保地铁工程和周边建筑物的安全[63-67]。

李智[68]梳理了地铁车站附属结构改造中的土建、机电问题，提出车站节点换乘改造应进行非标设计，施工方案应根据边界条件的变化进行动态调整。

安东辉等[69]通过三维有限元计算发现，在无预留条件下，车站侧墙改造对既有结构内力和变形影响较小，但需关注新旧结构相交节点处的应力集中现象，应通过加强构造措施以保证叠合结构的强度和整体性。

张长泰[70]将有限元模拟结果与监测数据对比后发现，墙体采取分段破除、及时架设竖向支撑并采取信息化施工等措施，可有效减小既有结构内力及变形。

李储军等[71]通过有限元模拟手段，分析了既有地铁车站改造的施工力学行为，结果表明，侧墙开洞后既有板墙结构受力会发生变化，侧墙破除后应保证 7.5m 净跨、0.5 倍洞径的水平净距，并尽快完成承载体系的有效转换。

王其升[72]、姚燕明等[73]对比了侧墙改造时的计算结果和实际监测结果，沉降、位移、支撑轴力等变化曲线形态基本一致，但在实际工程中会有很多干扰因素，需动态优化施工方案。

李斌[74]、杜志涛等[75]通过数值模拟分析，发现侧墙开洞顺序对既有结构沉降及内力影响较小，沉降最大值在侧墙开洞侧顶板的跨中处，施工过程中需加强该部位的监控量测。

束龙仓[76]采用克里金法和时间序列法，通过分析监测断面上 9 口地下水位观测井及河水位监测点在 1982 年 1 月—1998 年 12 月的水位监测数据，对观测井的空间布局、数量和监测频率进行优化。结果表明：空间布局优化后的观测井数量由原来的 9 口减少到 3 口，平均相邻井距为 1000m，优化后的水位克里金估计标准误差平均值为 0.0192m，误差波动范围较小；袁鸿鹄[77]根据输水隧洞渗漏点地下水位监测孔的监测数据，结合区域水文地质条件，综合分析了输水隧洞渗漏区位的透水层、隔水层分布特征，以及水力传导性形成的水位影响范围。结果表明：含水岩组卵石、细砂渗漏点地下水变化规律总体呈下降趋势，波动幅度很大，初步判断输水隧洞下半部两侧均有渗漏现象。

潘博[78]针对目前地下水位监测方法中利用普通监测井监测带来的数据冗余问题，提出了一种新的水位监测算法。该算法综合了有效带宽法、算术平均法、时间序列分析法、权重分配等方法的优点，采用有效带宽法和算术平均法获得的有效水位点和计算基准点，运用时间序列分析法建立了小时间段数据预测模型，并在此基础上修正预测模型，最后使用权重分配法获得近似水位点。该算法已应用于太原市小店区龙堡村井。

姜规模[79]对西安市地面沉降与地下水位动态监测信息管理系统展开研究，紧密结合地面沉降与地下水监测的业务流程。利用计算机技术、数据库技术、GIS（地理信息系统）技术等，在网络化的计算机软硬件基础上，实现了地面沉降与地下水位动态监测的科学化和自动化管理、模拟预测和可视化分析。

第 2 章

叠侧式地铁车站改造
工程背景

2.1 工程位置

黄木岗综合交通枢纽位于福田中心区东北部，笋岗西路、泥岗西路、华富路、华强北路五岔路口，为既有地铁 7 号线、14 号线、24 号线三线地铁换乘枢纽。地铁 7 号线沿华强北路和泥岗西路地下敷设，为地下三层叠侧式车站；地铁 14 号线沿华富路和泥岗西路地下敷设，为地下三层叠侧式车站，与地铁 7 号线同台换乘；地铁 24 号线沿笋岗西路地下敷设，为地下四层车站，与地铁 7 号线、14 号线形成节点换乘。黄木岗综合枢纽站址平面如图 2-1 所示。

图 2-1　黄木岗综合交通枢纽站址平面图

2.2 车站概况

地铁 7 号线黄木岗站为地下三层单柱双跨左右线上下叠落侧式站台车站（左下右上），平面形式呈哑铃形状，长 232m，两端标准段宽 21.85m，中段宽 11.7m，在变截面沿横向设有变形缝；车站两端高、中间低，顶板覆土厚度 2.6～4.4m，底板埋深 27.6～28.35m；地下一层为站厅层，地下二层为右线站台层，地下三层为左线站台层，站台宽度为 6m。

车站两端主体结构采用明挖法施工，北侧围护结构采用 1.0m 地下连续墙，南侧为 1.2m 地下连续墙；中间连接段主体结构采用盖挖逆作法施工，围护结构采用 ϕ1.5m@1.7m 灌注桩，部分采用 ϕ1.2m@1.35m 灌注桩。1～7 轴、18～28 轴底板纵梁下设有 ϕ1.5m 抗拔桩。地铁 7 号线黄木岗站平面、纵断面分别如图 2-2、图 2-3 所示。

地铁 7 号线黄木岗站主体结构各层板厚自上而下分别为 0.9m（中间连接段 1.1m）、

0.4m、0.7m、1.3m；侧墙厚自上而下分别为 0.7m、0.7m、0.9m。车站设 3 组风亭组，现有 A、B、D、D1 四个出入口分别通向深圳市实验中学、体育中心、海馨苑、深圳市第二人民医院等主要人流汇集区域。

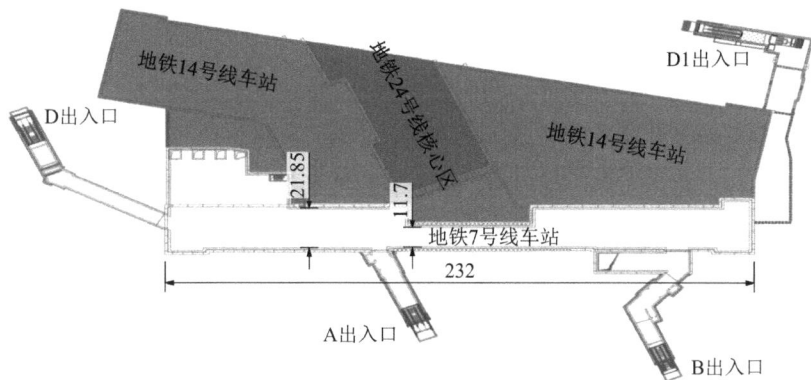

图 2-2　地铁 7 号线黄木岗站平面图（尺寸单位：m）

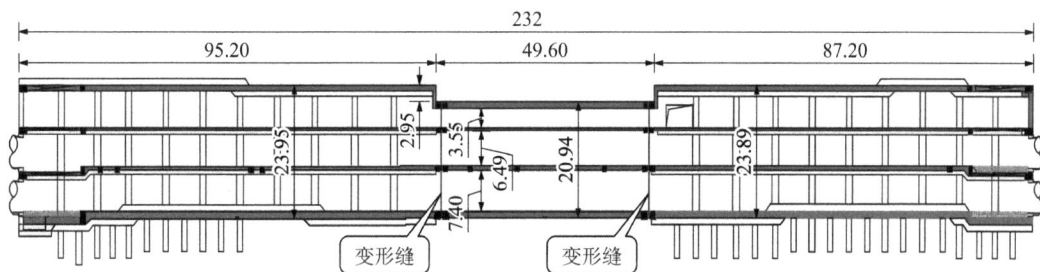

图 2-3　地铁 7 号线黄木岗站纵断面图（尺寸单位：m）

2.3　地质概况

2.3.1　自然地理环境

深圳市位于广东省中南部沿海珠江三角洲平原上，南隔深圳河与中国香港毗邻，东接大亚湾，西接珠江的伶仃洋，北与东莞、惠州两城市接界。深圳市全境地势东南高，西北低，大部分为低山丘陵区，其间穿插平缓的台地，西部为滨海平原。境内最高山峰为梧桐山，海拔 943.7m。

2.3.2　气候特征

深圳市属亚热带海洋性季风气候，热量丰富，日照时间长，雨量充沛。气候和降水量随冬、夏季风的转换而变化，冬季无严寒，夏季湿热多雨，一年内有冷暖和干湿季之分，具有雨热同季，干凉同期的特点。但降水和气温的年季变化较大，灾害性天气也较多。深圳地区主要气候要素如下。

（1）气温

①年平均气温 22.4℃，1 月平均气温为 14.3℃，7 月平均气温为 28.3℃。

②极端最高气温 38.7℃（1980 年 7 月 10 日）。

③极端最低气温 0.2℃。（1957 年 2 月 3 日）。

（2）风

①风向与频率：常年盛行南东东风（频率 17%）和北北东风（频率 14%），其次为东风（频率 13%）和东北风（频率 11%），随季节和地形等不同，风向频率也不同。

②风速：年平均风速 2.6m/s。极端最大风速 40m/s（为南或南南东向台风）。

（3）降雨量

①年平均降水量为 1933.3mm，雨季（5—9 月）降水 1516.1mm。

②日最大降水量 412mm（1964 年 10 月 12 日）。

③年降水日数 144.7d，连续最长降水日数 20d。

（4）年平均气压

年平均气压为 101.08kPa。

（5）相对湿度

①平均相对湿度 79%。

②最小相对湿度 11%。

③最大相对湿度可达 100%。

（6）年平均蒸发量

年平均蒸发量 1755.4mm。

（7）雷暴日数

年平均雷暴日数为 73.9d（1951—1985 年）。

2.3.3 地质构造

深圳市位于华南褶皱系的紫金—惠阳凹褶断束中东西向高要—惠来断裂带的南侧，北东向莲花山断裂带西北支的五华—深圳断裂亚带的南西段展布区。地质构造比较复杂，以断裂构造为主，可分为北东、东西和北西向三组。北东向断裂规模宏大，北西向多出现在沿海，沿断裂有多次大面积的岩浆侵入和喷发，动力变质和接触变质作用分布广泛。褶皱构造多与断裂相伴产出，由于受到多次断裂作用及岩浆侵入的破坏，多数褶皱不太完整。北东向的五华—深圳断裂带斜贯全区，是区内的主导构造。自新第三纪以来为现代地貌主要形成期，此期的新构造运动，受北东及北西向两组断裂的联合控制，其主要表现为区域性不均衡间歇上升、第四纪断陷盆地发育、深圳断裂束的继承性活动。深圳断裂束较强烈的最后构造活动期为早～晚更新世阶段。自晚更新世晚期以来，整个深圳断裂束的构造活动已显著减弱，区内尚未发现全新世沉积层存在断裂切割现象及因断裂活动形成的构造地貌。该区域总体构造基本稳定，不会发生突发性构造运动。

车站地质情况：从上至下依次为<1-1>素填土、<5-2>淤泥质黏土、<5-5>中粗砂、<7-2>含砾黏土、<8-1>砾质黏性土、<10-1>全风化花岗岩、<10-21>强风化花岗岩、<10-3>中风化花岗岩、<10-4>微风化花岗岩，底板主要位于强风化花岗岩地层。地铁 7 号线黄木岗站地质纵断面如图 2-4 所示。

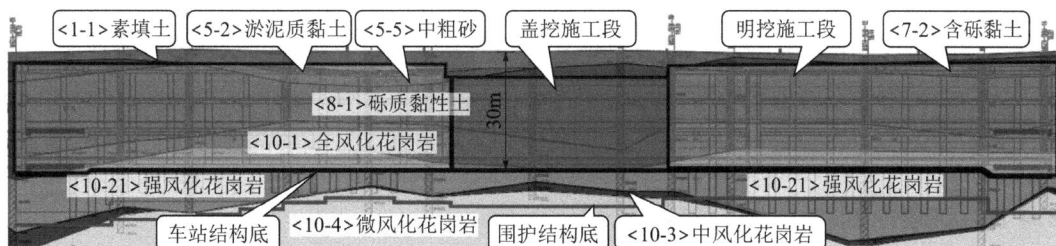

图 2-4　地铁 7 号线黄木岗站地质纵断面图

2.3.4　水文地质条件

拟建场地范围内的地表水体为笋岗西路西端的福田河，其为深圳河支流，发源于笔架山，由北向南贯穿福田区，全长约 6.0km，拟建工程附近河面宽约 8～13m，水深随季节性变化。场地内地下水主要有 2 种类型：第四系松散地层中的松散岩类孔隙水和基岩裂隙水。

（1）松散岩类孔隙水

松散岩类孔隙水赋存在第四系松散地层中，砂层为主要含水层，其次为残积层及全强风化岩。砂层中赋存丰富的地下水，是场地内地下水流动的主要通道，勘察成果显示不同区域含水层的厚度变化较大。松散岩类孔隙水的稳定水位略高于含水层顶板，具弱承压性。其主要补给来源为大气降水，补给量受大气降水量及入渗系数的影响，排泄方式主要有地下迳流和蒸发排泄 2 种。

（2）基岩裂隙水

基岩裂隙水分布于块状强风化～中等风化带裂隙中，透水性和富水性因基岩裂隙发育程度、贯通度以及与地表水源的连通性等情况而变化。基岩裂隙水的稳定水位高于含水层顶面，为承压水，主要由上层孔隙水补给，排泄方式为地下迳流。

松散岩类孔隙水和基岩裂隙水之间的相对隔水层为残积层、全风化～土状强风化岩层，隔水层渗透系数相对较大，导致两层地下水之间存在一定的水力联系。本次勘察期间采用套管隔水的方式分层监测了不同含水层的稳定水位，基岩裂隙水和松散岩类孔隙水的稳定水位基本一致。

地温测试结果（HMG3-60）显示，勘察期间场地的地下水水温 25.63～26.6℃。勘察期间测得地下水位埋深 2.50～9.20m，高程 6.29～19.75m。根据地区经验，地下水位的年平均变化幅度为 1.0～3.0m。

2.4 地铁 7 号线黄木岗站改造方案

2.4.1 改扩建的必要性

黄木岗综合交通枢纽建成后，将提高三线换乘能力。然而，地铁 7 号线车站预留的通道换乘方案难以满足建设需求，故需对地铁 7 号线侧墙进行改造。此外，为缓解地面交通压力，新建的笋岗西路地下行车隧道与地铁 7 号线顶板位置存在冲突，考虑到需将自然光引入地下枢纽，原有顶板难以满足功能需求，故需对地铁 7 号线中部顶板进行改造。

2.4.2 改造范围

本工程顶板改造范围长 62.8m，侧墙改造范围长 456.7m（地下一层 215.4m + 地下二层 127.1m + 地下三层 114.2m）。车站改造以行车隧道外墙为界，按工期时序分为：中区改造和南北区改造，地铁 7 号线车站改造分区平面如图 2-5 所示。其中：中区改造顶板长度为 62.8m，侧墙改造长度为 318.5m（地下一层 148.1m + 地下二层 85.2m + 地下三层 85.2m）。地铁 7 号线车站改造西侧与东侧纵断面分别如图 2-6、图 2-7 所示。

图 2-5　地铁 7 号线车站改造分区平面图

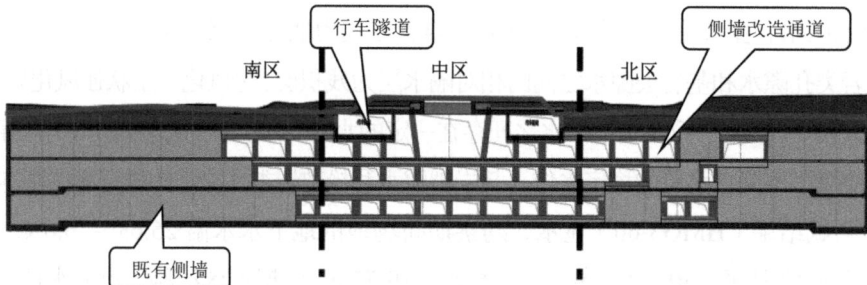

图 2-6　地铁 7 号线车站改造西侧纵剖图（靠地铁 14 号线侧）

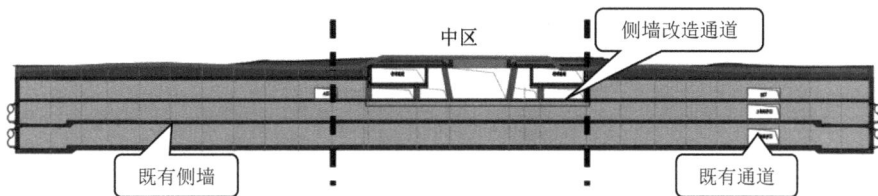

图 2-7　地铁 7 号线车站改造东侧纵剖图

2.4.3　总体施工方案

按照设计方案，车站内部受影响的常规或系统管线、设施拆改完成后，实施土建改造施工。为确保地铁 7 号线的正常运营及结构安全，施工坚持"先支护、后破除、先改造、再恢复、分层分段，逐次实现结构受力转换"的改造原则，在施工区域实施全围蔽后，架设临时钢立柱。根据拆除部位及钢筋是否保留的情况，采用人工破除、绳锯切割或高压水射流破碎等工法，分序跳仓破除既有结构，施作永久梁柱、拆除车站顶板，直至改造完成。施工期间利用地铁 14 号线及东侧盖挖段临近的降水井进行持续降水，减小车站上浮风险，控制结构变形，并通过信息化监测指导施工。黄木岗综合交通枢纽三线换乘立面效果如图 2-8 所示。

图 2-8　黄木岗枢纽三线换乘立面效果图

2.4.4　总体施工顺序

常规、系统专业改造完成后，为确保地铁 7 号线正常运营，随即对土建改造区域进行围挡全封闭，站内各层围蔽区域平面如图 2-9 所示。绳锯切除地下二层、地下三层站台板，施作临时系梁、钢立柱，其架设剖面如图 2-10 所示。待地下二层、地下二层临时支撑架设完成后，分四个施工次序对地铁 7 号线中区进行改造。

（1）西侧侧墙（地下一层～地下三层）及顶板改造施工顺序

为满足新建永久柱施工作业空间，结合设计柱跨布置及改造方案要求，中区西侧地下一层～地下三层侧墙各划分为 19 仓进行改造（即 W1～W19 仓，分仓宽度 3.6～6.6m）。地铁 7 号线中区西侧侧墙分仓、分序展开如图 2-11 所示。

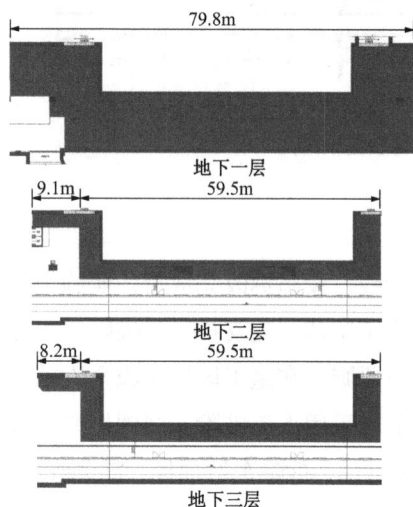

图 2-9　站内各层围蔽区域平面图

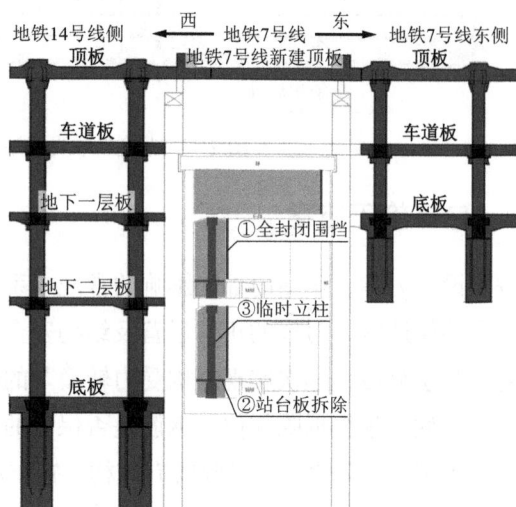

图 2-10　站台板拆除、钢立柱架设剖面图

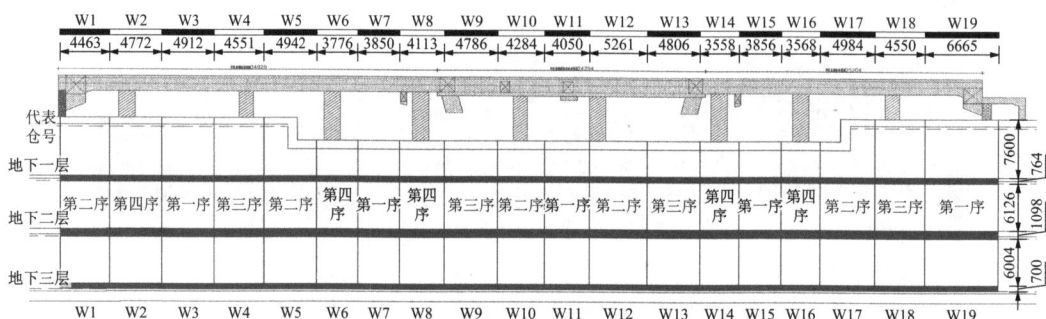

图 2-11　地铁 7 号线中区西侧侧墙分仓、分序展开图（尺寸单位：mm）

地铁 14 号线对应各层板施工完成后，随即自上而下人工破除围护结构，跳仓拆除第一序侧墙，叉车水平运输至地铁 14 号线预留孔洞吊出，自下而上施作叠合梁、永久柱，中区西侧第一序（W3、W7、W11、W15、W19）侧墙改造施工立面如图 2-12 所示；第一序永久梁柱施工完成并达到设计强度后，由两端向中间拆除顶板，新建行车隧道结构，具体施工立面如图 2-13 所示；新建行车隧道施工完成并达到设计强度后，自上而下跳仓拆除第二序侧墙，自下而上施作叠合梁、永久柱，中区西侧第二序（W1、W5、W10、W12、W17）侧墙改造施工立面如图 2-14 所示；第二序永久梁柱施工完成并达到设计强度后，自上而下拆除第三序侧墙，自下而上施作（永久柱间）叠合梁，中区西侧第三序（W4、W9、W13、W18）侧墙改造施工立面如图 2-15 所示；第三序叠合梁施工完成并达到设计强度后，自上而下拆除第四序侧墙，自下而上施作剩余叠合梁，中区西侧第四序（W2、W6、W8、W14、W16）侧墙改造施工立面如图 2-16 所示。至此，中区西侧改造完成。

待新做结构达到设计强度后，依次拆除临时构件（临时钢立柱、钢管柱），对地下二层、地下三层站台板进行恢复，西侧改造完成后立面如图 2-17 所示。

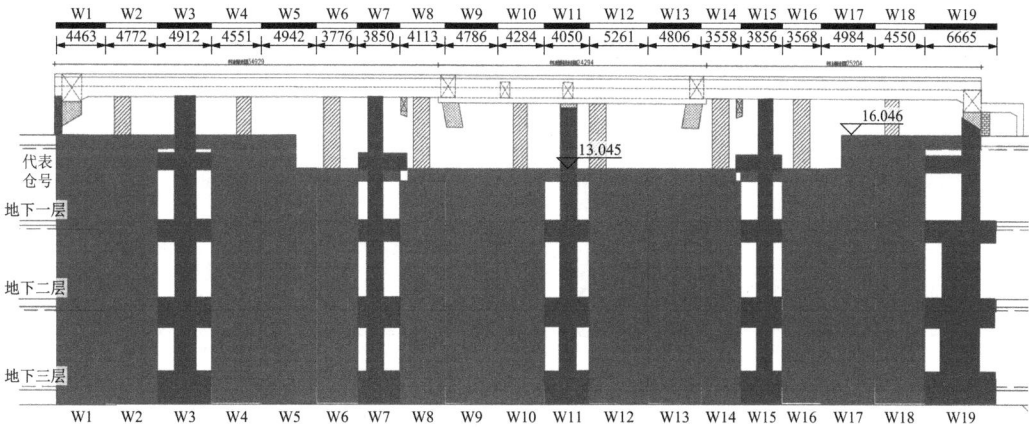

图 2-12　中区西侧第一序（W3、W7、W11、W15、W19）侧墙改造施工立面图（尺寸单位：mm；高程单位：m）

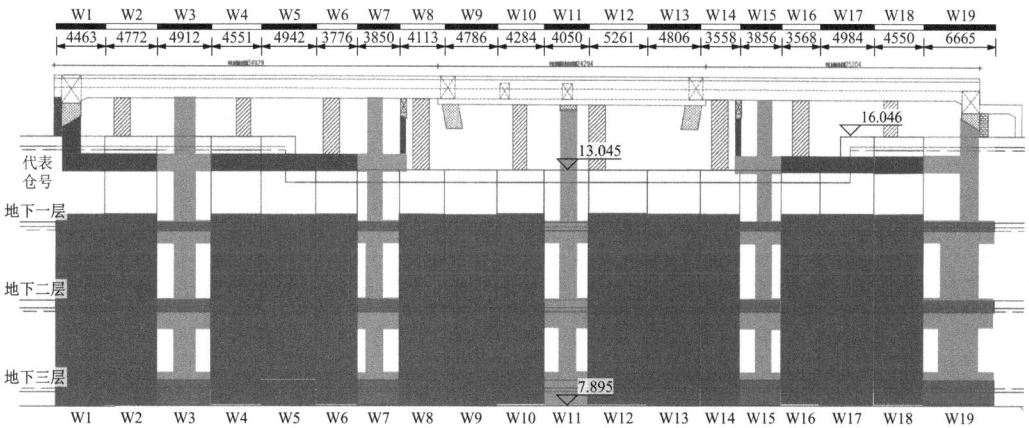

图 2-13　中区顶板拆除、新建行车隧道施工立面图（尺寸单位：mm；高程单位：m）

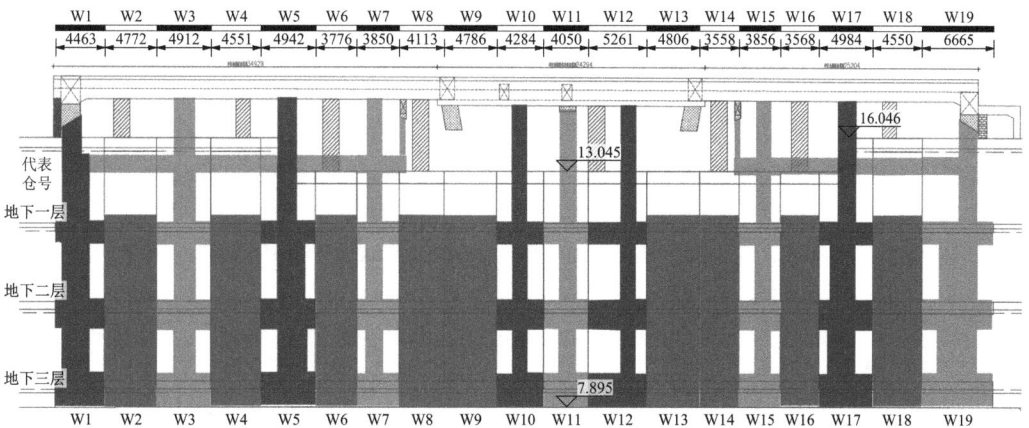

图 2-14　中区西侧第二序（W1、W5、W10、W12、W17）侧墙改造施工立面图（尺寸单位：mm；高程单位：m）

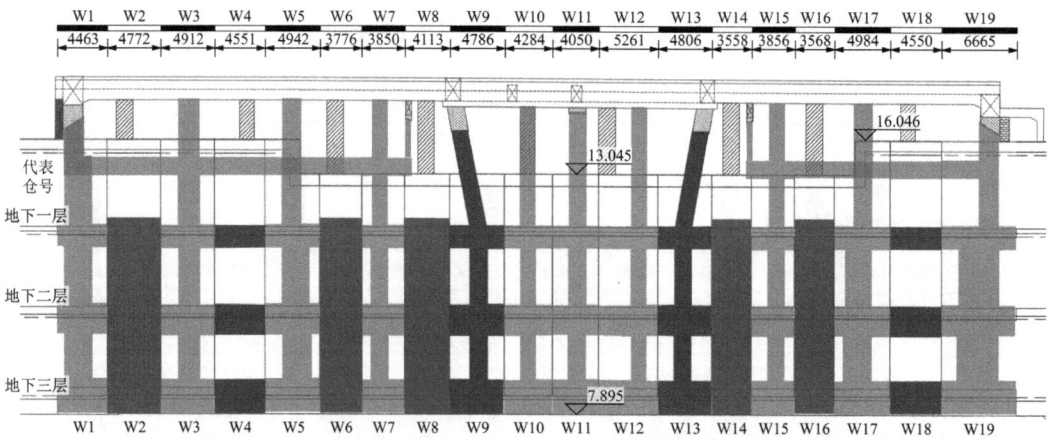

图 2-15　中区西侧第三序（W4、W9、W13、W18）侧墙改造
施工立面图（尺寸单位：mm；高程单位：m）

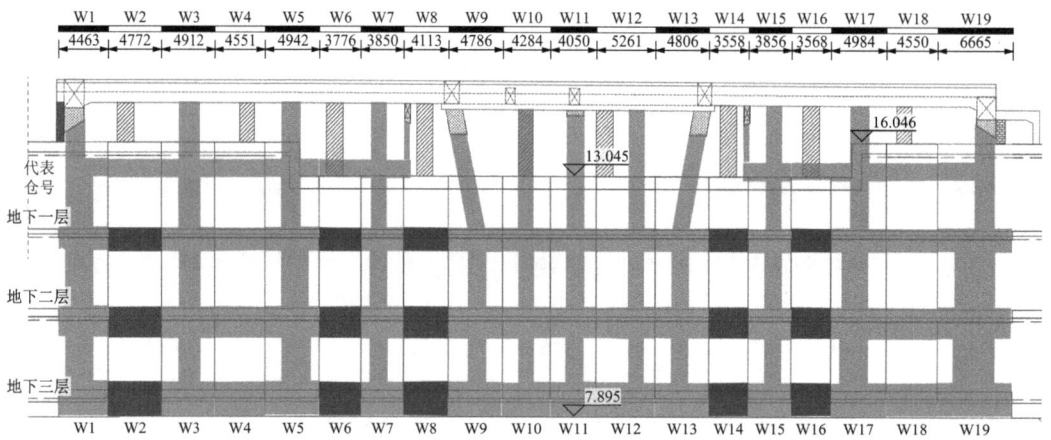

图 2-16　中区西侧第四序（W2、W6、W8、W14、W16）侧墙改造
施工立面图（尺寸单位：mm；高程单位：m）

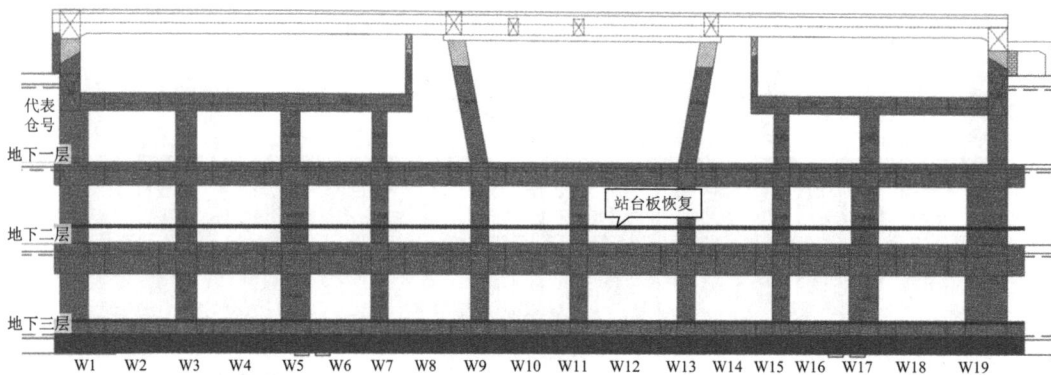

图 2-17　西侧改造完成后立面图

（2）东侧侧墙（地下一层）改造施工顺序

东侧侧墙改造前立面如图 2-18 所示。地铁 7 号线东侧对应各层板施工完成后，随即自上而下人工破除围护结构，因施工需要提前绳锯切割两处东侧侧墙作为施工通道，东侧侧墙改造施工通道示意如图 2-19 所示。再自下而上破除围护结构，顺作叠合梁、永久柱，具体施工立面如图 2-20 所示。待西侧第二序叠合梁柱施工完成并达到设计强度后，由两端向中间拆除既有顶板，自上而下拆除地下一层侧墙，具体行车隧道范围与中间斜柱范围内施工分别如图 2-21～图 2-22 所示，东侧改造完成后立面如图 2-23 所示。

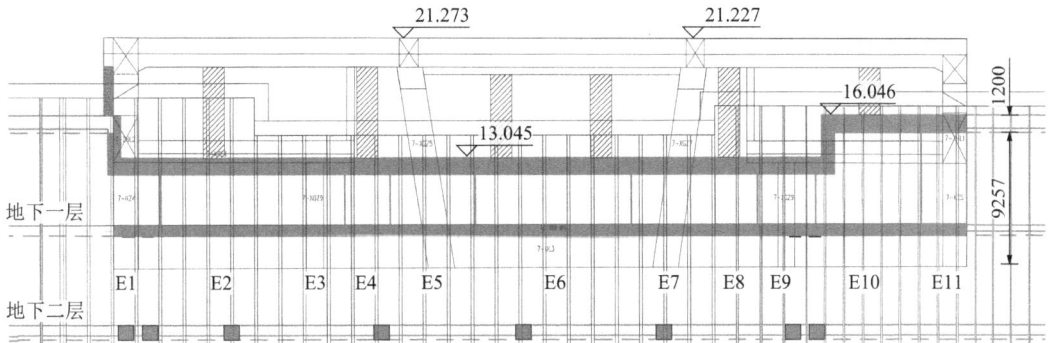

图 2-18 东侧侧墙改造前立面图（尺寸单位：mm；高程单位：m）

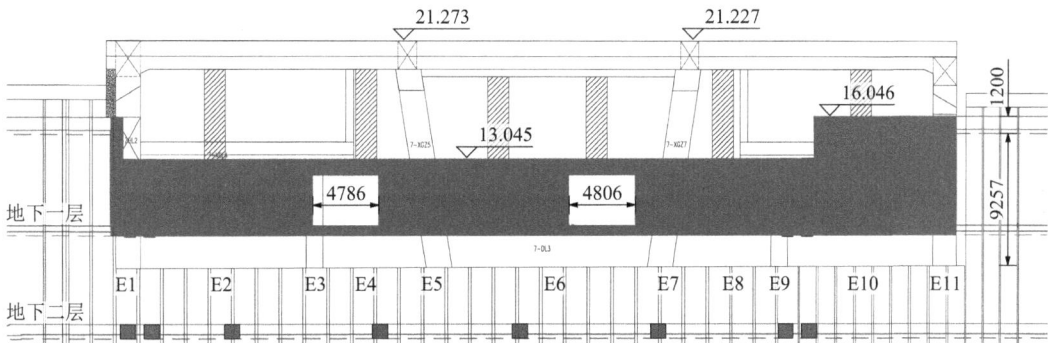

图 2-19 东侧侧墙改造施工通道示意图（尺寸单位：mm；高程单位：m）

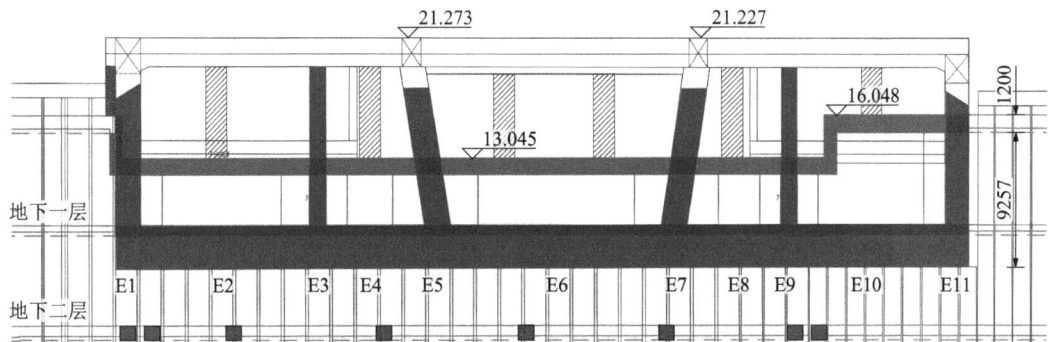

图 2-20 自上而下破除围护结构，顺作叠合梁、永久柱施工立面图（尺寸单位：mm；高程单位：m）

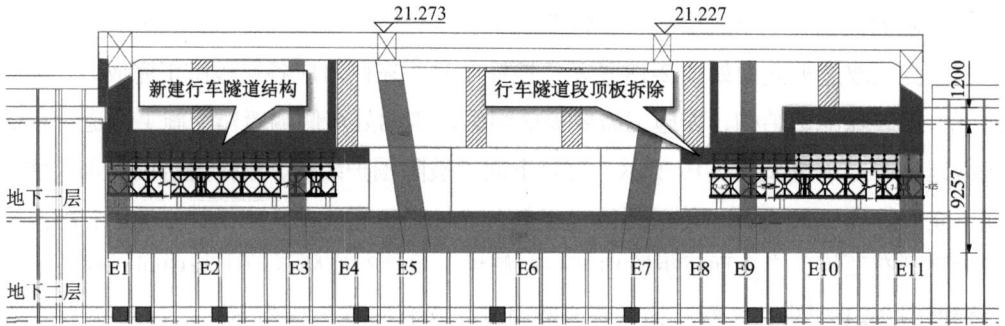

图 2-21　行车隧道范围顶板拆除、新建行车隧道施工立面图（尺寸单位：mm；高程单位：m）

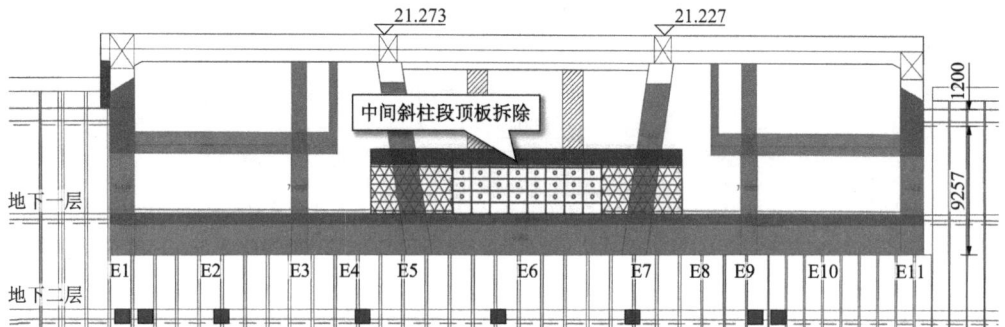

图 2-22　中间斜柱范围顶板拆除、剩余侧墙拆除施工立面图（尺寸单位：mm；高程单位：m）

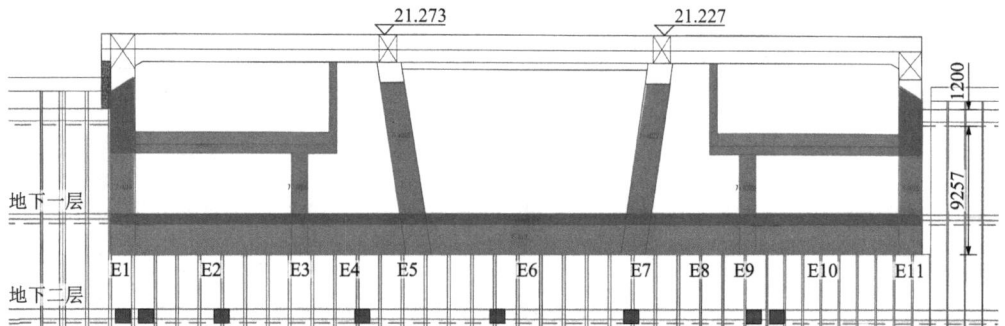

图 2-23　东侧改造完成后立面图（尺寸单位：mm；高程单位：m）

2.4.5　主要施工步骤

常规、系统专业改造完成后，为确保地铁 7 号线正常运营，随即对土建改造区域进行围挡全封闭，站内各层围蔽区域平面如图 2-9 所示。采用绳锯切除地下二层、地下三层站台板，并施作临时系梁、钢立柱，架设剖面如图 2-10 所示。地下二层、地下三层临时支撑架设完成后，分四个施工次序对地铁 7 号线中区进行改造。

侧墙改造施工顺序：为满足新建永久柱施工作业空间需求，结合设计柱跨布置及改造方案要求，中区西侧地下一层~地下三层侧墙各划分为 19 仓进行改造，即 W1~W19 仓，分仓宽度 3.6~6.6m。地铁 7 号线侧墙分仓展开如图 2-24 所示。

地铁 14 号线对应各层板施工完成后，随即自上而下人工破除围护结构，跳仓拆除第一序侧墙，再利用叉车水平运输至地铁 14 号线预留孔洞吊出，随后自下而上施作叠合梁、永久柱；新建行车隧道施工完成并达到设计强度后，自上而下跳仓拆除第二序侧墙，自下而上施作叠合梁、永久柱；第二序永久梁柱施工完成并达到设计强度后，自上而下拆除第三序侧墙，自下而上施作（永久柱间）叠合梁；第三序叠合梁施工完成并达到设计强度后，自上而下拆除第四序侧墙，自下而上施作剩余叠合梁。至此，中区侧墙改造完成。待新做结构达到设计强度后，依次拆除临时构件（临时钢立柱、钢管柱），对地下二层、地下三层站台板进行恢复。

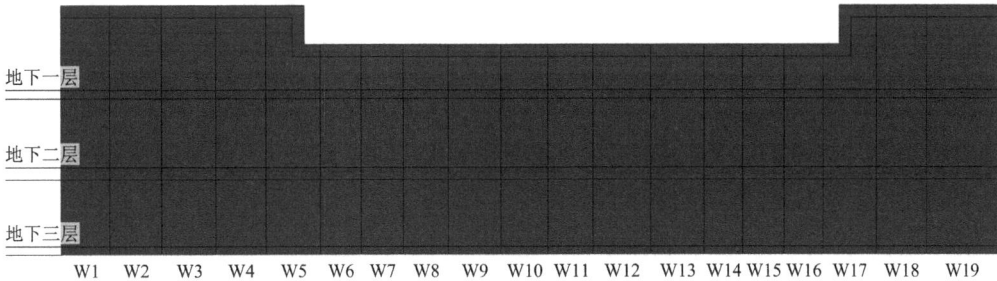

图 2-24　地铁 7 号线侧墙分仓展开图

顶板改造施工顺序：支架防护措施完善后，利用新建结构顶板下方的预埋钢板与 I22 工字钢吊车梁进行焊接，将其作为顶板拆除吊装、运输工具。吊车梁安装完成后，即可启动既有车站顶板拆除施工。首先，将金刚石绳锯切割机吊运至既有车站结构顶板上方，吊车梁工作半径范围内的顶板切割尺寸为 1m×0.5m，质量约 1.4t，采用吊车梁进行吊装、运输；车道板范围切割尺寸为 0.3m×0.3m，质量约 0.2t，采用电动葫芦吊装、人工手持推车进行搬运。顶板拆除分块方案制定后，在既有结构顶板上方画线进行标识。根据分隔拆除大小利用金刚石薄壁钻机取穿绳孔，采用金刚石绳锯进行切割，切割完成后采用双布吊袋＋吊梁或电动葫芦进行吊运。顶板切割过程如图 2-25 所示。顶板拆除实行两个方向同时拆除，采用金刚石薄壁钻机φ50mm 水钻对需要拆除范围的既有车站主体结构顶板四周钻芯取孔，并作为穿绳孔，然后在相邻孔内套穿金刚石绳锯链条，利用动力装置拉动绳锯切割混凝土。

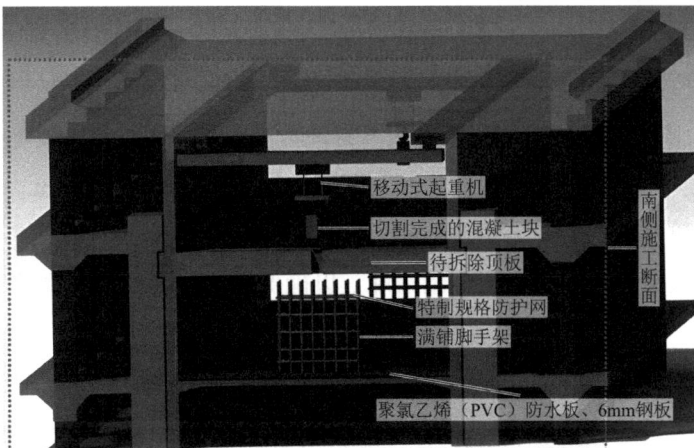

图 2-25　顶板切割示意图

29

2.4.6　施工重难点

（1）道路及管线对修建工程的影响

拟建工程沿笋岗西路、华富路、泥岗路路中布置，道路上的车流量大，因此，在本工程施工期间需做好交通导改工作，尽量减小工程施工对周边交通的影响。

拟建场地内地下管线十分复杂，主要有给水、雨污水、通信、电力、燃气等多种管线，地下管线的埋深一般为 1～3m，但部分管线跨黄木岗立交路口时采用定向钻施工，埋深可能大于 8m。拟建场地内的重大管线有华富路东侧绿化带敷设有 220kV 清中甲乙线、110kV 上中线；沿华富路、泥岗路、笋岗西路路侧布置的 DN300 中压燃气管；原黄木岗立交桥范围的通信光缆（含军用 7 条、长途 25 条、证券公司 2 条、边检 2 条、海关 1 条）。枢纽施工期间需要做好管线的改迁及保护工作。

（2）沿线建（构）筑物对修建工程的影响

枢纽范围内存在地铁 7 号线黄木岗站，且紧邻黄木岗—八卦岭区间。本工程地铁 14 号线车站大部分围护结构与地铁 7 号线车站共墙，北区地下空间位于黄木岗—八卦岭区间上方。由于地铁 7 号线已开通运营，对施工引起的变形、振动控制要求严格，枢纽施工过程中，应采取相应措施。

黄木岗综合交通枢纽工程周边的建（构）筑物较多，主要建（构）筑物及基本情况如下。

深圳市政设计大厦：位于地铁 24 号线南侧、地铁 14 号线西侧，地下室外边缘距离地铁 24 号线主体结构大里程端 30m，距离地铁 14 号线小里程端主体结构 22m。市政设计大厦为 14 层框架结构，基础形式为桩基础，设有 1 层地下室。

银华大厦：位于地铁 24 号线北侧，并平行于地铁 24 号线，距离地铁 24 号线主体结构大里程端 5m。大厦为 24 层剪力墙结构，基础形式为桩基础，有 2 层地下室。

深圳市第二人民医院门诊楼：位于地铁 24 号线北侧，并平行于地铁 24 号线主体结构大里程端 30m。该门诊楼为 6 层框架结构，基础形式为独立基础，无地下室。

中成体育大厦：位于北区地下空间西南侧、东区地下空间北侧。

长城大厦：位于东区地下空间南侧，距围护结构边线最小距离约 26m。该大厦为 14～18 层框架结构，基础形式为桩基础，无地下室。

华富村住宅：位于西区地下空间北侧，距围护结构最小距离约 15m。其为 7～8 层建筑，基础形式为桩基础，无地下室

施工期间要采取相应地层变形控制措施，以确保周边建（构）筑物的安全。

（3）地铁 14 号线车站主体基坑

① 地基的稳定性及均匀性分析：地铁 14 号线车站主体结构基坑开挖深度 27～28m，开挖深度范围内的地层有人工填土，第四系全新统冲洪积淤泥质黏性土、粉质黏土、砂，第四系残积砾质黏性土，全风化～土状强风化燕山期花岗岩，少量块状强风化～微风化花

岗岩。结构底板位置地层主要为土状强风化花岗岩，局部（小里程端头附近及车站中部）为中微风化花岗岩，地基稳定性较好，基底地层的承载力较高、压缩性相对较低，故承载力可满足要求，可采用天然地基。但是中风化与强风化地层压缩性差别较大，为不均匀地基，建议采取适当措施消除底板的不均匀沉降，防止开裂。

②基坑等级及周边环境：地铁 14 号线车站主体结构基坑长约 262m，宽 44～83m，深 27～28m。其位于泥岗路—华富路，临近地铁 7 号线黄木岗站及临时钢便桥，周边建（构）筑物较多，基坑周边及基坑范围内的管线密集。根据《基坑支护技术标准》（SJG 05—2020）规定，本工程基坑支护安全等级为一级。

③支护措施分析与建议：拟建场地覆盖层较厚，局部区域分布有自稳能力差的软土层，以及透水性强和富水性强的砂层，周边环境对地层的变形要求高。因此，基坑围护结构建议采用整体刚度大、止水效果好的"地下连续墙 + 内支撑"的支护体系。

④地下水控制：由于拟建场地的地下水位较高，残积层及全强风化层遇水浸泡后易软化崩解，故建议设计施工过程中需加强地下水的控制，基坑围护结构兼作截水结构，围护结构应深入相对隔水层一定深度。坑内设置一定数量的降水井，将坑内地下水位下降至开挖面以下一定深度。同时，为防止降水对周边环境的影响，建议基坑外侧设置回灌井，必要时进行回灌。

⑤抗浮分析：本工程需进行抗浮设计，地区经验抗浮设防水位详见表 2-1。考虑到场地内覆盖层比较厚，故设计时可以采用抗拔桩抗浮，桩长可根据具体抗拔力计算取值。拟建场地在进行交通疏解和管线改迁后，成桩条件较好，建议抗拔桩采用冲（钻）孔灌注桩。钻（冲）孔灌注桩适用范围广，能穿越地下水位上下的各类复杂地层，能形成较大的单桩承载力，成桩质量较好。

抗浮设防水位　　　　　　　　　　　　　　　　　　　　　　　　　　　　表 2-1

序号	施工区域	抗浮设防水位（m）	地面高程（m）
1	下沉道路 U 形槽	13.8	13.22～14.92
2	下沉道路隧道	15.5	15.14～16.07
3	地铁 14 号线、24 号线	19.0	18.50～21.68
4	东区地下空间	18.5	17.63～19.88
5	西区地下空间	16.4	16.07～17.57

本场地为花岗岩地层，当采用泥浆护壁钻（冲、旋挖）孔灌注桩时，应考虑泥皮效应，桩侧摩阻力应根据《建筑地基基础设计规范》（DBJ 15-31—2016）按照软塑黏性土取值（14～24kPa）。

（4）改造施工对策

①本工程基坑开挖深度大，开挖不当会引起土体产生过大变形，在开挖过程中应尽量减少对土体的扰动，应充分利用土体时空效应规律，沿纵向按限定长度逐段开挖，在每个开挖段分层、分小段开挖，随挖随撑，按规定时限开挖及安装支撑并施加预应力。

②合理安排施工工序和材料进场时间，避免在基坑顶部周围堆放大量物品，严禁在坡顶堆放弃土，将荷载控制在设计允许范围内，减少基坑变形。

③拟建场地位于笋岗西路，场地内存在地铁7号线黄木岗站，地下管线较多，周边存在较多办公楼、居民楼及医院。本工程施工时要注意文明施工，控制施工噪声，尽量减少施工对周边环境的影响，特别是要做好地铁7号线及临时便桥的保护。

④人工填土的成分混杂不均、软硬不一，软土层的稳定性较差，地下连续墙或冲孔灌注桩成槽时容易造成槽（孔）壁坍塌和缩孔，故应做好护壁措施。

⑤由于全、强风化岩层及残积土遇水浸泡后易软化崩解，因此基坑开挖到基础高程附近后应预留适当厚度的土层进行人工开挖，至设计高程后尽快封底，防止其暴露时间过长和泡水而引起软化，已扰动的地基土可采用挖除换填等方式进行处理。

⑥场地内分布有透水性好的冲洪积砂层，建议提高止水措施的施工质量。场地内局部区域存在中微风化岩，建议提前策划好成桩工艺及基坑开挖方法。

⑦施工时应加强通风，保证施工人员的身体健康；做好处理突发事件的材料、机具、人员的准备，出现问题及时妥当应对，避免由于工程施工诱发地质灾害。

⑧场地内局部地段的基岩起伏较大，且存在不均匀风化夹层，故施工过程中应加强现场验桩工作，同时建议施工单位进场后进行施工勘察。

⑨在施工前做好周边建（构）筑物的房屋鉴定工作。

⑩由于建设周期较长，勘察、设计和施工之间存在时间差，在此期间本场地的地形地貌、地下管线、周边建（构）筑物等环境条件的变化可能会对工程施工带来一定的影响和风险，因此在施工前，应进行资料复核和必要的调查。

（5）对现场监测的建议

在施工期间，为确保基坑围护结构及周边环境的安全，必须对基坑及周围建（构）筑物进行监测，建立完善的变位监测系统，进行系统、全面的跟踪测量，实行信息化施工，以确保周围建（构）筑物的安全和施工的顺利进行，并对地铁7号线及临时便桥进行重点监测。建议监测内容包括以下项目。

①地铁7号线结构的变形（含水平、竖向）、振动监测，邻近的临时便桥的变形监测。

②水平竖向位移量测：包括围护结构、支撑体系、重要地下管线及邻近建（构）筑物（特别是地铁7号线结构、临时便桥）的水平位移及沉降监测。

③测斜：包括基坑围护结构及周边建（构）筑物的倾斜量测。

④支撑内力测试：每道支撑选择主要受力杆件来量测轴力。

⑤地下水位观测：布置坑外地下水位观测井。

⑥土压力监测。

⑦施工中加强对基坑内是否缺氧、有害气体是否超标进行监测及预防。

⑧施工中应根据各项监测指标及巡查情况，对有可能因施工影响产生地下空洞的车站周边位置定期进行探测。

— 第 **3** 章 —

叠侧式地铁车站抗浮稳定性分析

3.1 概述

　　浸在液体或者气体里的物体，所受到的液体或者气体对该物体向上托起的力称之为浮力。之所以会产生浮力，是由于浸在液体或气体里的物体，其上表面与下表面所受到的压力存在差值。准确计算地下结构所受到的地下水浮力是验算地下结构抗浮稳定性、确定抗浮方案的前提。随着我国大量建筑地下室、地下通道、地铁等城市地下工程普遍进入运营期，变形、开裂、渗漏、涌水涌砂等病害问题开始逐步显现。其中，抗浮失效或不足是造成这类病害的重要原因之一。它不仅会引起承重墙、承重柱、板梁等地下结构变形破坏，长期大量渗漏还可能诱发地面沉降、周围既有建（构）筑物发生倾斜破坏等下文所述的环境岩土灾害问题[80-81]。

　　某地下车库在 2018 年 11 月 10 日的日常巡检中，发现地库局部抗浮锚杆与地库底板连接处混凝土面层出现洇水现象，次日又发现洇水处出现鼓胀、开裂、渗水情况，且变化趋势较明显。巡检人员立即通知建设单位，并停止地下车库的施工。2019 年 2 月 18 日，建设单位组织结构专业和地基岩土专业专家对地下车库防水板局部破坏问题进行论证。经论证，专家认为防水板局部抗浮不满足要求，需进行补强处理。

　　太原市杏花岭区某地下车库在主体结构施工完毕后，顶板上部覆土未进行回填。施工单位于 2017 年 12 月 5 日停止降水，2017 年 12 月 9 日施工单位发现地下车库部分梁、柱构件存在裂缝。2017 年 12 月 11 日建设单位接到通知后，聘请检测单位介入，并对该事故进行跟踪检测并鉴定。检测单位同建设、设计、施工三方相关技术人员对地库结构损伤进行了初步分析，初步判断混凝土构件损伤是由结构抗浮不足引起的，并立即在筏板上开凿泄水孔。于 2017 年 12 月 13 日共开设了 5 个泄水孔，在泄水孔开设过程中，喷出的水柱高度在筏板 2.0m 以上。截至 2018 年 1 月 22 日，检测单位经过为期 43d 的现场监测，2018 年 1 月 23 日再次检测时，流出的水量已明显减少，地下室未见积水情况，筏板表面干燥，未发现有渗水迹象，地面或楼板未发现有明显隆起迹象，梁、柱局部混凝土构件上存在的裂缝已经闭合或裂缝宽度明显减小。

　　浙江省某职业技术学院实训基地工程建筑于 2021 年 12 月 24 日发现该区域地下室底板存在较多开裂、渗漏现象，经测量，发现地下室底板存在部分起拱现象，最大高差达 130mm，初步确定为该区域地下室底板存在上浮现象。于 2021 年 12 月 24 日下午进行打孔泄压，泄压后底板有了一定程度的回落，但未对底板裂缝进行处理。2021 年 12 月 25 日—2021 年 12 月 30 日，施工单位对该区块已完成泄水降压的底板进行锚索的张拉固定，由四周向中间的泄水孔方向进行张拉锚固，在张拉过程中需要做好沉降监测，待全部张拉完成并沉降稳定后，进一步进行锚固检测。当锚固值不足时需要进行二次张拉，最终按设计要求完成该区域地下室底板的锚固。

四川某建筑工程中庭地下室出现上浮前，从基坑开挖至主体结构施工的整个过程中均未采取相关降水措施。由于雨水、渗隙水及生活污水通过车道出入口预留的剪力墙洞口不断进入地下室，故施工单位于 2016 年 9 月 18 日对地下室车库出口砌筑实心砖墙，完全封堵并施作防水层，致使地下水位逐渐恢复，并于 2016 年 9 月 23 日发现中庭地下室顶板起拱，地下室部分结构构件出现了不同程度的损伤，随即对地下室采取降水措施。地下室部分结构构件出现的情况如下：

（1）部分钢筋混凝土柱在柱脚、柱顶出现水平、环向及斜向裂缝，裂缝宽度为 0.05～0.7mm，局部混凝土发生酥碎、脱落现象。柱顶水平裂缝与柱顶角部斜向裂缝分别如图 3-1、图 3-2 所示。

图 3-1　柱顶水平裂缝　　　　　　图 3-2　柱顶角部斜向裂缝

（2）部分钢筋混凝土梁在与墙柱交接处会出现水平、斜向及竖向裂缝，裂缝宽度为 0.15～0.25mm；个别钢筋混凝土梁在次梁节点两侧会出现 U 形裂缝，裂缝宽度为 0.2～0.25mm。梁侧竖向裂缝与梁端支座处梁底水平裂缝分别如图 3-3、图 3-4 所示。

图 3-3　梁侧竖向裂缝　　　　　　图 3-4　梁端支座处梁底水平裂缝

（3）部分抗水板出现开裂，板面普遍存在积水，如图 3-5 所示。抗水板可以局部开孔抽排地下水，如图 3-6 所示。

图 3-5　抗水板开裂　　　　　　　　　图 3-6　抽排地下水

（4）部分顶板板底出现斜向裂缝、切角裂缝及平行于支座走向的裂缝，并存在渗水现象。

（5）经现场对本工程中庭地下室抗水板的相对起拱情况进行抽测，抽测的最大起拱量为 36mm。

在地下水的作用下，地下结构的抗浮稳定性不足，会导致多种多样的局部失稳破坏模式。虽然结构整体危害较轻，但渗（涌）水对既有地下室造成的危害较大，故应引起工程技术人员，特别是检测鉴定人员的足够重视。

3.2　地铁车站所受地下水浮力计算原理

本次研究基于深圳地铁黄木岗综合交通枢纽换乘改造工程，改造的内容是拆除既有侧墙及顶板，整体过程为一个减重过程。深圳市地处沿海，地下土层中富含地下水，而且海水潮起潮落、下雨都会引起地下水位的变化，这会给现场施工水位监测带来很大的难度。本节将介绍阿基米德原理与达西定律，给出水浮力在地铁车站中的计算方法，并提出水浮力产生的效应在 ABAQUS 中的实现路径；通过比对桩基抗拔承载特性的理论分析法，最终确定 V.B. Deshmukh 提出的极限抗拔承载力公式作为本次抗浮抗拔桩研究的理论依据。基于此，本文将抗拔桩作为抗浮措施并研究其物理特性，并将其运用于实际工程中，分析其作用效果。

3.2.1　地下水的主要赋存类型

地下水是指埋藏于地表以下岩石、土层孔隙中的各种形态的水。其主要来源于大气降水和地表水入渗补给，并通过渗流的方式，与附近的河流、湖泊等相互补给。地下水的赋存类型主要有以下三类：上层滞水、潜水和承压水，如图 3-7 所示。

（1）上层滞水是指包气带内局部隔水层之上积聚的具有自由水面的重力水。其虽有自由水面，但分布范围有限，主要来源于城市管线的渗漏和雨水入渗补给，水量不多，容易流失，往往在雨季存在而旱季消失，水位变化较大。在基坑开挖时，上层滞水若分布不均匀，就有可能遇到基坑部分区域渗水，部分区域无水的情况。

（2）潜水是指埋藏在地表以下第一个稳定隔水层之上的地下水，主要由地表水和雨水入渗补给。潜水有自由水面，埋藏较浅，其分布区和补给区基本一致，水量、水质等形态随季节变化较大。当水位上升，上部地层受到阻碍（如地下室底板）时，潜水可能呈承压状态，变成承压水。

（3）承压水是指介于两个隔水层之间的具有静水压力的地下水。承压水一般埋藏较深，水压力较大，尤其当上下两个隔水层呈倾斜状时，水压力更大。在工程建设之前，应详细勘察场地中的承压水情况，以免对设计、施工造成不便。

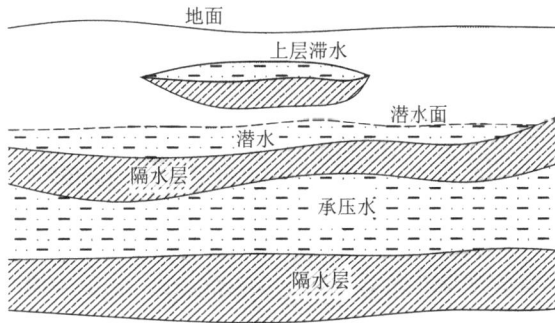

图 3-7　地下水的赋存类型

3.2.2　地铁车站所受浮力的计算方法

地下结构所受地下水浮力的大小，与地下水类型、水位高度以及地下结构本身与含（隔）水层之间的相对位置关系等密切相关。在很多情况下，不能笼统地用最高地下水位与地下结构底板间的高程差乘以水的重度来计算地下结构所受浮力的大小。这是因为地下含水层之间发生越流补给时，在渗流过程中，会产生一定的水头损失，从而导致地下结构所受的水浮力减小。很多的现场实测资料值与现场实测的水压力值之间有一定的误差[82-83]，直接套用阿基米德定律计算得到的浮力也会出现一定的偏差，尤其是当场地内存在多层地下水，且地下结构底板埋置于上下含水层间的隔水层中时，浮力荷载理论值与实测值间的偏差更大[84-85]。所以，很有必要对地下水浮力计算方法进行细化。下面按照地下结构埋深与地下含（隔）水层的六种相对位置关系，在考虑地下水在土层中的渗流作用的前提下，探讨相应的浮力计算方法。

第一种情况：地下结构埋置于上部潜水含水层中，如图 3-8 所示。该情况下，地下结构的抗浮水位即为潜水位，可以直接求出地下结构底板单位面积所受到的浮力值，即 $P = \gamma_w \cdot h$，其中 h 为地下结构底板以上的水头高度，γ_w 为地下水重度。

第二种情况：地下结构穿透上部的潜水含水层，底板埋置于下部隔水层中，但是由于地下水的渗流作用，地下结构仍然会受到一定的浮力作用，如图 3-9 所示。

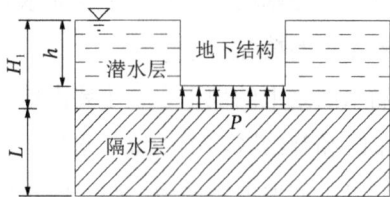

图 3-8 地下结构埋置于上部   图 3-9 地下结构穿透潜水层，底板
潜水含水层中示意图   埋置于下部隔水层中示意图

该情况下地下结构的抗浮水位仍为潜水位，浮力计算公式为：

$$P = \gamma_w \left(H_1 - \frac{H_1}{L} \cdot d \right) \qquad (3\text{-}1)$$

式中：H_1——潜水层高度；

　　　d——地下结构处于隔水层的高度；

　　　L——隔水层高度。

第三种情况：地下结构埋置于地表浅部的隔水层中，隔水层下有承压含水层。由于下部承压水的渗流作用，地下结构也会受到一定的浮力作用，如图 3-10 所示。该情况下，地下结构的抗浮设防水位即为承压水位，浮力计算公式为：

$$P = \gamma_w \cdot H \cdot \frac{d}{L} \qquad (3\text{-}2)$$

式中：H——地下结构与承压水层的距离值。

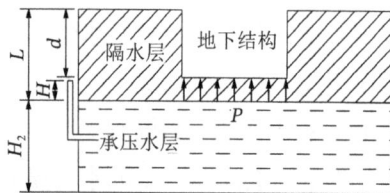

图 3-10 地下结构埋置于上部隔水层中示意图

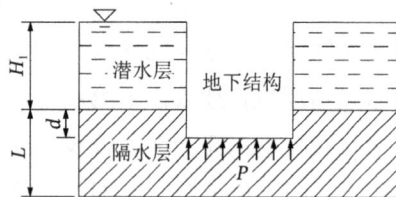

H_2-承压水层厚度

3.2.3 水浮力产生的效应在 ABAQUS 中的实现

地下水对地下结构产生的效应主要体现在两个方面：其一是对地下结构围岩会产生一定的弱化效果；其二是地下水将会在地下结构周围产生相应的水荷载效应，主要是对地下结构底板间接施加一定的上浮力，对地下结构的侧墙会产生一定静水压力。

为了研究地下水对地下结构产生的危害，本节使用 ABAQUS 建立地铁车站结构的模型。由于地下水对地下结构产生的影响，主要是通过对地下结构围岩的软化和产生一定的水荷载作用来实现。因此在 ABAQUS[86-87]中，为了实现地下水的作用效果，首先对地下结构周围围岩体的参数进行一定程度的折减。围岩土体参数的折减比例，需要根据地下水在土层土体含水率的增长量来确定。根据地下水中含水率变化量与围岩土层土体参数的变化关系，对相应含水率变化下的地下结构围岩参数进行相应的折减，进而得到由于围岩参数折减后对地下结构的影响。

通过对地下结构底板施加一定的压强，来模拟地下水所产生的水荷载作。在水位由底板以下 3m 的初始水位上升到底板位置时，开始对地下结构施加向上的压力，在水位由底板位置向上继续上升时，底板所受向上的浮力作用也在不断地增大。

根据众多学者的研究成果[88-92]，考虑到砂性黏土的不均匀性以及夹层的影响，本文将地下水对地铁车站结构围岩土体的压缩模量折减 40%，黏聚力折减 50%，内摩擦角折减很小，一般仅 2°～4°。根据有关学者对地下水浮力的研究[93-97]，水浮力作用的大小为水的重度与高度的乘积，本文参考其研究成果，在实际计算中，将在底板施加的水浮力作用大小折减 22%，取为原水浮力的 78%。

3.3 车站抗浮措施

运营地铁车站既有建（构）筑物在拆除过程中，会导致整体车站结构的上浮。这是因为在未拆除结构之前，地铁车站与周围土体处于完全平衡状态。当地铁车站由于拆除而整体重量减轻时，势必会引起地基回弹作用，以及周围地下水对车站结构的浮力作用。当车站自身重量（包括顶板覆土重）不能抵抗地下水浮力时，地下车站将产生上浮，导致结构变形破坏，使其不能发挥正常功效，由此产生抗浮设计。

抗浮设计包括整体抗浮验算及局部抗浮验算，整体抗浮验算可保证地下车站不会整体上浮，但不能保证底板不出现开裂、变形等现象[98]。局部抗浮验算可保证底板局部不出现开裂、变形等现象。

3.3.1 施工阶段抗浮措施

地下车站施工阶段的抗浮措施一般采用基坑外或基坑内降水，使地下水位保持在开挖面以下 1m，直至结构施工完毕、顶板覆土回填完成后才停止降水。在施工阶段，主要采用临时抗浮措施，具体方式是利用降低地下水位高度来减小浮力。针对施工阶段的抗浮工作，主要可以通过以下几个方面实现：

（1）在车站范围有效设置降水井、排水沟，保证地下水位能够降到底板以下，进而将浮力减小。并且在降水减压的过程中，需要注意不能造成周围的地层下沉。

（2）对底板进行合理设计，如在底板中设置一些临时的泄水孔，将浮力进行减小。

（3）临时在底层结构上增加压重，如填砂、充水等。

3.3.2 使用阶段抗浮措施

1）配重法

配重法是一种常规的抗浮措施，对于地下车站，配重法的优点如下：

（1）可以在其顶板上加厚覆土厚度。

（2）可将车站底板延伸，利用外伸部分的覆土增加压重。

（3）增加底板厚度。在地铁车站中，由于大部分均设在道路下方，增加覆土厚度一般不可行，而将车站底板延伸会使车站围护结构范围变大，围护结构与主体之间要回填压实。由于地铁车站基坑较深，施工较困难，且填土一般达不到设计要求，对车站主体不利，同时延伸部分会使水浮力的受力面积增大，相应部分压载的作用部分被抵消；底板加厚会使基坑埋深加大，水浮力相应增加，同样使压载的作用会部分被抵消。从经济角度来说，后两种方法也会使车站造价相应提高。但对于地下与地上结合的地铁车站，由于车站基坑较浅，可考虑此方法与其他方法结合达到抗浮的目的。

2）抗拔桩下拉法

抗拔桩下拉法是利用桩体自重与桩侧摩阻力来提供抗拔力。抗拔桩不同于一般的基础桩，有其自身的独特性能，桩体承受拉力，且桩体受力大小随地下水位变化而变化。由于基坑深度较深，所以在地铁车站设计中多采用机械钻孔灌注桩，抗拔桩一般根据浮力大小结合车站框架柱及底纵梁进行设计。但由于地下车站抗拔桩与底板相交处的防水很难保证，本方法一般在抗浮梁无法施作且必须进行抗浮设计时采用。

3）抗浮梁压顶法

抗浮梁压顶法是地铁车站设计中比较常用的方法，是利用地铁车站的围护结构（钻孔灌注桩或地下连续墙），在车站顶板上方沿围护结构设置一圈压顶梁。当车站在受水浮力上浮时，压顶梁对车站顶产生向下压力，同时利用围护结构的自重及侧摩阻力共同达到抗浮目的。由于车站的围护结构一般是永久性支护，所以就目前来说，这种方法在地铁抗浮设计中比较经济实用，一般车站抗浮优先考虑此方法。

4）抗浮锚桩法

抗浮锚桩法是近年来在民建中大量应用的抗浮技术，一般采用高压注浆工艺，使浆液渗透到岩土体的孔隙或裂隙中。锚杆侧摩阻力比抗拔桩大，更有利于抗浮，且造价低、施工方便。但是普通锚杆受拉后，杆体周围的灌浆体容易开裂，使钢筋或钢绞线极易受到地下水的侵蚀，直接影响耐久性。抗浮锚杆与底板的结点是防水的薄弱环节。国内目前对抗浮锚杆的设计还不够成熟，缺乏相关的规范标准，尤其是锚杆的耐久性缺乏可靠的技术控制。又由于地铁是百年工程，对耐久性及防水要求更为严格。因此目前国内地铁车站的抗浮设计中在此方面缺少设计经验。

在既有建筑物拆除过程中，由于卸载回弹、地下水的作用，应力集中现象十分明显，竖向位移变化较大。因此，在地铁车站既有建筑物拆除过程中需要采取抗浮措施。由于黄木岗综合交通枢纽换乘改造工程因场地受限无法施作抗浮梁，而抗拔桩施工具有对桩周岩土体扰动较小、工艺简单、施工便捷、抗浮效果好等优势，因此本项目选取抗拔桩作为抗浮措施。

3.4 抗浮抗拔桩承载特性的理论分析

抗拔桩的受力及变形问题是工程中的焦点问题，因此需要对抗拔桩承载特性进行研究。目前桩基抗拔承载特性的理论分析法主要有 Chattopadhyay 法[99]、V.B. Deshmukh 法[100]以及 K.Shanker 法[101]等，本节对每一种方法进行简要的介绍。

3.4.1 Chattopadhyay 法

Chattopadhyay 提出了一种预测砂土中桩的极限抗拔能力的理论分析方法。该方法考虑了桩的长度、直径、表面特性和土体特性对其抗拔承载特性的影响。当桩的埋深超过临界埋深时，桩的平均侧壁摩阻力达到定值，该值不仅取决于砂土的相对密度，而且受桩表面特性的影响较大。

Chattopadhyay 法将直径为 d、长度为 L 的桩埋入摩擦角为 φ 和有效单位重量为 γ 的土壤介质中。埋入砂土中的竖直圆形桩在上拔过程中，可假设桩基带动周围土体发生竖直向上的位移。在此过程中，沿破坏面土体的抗剪强度以及土体和桩体的自重对桩基的竖向位移具有抑制作用。在极限平衡条件下，基于此能够获得桩的抗拔极限承载力。该计算模型假设的破坏面形状和破坏程度，取决于桩的长径比、土体的摩擦角以及桩-土界面的摩擦角，破坏面如图 3-11 所示。

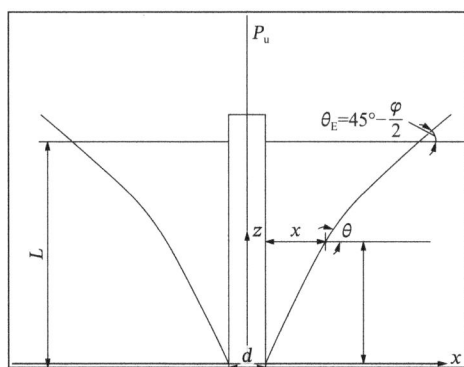

图 3-11 破坏面示意图

P_u-极限抗拔承载力；d-抗拔桩直径；
θ_E-破坏面与大主应力线的夹角；θ-破坏面与水平面夹角

根据该计算模型，桩端以上任意高度 z 处破坏面斜率可表示为：

$$\frac{dz}{dx} = \tan\left(45° - \frac{\varphi}{2}\right)\frac{L}{2}\exp\beta\left(1 - \frac{Z}{L}\right) \tag{3-3}$$

式中：$\beta = \lambda(50 - \varphi)/2\delta$。其中，$\lambda$为桩的长径比；$\delta$为桩-土界面摩擦角。

对式(3-3)积分，并代入边界条件，能够得到：

$$\frac{x}{d} = \frac{1}{2} + \left(\frac{2\delta}{50 - \varphi}\right)^2 \frac{\exp\left[-\lambda\frac{(50 - \varphi)}{2}\delta\right]}{\lambda\tan\left(45 - \frac{\varphi}{2}\right)} +$$

$$\frac{2\delta}{(50 - \varphi)\tan\left(45 - \frac{\varphi}{2}\right)}\exp\left[\frac{-\lambda(50 - \varphi)}{2\delta}\left(1 - \frac{Z}{L}\right)\right]\left[\frac{Z}{L} - \frac{2\delta}{(50 - \varphi)}\right] \tag{3-4}$$

为了计算抗拔桩的极限承载力，假设在极限平衡条件下，桩的承载能力由沿破坏面土体的抗剪强度、破坏范围内土体的自重以及桩的自重组成。考虑破坏面之内，在桩端以上高度为Z处的厚度为ΔZ的圆盘形楔体，其承载力计算分析模型如图 3-12 所示。

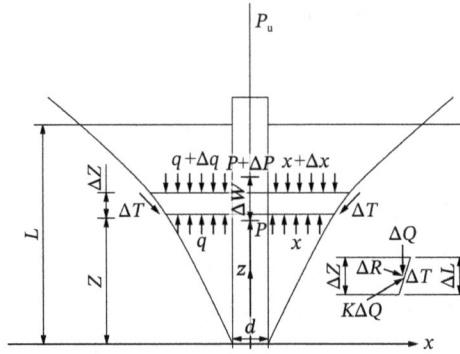

图 3-12　承载力计算分析模型

q-竖向土压力；Δq-竖向土压力增量；
ΔW-ΔZ范围内土体自重及桩的自重增量；ΔQ-单元破坏面竖向应力

假设沿圆形楔体ΔL破坏面上土体的抗剪强度为ΔT，且$\Delta T = \Delta R\tan\phi$，其中$\Delta R$为沿破坏面法向上的力。经过理论分析，可以得到$\Delta R$的计算表达式：

$$\Delta R = \gamma\left(L - Z - \frac{\Delta Z}{2}\right)(\cos\theta + K\sin\theta)\frac{\Delta Z}{\sin\theta} \tag{3-5}$$

式中：K——楔形体内的侧向土压力系数。

进一步地，ΔT可进一步表示如下：

$$\Delta T = \gamma\left(L - Z - \frac{\Delta Z}{2}\right)(\cos\theta + K\sin\theta)\frac{\Delta Z\tan\varphi}{\sin\theta} \tag{3-6}$$

考虑楔形体部分的竖向平衡，设长度为ΔZ的桩的自重等于相应部分土体的自重，并将式(3-6)代入、化简，得到：

$$\frac{dP}{dZ} = \gamma\pi dL\left\{\frac{2x}{d}\left(1 - \frac{Z}{L}\right)[\cot\theta + (\cos\theta + K\sin\theta)\tan\varphi]\right\} \tag{3-7}$$

因此，桩的极限抗拔承载力计算表达式为：

$$P_u = A\gamma\pi dL^2 \tag{3-8}$$

式中：$A = \frac{1}{L}\int_0^L \left\{ \frac{2x}{d}\left(1 - \frac{Z}{L}\right)[\cot\theta + (\cos\theta + K\sin\theta)\tan\varphi] \right\}dZ$，称为抗拔承载力系数。

3.4.2　V.B.Deshmukh 法

Deshmukh 等使用 Kotter 方程计算无黏性土中抗拔桩的极限承载力，提出了桩基的临界埋深比与抗拔承载力之间的关系，并将预测结果与现场试验数据进行了比较。表明该方法的预测结果与试验结果吻合较好，验证了 Kotter 方程在桩基抗拔承载力估算中的适用性。

Deshmukh 利用 Kotter 方程，提出了一种利用半解析法来估算无黏性土中桩基的净抗拔承载力的方法。该方法假定破坏面为倒圆锥体破坏面，此破坏面从桩端开始，与水平方向成一定的角度向上延伸，并与地面所在平面相交。V.B.Deshmukh 法使用 Kotter 方程来确定破坏面上的摩擦力，并考虑锥台土体的竖向平衡，计算桩基的净抗拔承载力。对松散和密实无黏性土的临界埋入比 $(H/d)_{cr}$ 进行研究，综合考虑土体内摩擦角 ϕ、桩-土界面摩擦角 δ，以经验公式的形式表示桩基抗拔承载力计算公式。

破坏面假定为与水平面成一定角度并向上延伸至地面的圆锥体，如图 3-13 所示。对 Kotter 方程进行积分运算，得到破坏面上土体的竖向反力，并与破坏区内土体总重量相加，得到净抗拔承载力。在桩端处，假定破坏面与水平线的夹角为 α，α 的大小取决于桩-土界面摩擦角 δ 以及土体的内摩擦角 φ，α 可采用下列公式计算：

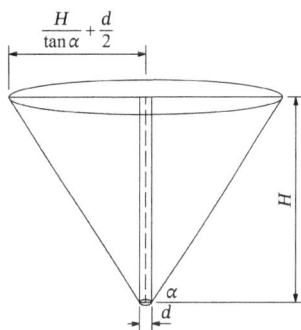

图 3-13　V. B. Deshmukh 法
计算模型示意图

$$\alpha = 90 - \left(\frac{\delta}{\varphi}\right)^6 \arctan\frac{\varphi}{2} \tag{3-9}$$

其中，对于完全光滑（$\delta = 0$）的桩，其破坏面与桩-土界面重合（$\alpha = 90°$），对于完全粗糙的桩（$\delta = \varphi$），$\alpha = 90° - \arctan(\varphi/2)$。

该方法认为位于无黏性土中的桩基在承受上拔荷载过程中，在土中形成了如图 3-13 所示的圆锥形破坏体，上拔荷载由桩-土之间的摩阻力 R_v 以及破坏体内土的自重 W 来平衡。

取破坏范围内一半的模型计算桩-土之间的摩阻力 R_v，在图 3-13 示锥形破环体中，考虑一个小单元，假设其角度为 $d\theta$，半径为 dr，高度为 dH。运用积分的方法得到 R_v 的表达式为：

$$R_v = \gamma\pi\sin(\alpha + \varphi)\cos(\alpha + \varphi) \times \left\{ \left(\frac{H}{\tan\alpha} + \frac{d}{2}\right)^3 + \frac{d^2}{4}\left[d - 3\left(\frac{H}{\tan\alpha} + \frac{d}{2}\right)\right] \right\} \tag{3-10}$$

轴对称旋转体的净重分为两部分，即破坏范围内土体的自重和桩体的自重。破坏范围内桩土的自重可用下列公式计算：

$$W = \gamma\pi\left[\frac{1}{3}\tan\alpha\left(\frac{d}{2} + \frac{H}{\tan\alpha}\right)^3 - \frac{d^3\tan\alpha}{24} - \frac{d^2H}{4}\right] \tag{3-11}$$

将式(3-11)和式(3-12)分别进行简化，得到抗拔承载力的计算公式：

$$P = \frac{\gamma \pi \tan \alpha}{12} \left[4C_4^3 - d^2 C_5 - \frac{4 \sin 2(\alpha + \varphi)}{\sin 2\alpha} \times C_4^3 + \frac{d^2}{4}(d - 3C_4) \right] \tag{3-12}$$

式中：$C_4 = \left(\frac{d}{2} + \frac{H}{\tan \alpha} \right)$，$C_5 = \left(\frac{d}{2} + \frac{3H}{\tan \alpha} \right)$，$\alpha = 90 - \left(\frac{\delta}{\varphi} \right)^6 \arctan\left(\frac{\varphi}{2} \right)$。

3.4.3　K.Shanker 法

Shanker 等人建立了一种简单的模型来预测砂土中桩基的抗拔承载力，该模型示意图如图 3-14 所示。该模型考虑了对桩的抗拔承载力有直接影响的桩长（L）、桩径（d）和土体摩擦角（φ）、桩-土界面摩擦角（δ）以及土的重度（γ）等参数，并以模型试验的实测数据为参照，对用该理论预测的桩极限抗拔能力与一些现有理论进行了对比分析。在该方法中，为了简便计算，将桩的破坏面假定为一个圆锥体，破坏面所在直线与竖直方向所在直线的夹角为β，β的大小取决于土体的摩擦角以及剪胀角等参数。在桩的上拔过程中，假定破坏范围内的土体会随破坏面产生竖直向上的位移。该位移受破坏面上土体的抗剪强度和土、桩的自重等因素的影响。在极限平衡条件下，考虑桩端上方高度为Z处的一个厚度为ΔZ的圆形楔体，其受力计算模型如图 3-15 所示。

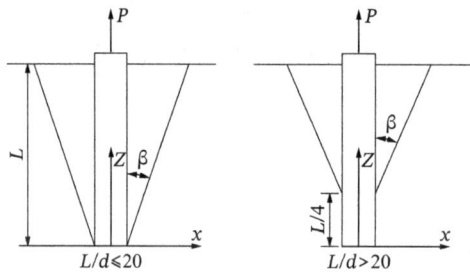

图 3-14　模型示意图

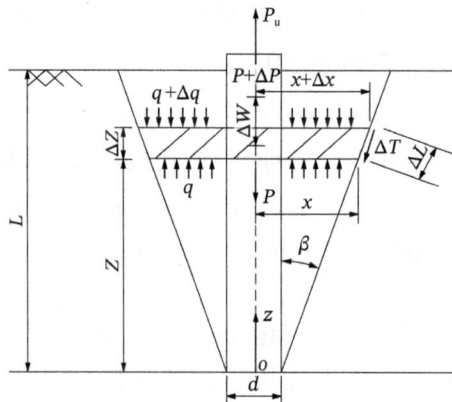

图 3-15　圆形楔体的受力计算模型示意图

对圆形楔体建立竖向平衡方程，得到桩基的抗拔承载力计算公式：

$$P = \frac{C_1}{2}L^2 + \frac{C_2}{6}L^3 \tag{3-13}$$

式中：$C_1 = \pi d\gamma \left[\frac{1}{\tan\theta} + (\cos\theta + K\sin\theta)\tan\varphi \right]$，$C_2 = \frac{2\pi\gamma}{\tan\theta} \cdot \left[\frac{1}{\tan\theta} + (\cos\theta + K\sin\theta)\tan\varphi \right]$。

Chim-oye[102]研究比较了 Chattopadhayay、Deshmukh、Shanker 提出的三种桩极限抗拔承载力分析方法。Deshmukh 等人提出的极限抗拔承载力公式计算结果最接近现场实测数据。相比之下，Chattopadhayay 和 Shanker 方法的极限抗拔承载力计算结果与实测结果差异最大。三种计算方法的对比结果见表 3-1。因此，本文将采用 V.B. Deshmukh 提出的极限抗拔承载力公式作为本次抗浮抗拔桩研究的理论依据。

桩基抗拔承载力计算方法对比　　　　　　　　　　　　　　　　表 3-1

	V.B. Deshmukh 法	Chattopadhayay 法	K.Shanker 法
数学模型	$P_u = \pi d \frac{L^2}{2} K\gamma \tan\delta$	（1）当 $(L/d) \leqslant (L/d)_{cr}$ $P_u = \frac{1}{2}\rho\gamma L^2 K_u \tan\delta$ （2）当 $(L/d) > (L/d)_{cr}$ $P_u = \frac{1}{2}\rho\gamma L_{cr}^2 K_u \tan\delta + \rho\gamma L_{cr} K_u \tan\delta (L - L_{cr})$	$P_u = A_1 \gamma \pi L^2$
破坏面	圆柱形剪切破坏面	圆柱形剪切破坏面	曲面
参数	（1）摩擦角 （2）土体有效重度 （3）桩摩擦角 （4）松散砂土压力系数（K）$K = K_a$，密实砂土压力系数 $K = K_p$，其中 K_a 和 K_p 为朗肯主动土压力系数和被动土压力系数	（1）摩擦角 （2）土体有效重度 （3）桩摩擦角 （4）抗拔系数	（1）摩擦角 （2）土体有效重度 （3）桩摩擦角 （4）净抗拔力承载系数

第 **4** 章

叠侧式地铁车站抗拔桩物理特性试验研究

4.1 抗拔桩作用机理

在抗拔桩作用机制方面，自 2015 年以来，国内众多学者和工程技术人员针对抗拔桩在地下工程抗浮中的应用开展了研究，但并没有完全掌握影响抗拔桩承载力的规律，对抗拔桩的研究大多停留在工程经验层面，系统且深入的研究相对较少，还没有形成趋于完善的理论研究成果[103]。

国内外的专家学者主要将目光集中在抗拔桩的应力传递规律、抗拔桩桩顶荷载与受荷后桩体位移间关系（U-s曲线）、破坏形态及其机理等方面，并对此开展了大量的研究工作。抗拔桩在受到地下水浮力的作用时，依靠桩体的自重及桩与周边土体的摩阻力提供抗拔力。抗拔桩与桩周土体共同组成桩-土系统，通过相互作用共同完成荷载传递过程。随着桩顶荷载的增加，桩体逐渐上移，带动桩周土体上移，进而带动外围土体向上移动，使得桩周土体间发生剪切变形。等截面抗拔桩抗拔时，主要以桩侧摩阻力提供抗拔力，而变截面（扩底）抗拔桩的抗拔力大部分由扩大头来提供，在桩侧摩阻力达到极限值时，扩大头还远远未达到极限值。有学者研究表明：当抗拔桩加载较小时，其内力分布和计算可以通过传统计算理论得到；当加载量达到一定量级时，钢筋和混凝土不再满足变形协调条件，传统计算理论也就不再适用于抗拔桩的内力计算[104]。探究抗拔桩的应力分布特性，对研究抗拔桩在抗浮工程中的应用普及有着举足轻重的意义。不同地质环境下可选择不同类型的抗拔桩，而且随着桩顶荷载的增加，不同类型的抗拔桩的轴力变化也不尽相同。陈杨等[105]对钙质砂中铝管桩桩身轴力的分布规律进行了模型试验，试验发现：模型桩桩顶处轴力最大，基本与所受的荷载一致，桩身的轴力随深度的增加而减小，并且减小的速率在逐渐增大，桩底处的轴力基本为 0。杨柏等[106]对砂岩地质下某一工程的扩底抗拔桩进行了现场极限载荷试验，其桩身轴力的分布曲线同样符合上述规律，并指出此时桩身轴力由钢筋轴力和混凝土轴力组成，可利用钢筋计测得的不同断面下的钢筋应力来计算。桩身相邻两断面的侧摩阻力合力值由两个断面的轴力差所决定。吴江斌等[107]采用双套管技术分离桩身与周边土体，对桩侧注浆抗拔桩和扩底抗拔桩的桩身轴力进行试验，研究表明，扩底抗拔桩由于扩大头的存在，随着桩顶试桩荷载的增大，扩底抗拔桩距桩端附近的桩身轴力增长幅度较大，而桩侧注浆抗拔桩的桩身轴力增长有限。这些研究成果为后续抗拔桩的应用提供了重要参考。

4.2 抗拔桩现场试验方案

4.2.1 试桩目的

由于工程的地质情况较为复杂、结构体较大且重要性较高，基础结构需要承受较大的荷载。因此，合理选择桩型、桩长，确定桩基的承载力，在本工程中显得尤为重要。同时，通过试桩还可以验证桩基施工工艺、泥浆护壁工艺和打桩钻孔机具是否合理，以及推测拌合站混凝土的供应能力，以便在施工中加以改进。

试桩旨在检验和确定本桩基础的施工工艺参数，包括泥浆配方、钻进工艺、清孔效果以及成桩后质量、荷载试验等。

试桩应取得的具体指标：

（1）适应不同地质状况的机具选型。

（2）钻进时的参数：进尺、钻压、泥浆性能等。

（3）灌注前二次清孔后的泥浆指标及清孔方法。

（4）成孔质量控制的措施（孔径、倾斜度、中心偏位等）。

（5）单桩抗拔力的检测方法及场地需求。

（6）为施工提供实际地质情况资料、优化施工方案。

4.2.2　试桩桩位选择

中区设计有 35 根抗拔桩。根据设计要求，3 根直径为 1.2m 的抗拔桩为试桩，具体试桩位置布置如图 4-1 所示。由于本次试桩属于工艺性试桩，因此，在试桩过程中，可不考虑地下水及地基土对桩中混凝土及钢筋的腐蚀性影响。

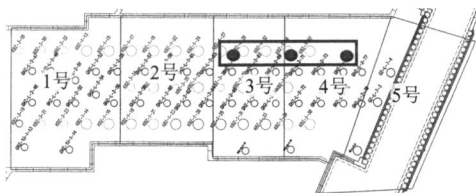

图 4-1　试桩位置布置

依据《建筑基桩检测标准》（SJG 09—2020）[①]的要求：试验桩的单桩承载力静载试验数量应按设计要求或相关规范确定，且同类型桩不应少于 3 根；当工程桩总数小于 50 根时，不应少于 2 根。抗拔力检测特征见表 4-1。

抗拔力检测特征表　　　　　　　　　　　　　　　　　　表 4-1

桩类型	桩数（根）	桩径（mm）	持力层	预估单桩抗拔承载力特征值（kN）	试桩预估极限值（kN）	静载法检测（根）/单桩竖向抗拔
抗拔桩	3	120	中风化岩	6500～13000	13000～26000	3

竖向抗拔静载试验均须满足《建筑基桩检测标准》（SJG 09—2020）的要求，根据图纸要求，桩身材料选择如下。

---

① 该规范现行版本为：《深圳市建筑基桩检测标准》（SJG 09—2024）。

混凝土：桩混凝土采用强度等级为 C35 的水下混凝土。

钢筋：采用 HPB300 级、HRB400 级钢筋。

焊条型号：对于 HPB300 钢，采用 E43xx 型焊条；对于 HRB400 钢，当为搭接焊时采用 E50xx 型焊条，当为穿孔塞焊时采用 E55xx 型焊条。

4.2.3　施工方法

图 4-2　旋挖钻机

本次试桩采用旋挖钻机施工。旋挖钻机是一种适合建筑基础工程中成孔作业的施工机械，广泛用于市政建设、公路桥梁、高层建筑等地基基础施工工程，可配合不同钻具，适应于干式（短螺旋），或湿式（回转斗）及岩层（岩心钻）的成孔作业。旋挖钻机具有装机功率大、输出扭矩大、轴向压力大、机动灵活，施工效率高及功能多样等特点。旋挖钻机如图 4-2 所示。

（1）正循环钻机组成

钻盘：是钻机的主要部分，是提供钻进动力和保持钻杆垂直的主要部件，可提供快、中、慢三种转速，并可正、反转。

卷扬机：包括主、副卷扬机。

钻架：由机型确定。

泥浆泵：规格指标为流量和压力。

钻杆：是向钻锥传递动力的主要部件，也是泥浆循环流行的通道，受力复杂，第一节为方钻杆，长度 5～9m，其余为圆钻杆，钻机钻杆通常由内径为 15cm、壁厚 10mm 的无缝钢管制成。

提水龙头：也称摇头，需要承受钻杆、钻锥重量，可使提升系统和泥浆胶管不随钻杆转动。

钻锥：也称钻头，常见类型包括鱼尾锥、双腰带笼式锥（也称刮刀钻）、刺猬锥、双径六角钻锥；其中在岩石中钻进的钻头为牙轮钻。

（2）正循环回转钻孔

泥浆在高压作用下通过钻机的空心钻杆，从钻杆底部射出。底部的钻头（钻锥）在回转时将土层搅松成为钻渣，钻渣被泥浆浮悬。随着泥浆上升而溢出流到井外的泥浆溜槽，经过沉淀池沉淀净化后，泥浆再循环使用。井孔壁依靠水头和泥浆保护，因此对泥浆的质量要求较高。

（3）吊放钢筋笼

钢筋笼运送至现场后，利用钻机钻架起升钢筋笼，并吊装入孔。钢筋笼分节吊装，在孔口进行连接。连接方式采用焊接，焊缝长度按照设计及规范规定执行。声测管在吊放钢筋笼时一并安装，并按顺序固定牢固，接头处用胶带包密实，防止进入杂质。

（4）灌注混凝土

混凝土采用商业混凝土，清孔后报监理验收，验收合格后下达浇筑令。浇筑采用导管法，导管下至距孔底 30～50cm 处。首灌方量必须满足封底要求，并要求混凝土在灌注过程中要保持连续。为保证成桩质量，导管埋深 2～6m。

在灌注接近桩顶高程时，严格计算并控制最后一次浇筑混凝土量，使桩顶高程比设计高程高出 0.8～1.0m，以保证桩头混凝土质量。

4.2.4　施工工序

1）施工准备

（1）场地

平整场地、清除杂物、夯打密实，修筑钻机工作平台。局部软土位置换除软土，并采用枕木搭设工作平台，防止产生不均匀沉陷。

（2）测量放样

场地平整后，根据设计图纸的桩位设计坐标进行施工放样，准确确定出孔桩中心位置，自行复核后，将中心桩外引四点，呈"十字形"布置，以便钻孔过程中自行核对桩位和恢复桩孔中心。施工放样结束后，报请监理工程师检验。经检验合格后，进行下道工序。

（3）泥浆制备

现场设置 10 个长 8m、宽 3m、深 2m 的钢制泥浆箱。钻孔泥浆采用泥浆池制备，搅拌要充分，静置后不沉淀，注入孔内的泥浆各项性能指标应符合规范要求，泥浆的性能指标见表 4-2。清孔泥浆利用储浆池制备，在储浆池内注入清水，同时放黏土，然后在储浆池内充分搅拌，达到规范要求后方可使用。

泥浆的性能指标表　　　　　　　　　　　　　　　　　　表 4-2

序号	项目	性能指标	检验方法
1	相对密度	黏土 1.1～1.2，砂土及加砂层 1.1～1.3	泥浆比重计
2	黏度	18～22s	漏斗法
3	含砂率	<8%	含砂率计
4	胶体率	>90%	量杯法
5	pH 值	7～9	pH 试纸

2）埋设护筒及钻机就位

护筒采用 4～6mm 厚的钢护筒，护筒内径较桩径大 20～30cm。根据施工放线定出的桩孔位置，采用挖埋法进行护筒埋设。开挖前，用十字交叉法将桩中心引至开挖区外，设置四个标记点，并做好保护（直到成孔后）。在桩位处挖出比护筒外径大 40～50cm 的圆坑，确保坑底平整。通过定位的控制桩把钻孔的中心位置标于坑底，再把护筒吊放进坑内，找出护筒的圆心位置，用十字线定在护筒顶部，然后移动护筒，使护筒中心与钻孔中心重合。同时，用水平尺或垂球检查，使护筒竖直。此后，在护筒周围对称、均匀地回填黏土。回填时分层夯实，达到最佳密实度，夯填时要防止护筒偏斜。护筒埋置深度为 1.2m，并高出地面 30cm。护筒顶端应高出地下水 1.5m 以上。护筒埋置示意如图 4-3 所示。

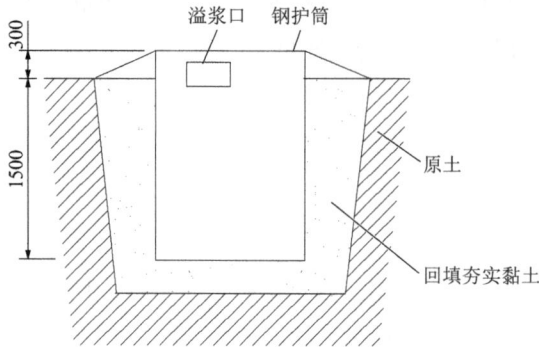

图 4-3　护筒埋置示意图（尺寸单位：mm）

埋好护筒后，根据测量定出的桩孔位置立好钻架，并调整和安设好起吊系统，然后将钻头吊起，徐徐放进护筒内。启动钻机，把钻盘吊起，在钻盘底座下面垫方木，将钻机调平并对准钻孔。然后安装转盘，要求转盘中心同钻架上的起吊滑轮在同一铅垂线上，钻杆位置偏差不大于 2cm。钻机开钻前需认真检查钻头的位置。

3）钻孔施工

开始钻进时，适当控制进尺，在护筒刃脚处低挡慢速钻进，使刃脚处有坚固的泥浆护壁。在钻进过程中，需要按时检查泥浆指标，遇土层变化时增加检查次数，并适当调整泥浆指标。在黏质土中采用中等钻速、大泵量、稀泥浆钻进；在砂类土或软土层采用控制进尺、轻压、低挡慢速、大泵量、稠泥浆钻进。钻孔过程中要做到"一触，二感，三比较"，即：经常手捞排出的土样判别土质，注意感受钻机的颤动，并将实际地质情况与设计地质情况进行比较并加以分析。同时，钻机每进尺 2m 或在土层变化处，在泥浆槽中捞取钻渣样品，查明土类并记录，以便与设计资料核对。操作人员必须认真贯彻执行岗位责任制，随时填写钻孔施工记录，交接班时需要详细交代本班钻进情况及下一班需要注意的事项。钻孔过程中要保持孔内 1.5～2m 的水头高度，并要防止扳手等金属工具或其他弃物掉入孔内，损坏钻机钻头。钻进作业必须保持连续性，升降钻头要平稳。

在钻进过程中，采用 3PM 立式泥浆泵作为循环动力，正循环泥浆起到悬浮携带钻渣、维护孔壁稳定和冷却钻头的作用。泥浆以自造浆为主，在砂层，可向孔内投入黏土团造浆护壁、悬浮钻渣。输入泥浆相对密度控制在 1.05～1.1 之间，孔内泥浆相对密度控制在 1.1～1.3 之间。泥浆在循环过程中，要及时清除循环槽和沉淀池中的沉渣，并适当延长循环槽长度，利于钻渣沉淀。废弃泥浆及时外运至指定地点排放。

钻进过程中需要定时检查泥浆指标，若泥浆有损耗、漏失，及时补充，遇土层变化，可适当调整泥浆指标。钻进过程中需要经常检查转盘，若有倾斜或位移，及时纠正。钻孔达到设计高程后，需对成孔的孔位、孔深、孔径等几何尺寸进行全面检查，确定满足设计要求后，进行下道工序。

4）清孔

待钻孔达到设计高程，终孔检查符合设计要求后，立即进行清孔。清孔采用换浆法进行，即第一次用相对密度较大的泥浆将砂砾清除，第二次再用相对密度较小的泥浆将悬浮钻渣较多、密度较大的泥浆换出，达到清孔的目的。终孔后停止进尺，稍提钻锥离孔底 10～20cm 空转，并保持泥浆正常循环，将相对密度较大的纯泥浆压入，把钻孔内含砂砾的泥浆换出，以达到清除砂砾的效果，再将相对密度 1.05～1.10 的较纯泥浆压入，把钻孔内悬浮钻渣较多的泥浆换出，直至泥浆的各项指标符合规范要求。

在下完钢筋笼、安装导管后，再检查沉渣量。若沉渣量超过规范要求（要求沉淤厚度小于 100mm），应进行二次清孔。二次清孔利用导管进行，准备一个清孔接头，一头连接导管，一头连接胶管，在导管下完后，提离孔底 0.4m，在胶管上接上泥浆泵直接进行泥浆循环，直至泥浆的各项指标符合规范要求后灌注混凝土。

5）钢筋笼加工

（1）钢筋原材料

钢筋进场时，必须对其质量指标进行全面检查，按批检查其直径、每延米重量并抽取试件做屈服强度、抗拉强度、伸长率和冷弯试验，其质量应符合设计要求和国家现行标准规定。以同牌号、同炉罐号、同规格的钢筋，每 60t 为一批，不足 60t 也按一批计。钢筋保护层垫块材质也应符合设计要求。钢筋应平直、无损伤，表面无裂纹、油污、颗粒状或片状老锈。

（2）钢筋加工

钢筋下料、半成品加工在钢筋加工区集中生产，经验收合格后运至施工处。钢筋下料采用钢筋切断机，钢筋切断应根据钢筋规格、直径、长度和数量等，计算下料长度，合理配料以节约钢材。切断后的钢筋按照设计图纸规定的类型进行编号，并分开堆放、做好标识。

钢筋的弯曲成型采用弯曲机。钢筋弯曲时应将各弯曲点的位置划出，划线尺寸应根据不同弯曲角度和钢筋直径扣除钢筋弯曲调整值。首根钢筋弯曲成型后，应与配料表进行复核，符合要求后再成批加工。成型后的钢筋要求形状正确，平面上无凹曲，弯点处无裂缝。

钢筋加工应符合设计要求，当设计无要求时，应符合下列规定：

①受拉热轧光圆钢筋的末端应做 180°（半圆形）弯钩，如图 4-4 所示。其弯曲直径不得小于 2.5d（d 为钢筋直径），钩端应留有不小于 3d 长度的直线段。

②受拉热轧带肋钢筋的末端应采用直角弯钩，如图 4-5 所示。其弯曲半径不得小于 2.5d

（HRB335）或 3.5d（HRB400），钩端应留有不小于 3d（HRB335）或 5d（HRB400）长度的直线段。

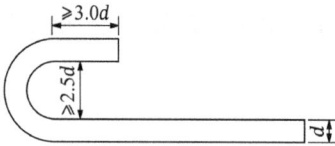

图 4-4　半圆形弯钩

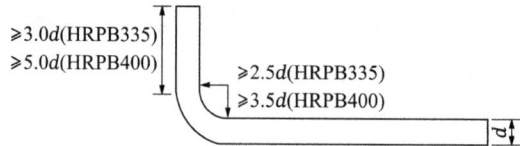

图 4-5　直角形弯钩

③ 弯起钢筋应弯成平滑的曲线，如图 4-6 所示。其弯曲半径不得小于 10d（HPB235）、12d（HRB335）或 14d（HRB400）。

④ 用光圆钢筋制成的箍筋，其末端应做不小于 90°的弯钩，弯钩的弯曲直径应大于受力钢筋的直径，且不得小于 2.5d（d 为箍筋直径）；弯钩端直线段的长度，一般结构不宜小于 5d；有抗震设防特殊要求的结构应符合相关抗震规范要求。箍筋末端钢筋如图 4-7 所示。

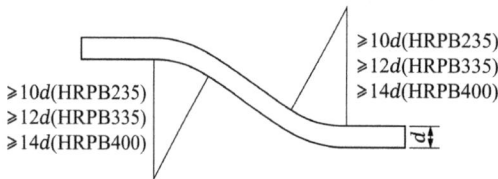

图 4-6　弯起钢筋

图 4-7　箍筋末端钢筋

钢筋加工允许偏差值见表 4-3。

钢筋加工允许偏差值

表 4-3

项次	项目	允许偏差（mm）
1	主筋间距	±10
2	箍筋间距	±20
3	钢筋笼直径	±10
4	钢筋笼长度	±100

（3）钢筋笼成型

钢筋骨架采用钢板箍成型法制作。钢筋笼的主筋采用机械连接，主筋与箍筋焊成钢筋笼骨架。骨架制作时，按设计尺寸定制好钢板箍圈，标出主筋的位置。焊接时，使主筋对准钢板箍上的标记，然后点焊。在钢板箍上焊接好主筋后，用机具或人转动骨架，将其余主筋逐根按照上述方法焊好，然后套入螺旋筋，按设计位置布置好螺旋筋并绑扎于主筋上，点焊牢固。为使钢筋骨架正确、牢固定位，钢筋骨架周围焊接钢筋垫块，以保证保护层厚度和钢筋骨架位置。

钢筋骨架在制作时，需要严格控制外形尺寸。制好的钢筋骨架放置在平整、干燥的场地上，如图 4-8 所示。存放时，每个加劲筋与地面接触处都垫上等高方木，以免粘上泥土。每组骨架的各节点要排好次序，便于使用时按顺序运出。

图 4-8　钢筋笼放置

6）吊放钢筋笼

钢筋笼分节吊装，在孔口进行连接，连接方式采用焊接，焊缝长度按照设计及规范规定。

（1）钢筋笼按设计图纸制作，加强筋与主筋点焊牢固，制作钢筋笼时在同一截面上的搭焊接头根数不得多于主筋总根数的 50%，钢筋笼保护层为 70mm。主筋与主筋采用焊接或机械连接，双面焊缝长度不小于 $5d$（d 为钢筋直径），单面焊缝长度不小于 $10d$（d 为钢筋直径），主筋接头间距应大于 1m，并在同一连接区段上的接头数不得多于总数的 50%，钢筋笼下部收口角度为 15°。

（2）一旦发现弯曲、变形钢筋情况，要进行调直处理，钢筋头部弯曲也要校直。制作钢筋笼时，需用控制工具标定主筋间距，以便在孔口搭接时钢筋笼能够保持垂直度。为防止提升导管时带动钢筋笼，严禁将弯曲或变形的钢筋笼下放至孔内。

（3）钢筋笼在运输吊放过程中严禁高起高落，以防出现弯曲和扭曲变形。钢筋笼必须按钻孔灌注桩配筋图中的配置方向绑扎钢筋，考虑到格构柱的方向性，故在吊装时保证格构柱的一边与支撑平行。

（4）为使钢筋骨架正确、牢固定位，在钢筋骨架周围每 2m 设置 4 个定位筋，以保证钢筋笼的保护层厚度和钢筋骨架的位置。

（5）钢筋笼吊放采用活吊筋，其一端固定在钢筋笼上，一端用钢管固定于孔口。

（6）钢筋笼入孔时，应对准孔位徐徐轻放，避免碰撞孔壁。在下笼过程中若遇到阻碍，不得强行下入，必须查明原因处理后，方可继续下笼。

（7）每节钢筋笼焊接完毕后，需要补足接头部位箍筋，检查无误后，方可继续下笼。

（8）钢筋笼吊筋应固定好，以使钢筋笼定位准确，避免浇筑混凝土时钢筋笼出现上浮。

7）下导管、灌注混凝土

混凝土采用导管法浇筑，导管下至距孔底 30～50cm 处，导管直径为 ϕ250mm。

（1）导管在使用前，须经过压水试验，确保无漏水、渗水时方能使用，导管连接处加密封圈并上紧丝扣。

（2）导管隔水塞采用隔水球。

（3）初浇量要保证导管埋入混凝土深度不小于1.0m。

（4）浇筑混凝土过程中提升导管时，质检员测量混凝土面高度并做好记录。严禁将导管提离混凝土面；导管埋入深度控制在2～6m，边灌边拔。

（5）混凝土浇筑过程中需要防止钢筋笼上浮。当混凝土面接近钢筋笼底部时，将导管埋深控制在3m左右，并适当放慢浇筑速度。当混凝土面进入钢筋笼底端1～2m时，适当提升导管，提升时保持平稳，避免出料冲击过大或钩带钢筋笼。

（6）在灌注接近桩顶高程时，严格计算并控制最后一次浇筑的混凝土量，使桩顶高程比设计高程高出0.8～1m，以保证桩头混凝土质量。

8）钻孔灌注桩质量控制

钻孔灌注桩质量控制标准，见表4-4。

钻孔灌注桩质量控制标准

表4-4

项次	检查项目	规定值或允许偏差	检查方法和频率
1	混凝土强度（MPa）	图纸设计要求	试件报告
2	桩位（mm）	≤20	用全站仪检查纵横方向
3	钻孔垂直度偏差	≤1/200	用吊垂球检查
4	孔深（mm）	不小于设计值	用重锤测量
5	桩位（mm）	±20	用井径仪测量
6	沉淀厚度（mm）	<100	用重锤测量
7	钢筋骨架底面高程（mm）	±10	查阅灌注前记录
8	钢筋骨架直径（mm）	±10	尺量检查
9	主筋间距（mm）	±10	尺量检查
10	加强筋间距（mm）	±10	尺量检查
11	箍筋间距（mm）	±20	尺量检查
12	混凝土坍落度（mm）	180～220	用坍落度仪测量

9）桩基检测

（1）单桩竖向抗拔静载法检测

①对3根灌注桩进行单桩竖向抗拔静载法检测。检测加载值不小于预估抗拔承载力特征值的2倍。抗拔桩需进行竖向抗拔静载试验。每类桩基的试桩数不得小于总桩数的1%，且不得少于3根。本工程φ1200mm抗拔桩抗拔承载力特征值为13000～26000kN。

②单桩竖向抗拔静载法检测完成后，应将桩抗拔鉴定报告及时提交设计单位。设计单位将以单桩静荷载试桩报告作为工程桩桩基施工图设计的依据。

③ 本工程试桩检测应满足国家相关检测技术规程的要求。

（2）场地需求

单桩竖向抗拔静载法检测的场地需平整，需在桩两侧 10m 范围内浇筑 400mm 厚混凝土或平铺 20mm 钢板。试验区域的地基反力特征值不小于 250kPa，堆载场地四周不得存在深坑。500t 抗拔桩检测对于场地的需求（平面布置）如图 4-9 所示。

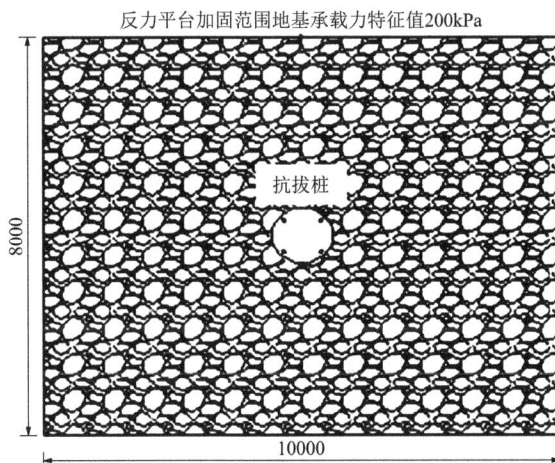

图 4-9　500t 抗拔桩检测平面布置图（尺寸单位：mm）

（3）技术要求

在进行单桩竖向抗拔静载法检测时，桩顶钢筋须高出检测面 3～5m。若钢筋笼预留钢筋低于场地平面时，应在接钢筋前，在桩中心四角 2/3 桩径处植入 4 根 25mm 的钢筋，植入高度需在桩平面以上 300～500mm，然后进行钢筋接长。接长钢筋必须保证顺直，单面焊接长度不得小于 10d（d 为钢筋直径）。1300t 抗拔桩检测平面布置图如图 4-10 所示。

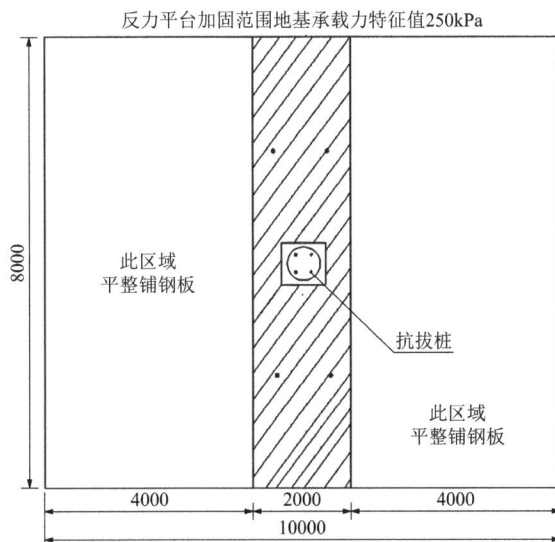

图 4-10　1300t 抗拔桩检测平面布置图（尺寸单位：mm）

4.3 模型试验设计

本节通过缩尺模型在有（无）地下水的情况下改变持力层厚度，进一步确定抗拔桩的作用机理，验证其在工程中的适用性。

4.3.1 相似原理

小比尺模型试验是一种基于相似原理将实际工程按照一定的尺寸进行缩尺研究的方法[108]。在模型试验中，通过相似比将实际工程中的各项材料的物理力学参数进行缩放，从而得到能够反映实际工程情况的试验结果。经许多学者的长期研究，目前形成了以下相似定理。

（1）相似第一定理：又称相似正定理。假设模型（p）和原型（m）均处于弹性条件下，那么模型和原型各个物理量之比可用相似常数 C 表示，它们都应满足一定的关系，如下：

$$\left. \begin{array}{l} \text{几何相似比：} C_l = l_p/l_m \\ \text{应力相似比：} C_\sigma = \sigma_p/\sigma_m \\ \text{应变相似比：} C_\varepsilon = \varepsilon_p/\varepsilon_m \\ \text{位移相似比：} C_\delta = \delta_p/\delta_m \\ \text{弹性模量相似比：} C_E = l_p/l_m \\ \text{泊松比相似比：} C_\mu = \mu_p/\mu_m \\ \text{边界力相似比：} C_{\bar{\sigma}} = \bar{\sigma}_p/\bar{\sigma}_m \\ \text{体积力相似比：} C_X = X_p/X_m \\ \text{重度相似比：} C_\gamma = \gamma_p/\gamma_m \end{array} \right\} \Rightarrow \left. \begin{array}{l} C_\sigma = C_l C_X \\ C_\sigma = C_E C_\varepsilon \\ C_\delta = C_l C_\varepsilon \\ C_\mu = 1 \\ C_\sigma = C_{\bar{\sigma}} \end{array} \right\} \tag{4-1}$$

（2）相似第二定理：也称为 π 定理，指如果可以用 n 个物理量表示一种现象，且其中存在 m 个基本量纲时，那就存在（$n-m$）个独立函数关系。函数关系如下。

一般物理方程：

$$f(x_1, x_2, \cdots\cdots, x_n) = 0 \tag{4-2}$$

可按相似第二定理写为：

$$\varphi(\pi, \pi, \cdots\cdots, \pi_{n-m}) = 0 \tag{4-3}$$

（3）相似第三定理：也称为相似逆定理，指如果几个现象拥有同一特质，且它们的物理性质、几何性质、边界条件等单值条件方面相似，同时其物理量组成的相似判据相等，那么这几个现象一定相似。

4.3.2　试验设计

第一步，寻找模型材料，对现场填体材料进行取样分析。

第二步，以相似理论为依据，确定相似准则。

（1）确定地层土体和抗拔桩结构力学特性的物理量

根据对问题的分析，确定试验过程中包含以下物理量：模型尺寸 l、材料重度 γ、变形模量 E、位移 δ、应力 σ、应变 ε。

将这些物理量之间的关系写成一般形式：

$$f(l,\gamma,E,\delta,\sigma,\varepsilon) = 0 \tag{4-4}$$

用 π 形式表示为：

$$\varphi(\pi_1,\pi_2,\pi_3,\pi_4) = 0 \tag{4-5}$$

在绝对系统中，用基本量纲来表示这些量的量纲：

$$[l] = [L], [\gamma] = [FL^{-3}], [E] = [FL^{-2}], [\delta] = [L], [\sigma] = [FL^{-2}], [\varepsilon] = [l] \tag{4-6}$$

（2）写出量纲矩阵，求出相似准则

采用量纲分析方法来求出系统的相似准数，根据量纲和谐原理，可以写出上述量纲矩阵的指数方程，得到相似准则为：

$$\pi_1 = \frac{E}{l\gamma}, \pi_2 = \frac{\delta}{l}, \pi_3 = \frac{\sigma}{l\gamma}, \pi_4 = \varepsilon \tag{4-7}$$

第三步，根据试验条件，确定相似常数。

（1）根据相似原理，确定相似指数

$$\frac{C_E}{C_l C_\gamma} = 1, \frac{C_\delta}{C_l} = 1, \frac{C_\sigma}{C_l C_\gamma} = 1, C_\varepsilon = 1 \tag{4-8}$$

（2）根据试验目的和试验能力来确定设计试件尺寸

上述 4 个相似条件包含 6 个相似常数。本研究重点为抗拔桩在上拔过程对桩周土体的影响，因此确定土层材料重度 C_γ 为 1∶1，根据试验能力确定几何相似比 C_l 为 1∶20。

（3）根据相似指数，确定相似常数

$$C_\varepsilon = 1, C_l = C_\delta, C_l = C_\sigma, C_l = C_E \tag{4-9}$$

$C_l = C_\delta$，$C_l = C_\sigma$ 表明位移和应力的相似比为 1∶20。土层材料采用现场黏性土及低标号水泥砂浆，模型几何相似比为 1∶20，土层材料重度 C_γ 约为 1∶1，满足相似条件。结合工程背景，以地下结构三维模型试验系统为平台，对叠侧式地铁车站抗拔桩物理特性的进行研究。实际工程中，抗拔桩的截面尺寸为 1.2m × 1.2m × 16m 的方形桩，按照相似比进行缩小，得到抗拔桩模型截面尺寸为 60mm × 60mm × 800mm，示意图如图 4-11 所示。考虑圣维南原理，试验选用的模型箱长宽高尺寸为 1000mm × 1000mm × 1000mm，具体模型布置如图 4-12 所示。

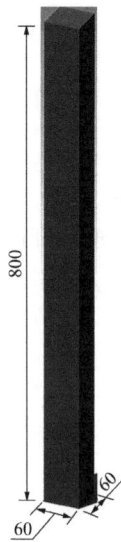

图 4-11　抗拔桩示意图
（尺寸单位：mm）

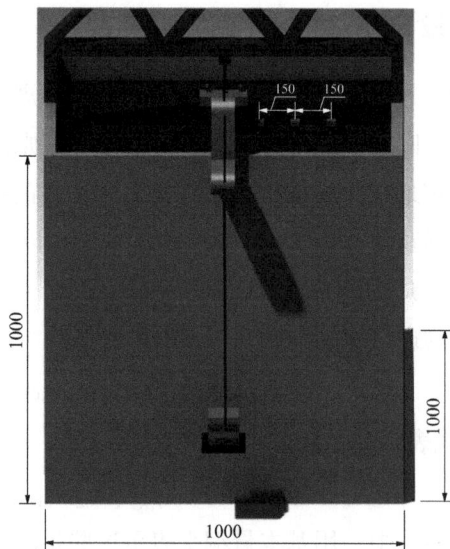

图 4-12　试验模型布置图
（尺寸单位：mm）

4.4　模型试验材料的选取

4.4.1　地层材料

本次抗拔桩物理模型试验研究所采用的土层根据施工现场取样确定，共分为两层，下层为持力层，上层为黏土层。由于施工现场的持力层为风化花岗岩，而且存在一定的取样难度，因此，参考材料相似的相关文献[109-111]，本次试验将采用低强度等级的水泥砂浆作为抗拔桩物理模型试验的持力层，上覆土体则采用现场黏土。地层材料情况如图 4-13、图 4-14 所示。低强度等级的水泥砂浆设计参数见表 4-5。

图 4-13　低强度等级的水泥砂浆

图 4-14　上覆现场黏土

低强度等级的水泥砂浆设计参数　　表 4-5

	试验				现场
结构	弹性模量E（GPa）	长度（mm）	宽度（mm）	高度（mm）	弹性模量E（GPa）
持力层-低强度等级的水泥砂浆	10	1000	1000	200、300、400、500	8.7

4.4.2　抗拔桩

抗浮抗拔桩的尺寸按 1：20 的几何相似比进行缩小，抗拔桩模型为截面尺寸 60mm×60mm×800mm 的方桩，如图 4-15 所示。抗拔桩采用水泥砂浆浇筑而成，为确保其抗拉强度，内置 ϕ6mm@40mm 的钢筋，抗拔桩外露 100mm，其余 700mm 埋入土层中。抗拔桩设计参数见表 4-6。

图 4-15　抗拔桩模型

抗拔桩设计参数　　表 4-6

结构	弹性模量E（GPa）	长度L（mm）	宽度（mm）	高度（mm）
抗拔桩	30	60	60	800

4.5　模型试验设备与仪器

4.5.1　试验模型箱及地下水入渗系统

为减小模型箱边界对抗拔桩试验的影响，衬砌与模型箱边界的距离应尽可能取大。已知本次抗拔桩试验几何相似比为 1∶20，考虑到试验箱拼装的简便性，选用 10mm 厚的钢板焊接，形成模型箱空架，再用亚克力板封装。模型箱尺寸为 1000mm × 1000mm × 1000mm（长×宽×高），如图 4-16 所示。

地下水通过模型箱两侧的孔洞渗入，代替传统由模型箱上面注水的方式，水位控制在 200mm、300mm、400mm、500mm 高度，与持力层厚度保持一致，以保证持力层均处于地下水作用下。模型箱外部四周均采用无孔洞的亚克力板，内部两张开孔的亚克力板作为注水面，顶部敞开，底部为一张亚克力板，共同构成用于储存水的长方体空间。中间孔洞亚克力板采用螺栓固定，并采用玻璃胶封堵其与周围亚克力板的接触缝隙，地下水入渗示意如图 4-17 所示。

图 4-16　模型箱实物图（尺寸单位：mm）　　图 4-17　地下水入渗示意图

4.5.2　试验测量系统

缩尺模型试验的测量系统由土压力盒、位移计、应变片等组成，传感器的数量和功能见表 4-7。在试验过程中，土压力盒、位移计及应变片安装如图 4-18 所示，监测点的位置分布如图 4-19 所示。

传感器的数量和功能　　　　　　　　　　　　　表 4-7

传感器	数量（个）	测量功能	研究目的
土压力盒	18	围岩竖直和水平压力	围岩的应力变化规律
应变片	24	抗拔桩纵向应变	抗拔桩的力学变化规律
位移计	2	抗拔桩竖向位移	抗拔桩的位移变化规律

图 4-18　土压力盒、位移计及应变片安装图

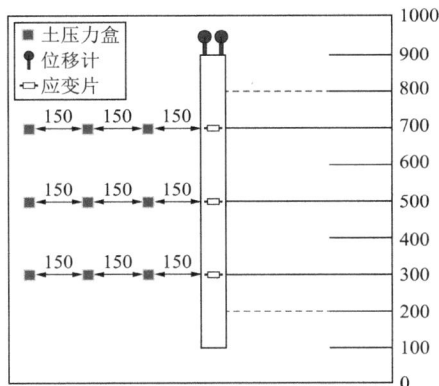

图 4-19　监测点位置分布总图（尺寸单位：mm）

4.6　试验工况及步骤

将实际工程中的抗浮抗拔桩模型按照 1∶20 等比例缩小进行模型箱试验。相似原理作为本次试验土层选取的理论基础，抗拔桩采用实际工程的方桩模型，地下水渗入方式采用两侧流入式。下面将介绍本次试验的工况及步骤。

4.6.1　试验工况

本次工况分析将会从两个研究方向进行分组，一方面是无地下水渗入的抗拔桩试验，另一方面是有地下水渗入的抗拔桩试验。通过现场试验及查阅资料，本次抗拔桩试验将以持力层的厚度作为变量，对比有无地下水条件下的抗拔桩力学规律。试验工况分析见表 4-8。

试验工况分析　　　　　　　　　　　　　　　　　表 4-8

工况内容		工况编号
无地下水作用	持力层厚度 200mm（抗拔桩 100mm 处于持力层中）	A-1
	持力层厚度 300mm（抗拔桩 200mm 处于持力层中）	A-2
	持力层厚度 400mm（抗拔桩 300mm 处于持力层中）	A-3
	持力层厚度 500mm（抗拔桩 400mm 处于持力层中）	A-4
有地下水作用	持力层厚度 200mm（抗拔桩 100mm 处于持力层中）	B-1
	持力层厚度 300mm（抗拔桩 200mm 处于持力层中）	B-2
	持力层厚度 400mm（抗拔桩 300mm 处于持力层中）	B-3
	持力层厚度 500mm（抗拔桩 400mm 处于持力层中）	B-4

4.6.2　试验步骤

抗拔桩物理模型试验的步骤可分为 4 个阶段：材料准备阶段、试验平台搭接阶段、试验尝试阶段、正式试验阶段。

第一阶段：主要是土层材料的收集。下方持力层采用低强度等级水泥砂浆，可以在相应的料场购买，河沙水泥堆场如图 4-20 所示。上方覆盖土层采用黏土，其与工程现场土层一致，从现场运输而来。抗拔桩以木板作为模具，并提前埋入吊环及抗拔钢筋，如图 4-21 所示。

第二阶段：试验平台的搭接主要分为模型箱、起重装置、龙门架。其中，模型箱由焊接钢板及亚克力板组合而成，如图 4-22 所示。起重装置采用水桶加水的方式作为本次抗拔桩试验的上拔力来源，加载速率为 0.1kg/s，直到抗拔桩被拔起为止。试验结束时的桶重与实验开始前的桶重之差为试验过程总的重量，试验过程总的重量与加载速率的比值为试验加载的总时间。试验采用的水桶如图 4-23 所示。龙门架顶部采用定滑轮作为传力装置，总体试验平台搭接如图 4-24 所示。

第三阶段：是试验第一次尝试，其主要目的是为了测试各传感器的有效性及此次实验的正确性，其试验过程如图 4-25 所示。

图 4-20　河沙水泥堆场

图 4-21　抗拔桩

图 4-22　模型箱

图 4-23　水桶

图 4-24　试验平台搭接完整图

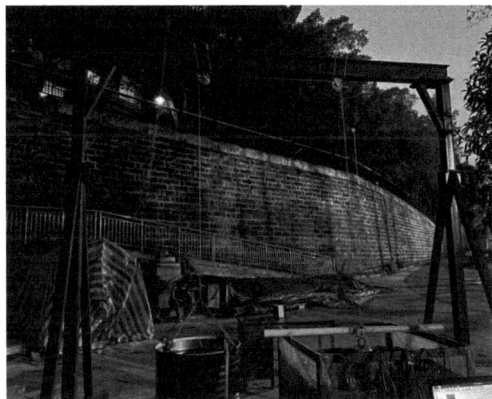

图 4-25　试验过程

第四阶段：主要是对本次试验工况进行逐一施作。首先完成无地下水作用的四组工况 A-1、A-2、A-3、A-4，对比不同持力层厚度条件下的抗拔桩力学规律；再完成有地下水作用的四组工况 B-1、B-2、B-3、B-4，对比不同持力层厚度条件下的抗拔桩力学规律；最后再横向对比有无地下水作用时抗拔桩的力学规律。

4.7　模型试验结果分析

本次试验主要分析抗拔桩的上拔荷载-竖向位移曲线、桩侧摩阻力沿桩长的变化曲线，纵向对比不同持力层厚度的抗拔桩力学变化规律，横向对比有无地下水作用下抗拔桩的差异性。

4.7.1　上拔荷载-抗拔桩竖向位移分析

（1）无地下水作用

为了更加清楚直观地描述无地下水作用下不同持力层厚度对抗拔桩的影响，将不同持力层厚度的试验结果进行比较，得到的上拔荷载-抗拔桩竖向位移曲线如图 4-26 所示。

观察图 4-26 可知，当持力层厚度为 200mm 时，抗拔桩的极限抗拔力为 820N；当持力层厚度为 300mm 和 400mm 时，抗拔桩的极限抗拔力分别达到 1125N 和 1770N，相比于持力层厚度为 200mm 的抗拔桩极限抗拔力，分别升高了 37.2% 和 115.8%；当持力层厚度为 500mm 时，抗拔桩的极限抗拔力为 2700N，相比于持力层厚度为 200mm 的抗拔桩极限抗拔力，增加了 2 倍有余。由此可知，随着持力层厚度的不断增加，抗拔桩的抗拔能力不断增强。

（2）有地下水作用

有地下水作用下不同持力层厚度对抗拔桩影响的上拔荷载-抗拔桩竖向位移曲线如

图 4-27 所示。

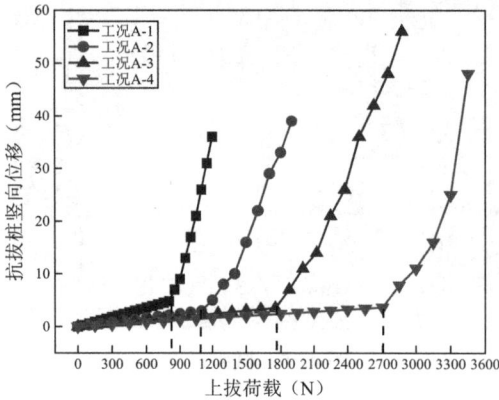

图 4-26　无地下水作用下上拔荷载-抗拔桩
　　　　竖向位移曲线

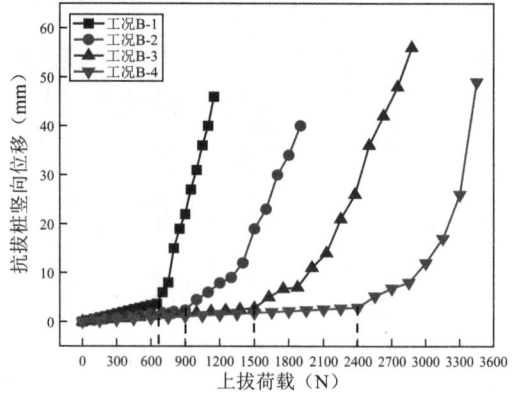

图 4-27　有地下水作用下上拔荷载-抗拔桩
　　　　竖向位移曲线

观察图 4-27 可知，当持力层厚度为 200mm 时，抗拔桩的极限抗拔力为 680N；当持力层厚度为 300mm 和 400mm 时，抗拔桩的极限抗拔力分别为 900N 和 1500N，相比于持力层厚度为 200mm 的抗拔桩极限抗拔力，分别升高了 32.4% 和 120.6%；当持力层厚度为 500mm 时，抗拔桩的极限抗拔力为 2400N，相比于持力层厚度为 200mm 的抗拔桩极限抗拔力，增加了 2 倍有余。由此可知，随着持力层厚度的不断增加，抗拔桩的抗拔能力不断增强。分析其原因：抗拔桩与持力层都是采用混凝土材料，持力层的厚度越大，两者之间的咬合作用也就越大，从而增大了抗拔桩的抗拔能力。

（3）对比分析

为了横向对比有无地下水作用对抗拔桩极限抗拔力的影响，将对各不同持力层厚度的上拔荷载-抗拔桩竖向位移曲线进行分析，分析结果如图 4-28 所示。

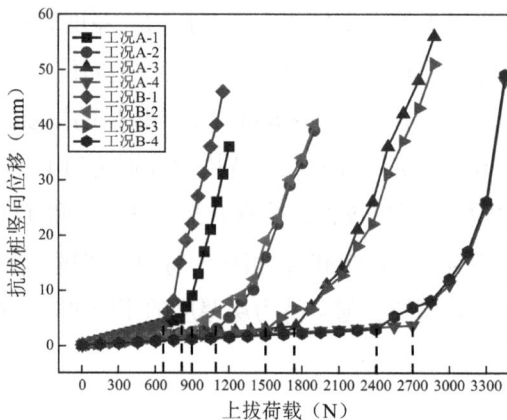

图 4-28　有无地下水作用下上拔荷载-抗拔桩竖向位移曲线

观察图 4-28 可知，不管有无地下水作用，随着持力层厚度的不断增大，抗拔桩的极限抗拔力都是不断增大的。当持力层厚度为 200mm 时，无地下水作用下抗拔桩的极限抗拔力为 820N，而有地下水作用下抗拔桩的极限抗拔力为 680N，相对减小了 140N；当持力层为厚度 300mm 时，无地下水作用下抗拔桩的极限抗拔力为 1125N，而有地下水作用下抗拔桩的极限抗拔力为 900N，相对减小了 225N；当持力层厚度为 400mm 及 500mm 时，无地下水作用下抗拔桩的极限抗拔力分别为 1770N 和 2700N，而有地下水作用下抗拔桩的极限抗拔力分别为 1500N 和 2400N。

总体来说，在相同持力层厚度条件下，有地下水作用的抗拔桩的极限抗拔力相对较小。这是因为地下水对抗拔桩周围地层起到了软化作用，对本次采用的低强度等级水泥砂浆持力层也起到了稀释混凝土的效果。因此，有地下水作用的情况下，抗拔桩的抗拔能力更低一些。

4.7.2 桩侧摩阻力沿桩长的变化规律分析

（1）无地下水作用

为了更加清楚直观地描述在无地下水作用下桩侧摩阻力沿桩长的变化规律，将不同持力层厚度条件下的试验结果进行比较，得到的桩侧摩阻力-抗拔桩深度曲线如图 4-29 所示。

观察图 4-29 可知，沿抗拔桩深度方向，桩侧摩阻力都是不断增大的。分析原因：持力层材料为低强度等级的水泥砂浆，其提供的摩擦力相比于上覆黏土更大，从而使得抗拔桩下部摩阻力较大。而上覆土体区域内，由于土压力沿着桩深度方向呈三角分布且不断增大，所以整体上桩侧摩阻力也是不断增大的。

横向对比不同持力层厚度条件下的桩侧摩阻力的变化规律，随着持力层厚度的不断增大，桩侧摩阻力也越来越大。当持力层厚度为 200mm 时，最大桩侧摩阻力为 12.2kPa；当持力层厚度为 300mm 和 400mm 时，最大桩侧摩阻力分别为 17.3kPa 和 18.9kPa，相比于持力层厚度为 200mm 时，分别提高了 5.1kPa 和 6.7kPa；当持力层厚度为 500mm 时，最大桩侧摩阻力为 20.5kPa，相比于持力层厚度为 200mm 时提高了 8.3kPa。分析原因：持力层材料为水泥砂浆，与抗拔桩之间的咬合作用提供了摩擦力，随着持力层厚度的增大，其与抗拔桩的接触深度也越来越深，从而增大了持力层与抗拔桩之间的接触面积，所以桩侧摩阻力也越来越大。

（2）有地下水作用

为了更加清楚直观地描述在有地下水作用下桩侧摩阻力沿桩长的变化规律，将不同持力层厚度条件下的试验结果进行比较，得到的桩侧摩阻力-抗拔桩深度曲线如图 4-30 所示。

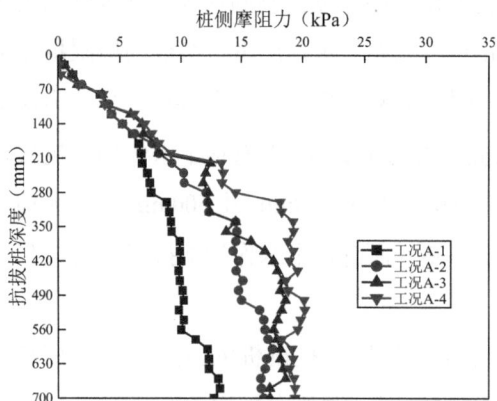

图 4-29　无地下水作用下桩侧
摩阻力-抗拔桩深度曲线

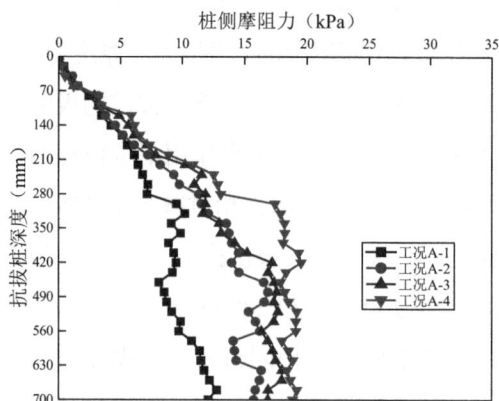

图 4-30　有地下水作用下桩侧
摩阻力-抗拔桩深度曲线

观察图 4-30 可知，在有地下水作用条件下，桩侧摩阻力-抗拔桩深度曲线变化不太规则。分析原因：由于地下水稀释了土体，对土体起到了软化作用，也降低了下面持力层与抗拔桩之间的咬合作用。但总体来看，沿着抗拔桩深度方向，桩侧摩阻力都是不断增大的。

横向对比不同持力层厚度条件下的桩侧摩阻力变化规律，随着持力层厚度的不断增大，桩侧摩阻力也越来越大。当持力层厚度为 200mm 时，最大桩侧摩阻力为 10.5kPa；当持力层厚度为 300mm 和 400mm 时，最大桩侧摩阻力分别为 16.8kPa 和 17.9kPa，相比于持力层厚度为 200mm 时，分别提高了 6.3kPa 和 7.2kPa；当持力层厚度为 500mm 时，最大桩侧摩阻力为 19.8kPa，相比于持力层厚度为 200mm 时提高了 9.3kPa。桩侧摩阻力增大的原因与无地下作用时分析的原因一致。

（3）对比分析

为了横向对比有无地下水作用对抗拔桩的桩侧摩阻力的影响，对各不同持力层厚度的桩侧摩阻力-抗拔桩深度曲线进行分析，分析结果如图 4-31 所示。

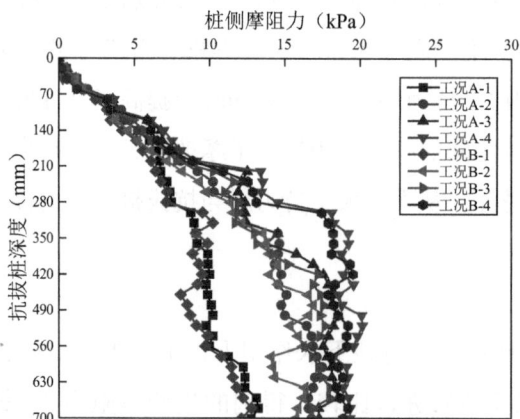

图 4-31　有无地下水作用下桩侧摩阻力-抗拔桩深度曲线

观察图 4-31 可知，当持力层厚度为 200mm 时，无地下水作用下抗拔桩的最大侧摩阻力为 12.2kPa，而有地下水作用下抗拔桩的最大侧摩阻力为 10.5kPa，相对减小了 1.7kPa；当持力层厚度为 300mm 时，无地下水作用下抗拔桩的最大侧摩阻力为 17.3kPa，而有地下水作用下抗拔桩的最大侧摩阻力为 16.8kPa，相对减小了 0.5kPa；当持力层厚度为 400mm 及 500mm 时，无地下水作用下抗拔桩的最大侧摩阻力分别为 18.9kPa 和 22.5kPa，而有地下水作用下抗拔桩的最大侧摩阻力分别为 17.9kPa 和 19.8kPa。

总体来说，在相同持力层厚度条件下，有地下水作用比无地下水作用的桩侧摩阻力要略小一些。分析原因：地下水对抗拔桩周围地层起到了软化作用，对本次采用的强度等级水泥砂浆持力层也起到了稀释混凝土的效果。因此，有地下水作用的情况下，抗拔桩的摩擦力会更小。

4.8　抗浮抗拔桩数值模拟分析

为了有效直观地对比抗浮抗拔桩的作用效果，相关人员将其运用于侧墙拆除与顶板拆除模拟过程中，通过对车站结构的竖向位移变化进行比较，得出有无抗浮抗拔桩作用的差异性。

4.8.1　侧墙拆除对比分析

本次将选取最优侧墙拆除工序 A-1 作为对比分析对象，对比其在有无抗浮抗拔桩作用下车站结构随侧墙拆除工序的竖向位移变化规律，如图 4-32 所示。

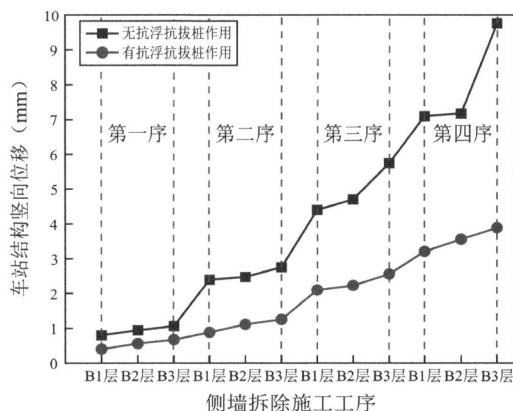

图 4-32　侧墙拆除工序车站结构竖向位移变化曲线图

观察图 4-32 可知，随着侧墙拆除施工的进行，车站结构的竖向位移均呈上升趋势，但有抗浮抗拔桩作用时，竖向位移曲线走势变化更为平缓。当第一序侧墙拆除完成时，无抗浮抗拔桩作用条件下的车站结构竖向位移为 1.2mm，而有抗浮抗拔桩作用条件下的车站结构竖向位移为 0.62mm，相对减小了 0.58mm；直到第四序侧墙拆除完成时，无抗浮抗拔桩作用条件下的车站结构竖向位移已经达到了 9.8mm，而有抗浮抗拔桩作用条件下的车站结构竖向位移为 3.6mm，两者已经相差 6.2mm。由此说明，抗浮抗拔桩的应用对侧墙拆除过程中车站结构的变形位移均有约束作用，而且效果十分明显。

4.8.2 顶板拆除对比分析

本节将选取最优顶板拆除工序 B-1 作为对比分析对象，对比其在有无抗浮抗拔桩作用下车站结构随顶板拆除工序的竖向位移变化规律，如图 4-33 所示。

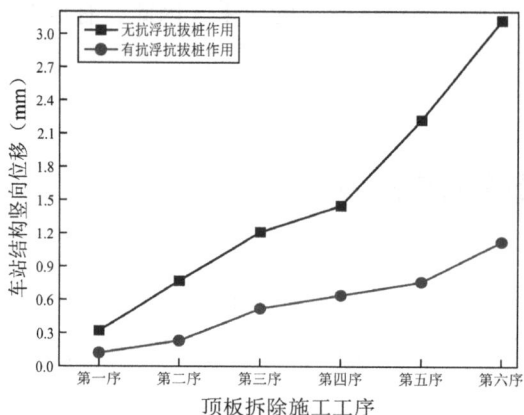

图 4-33 顶板拆除工序车站结构竖向位移变化曲线图

观察图 4-33 可知，随着顶板拆除施工的进行，车站结构竖向位移均呈上升趋势，但无抗浮抗拔桩作用时，竖向位移曲线走势变化更为剧烈。当第一序顶板拆除完成时，无抗浮抗拔桩作用条件下的车站结构竖向位移为 0.32mm，而有抗浮抗拔桩作用条件下的车站结构竖向位移为 0.14mm，相对减小了 0.18mm；直到第六序顶板拆除完成时，无抗浮抗拔桩作用条件下的车站结构竖向位移已经达到了 3.8mm，而有抗浮抗拔桩作用条件下的车站结构竖向位移为 1.1mm，两者已经相差 2.7mm。由此说明，抗浮抗拔桩的应用对顶板拆除工程中车站结构的变形位移均有约束作用，而且效果十分明显。

通过对比侧墙拆除及顶板拆除在有无抗浮抗拔桩作用下的车站结构竖向位移变化规律，表明本次采用抗拔桩作为抗浮措施是有效且可行的。因此，可将抗浮抗拔桩应用于实际工程之中，并进一步验证其真实效果。

—— 第 **5** 章 ——

叠侧式地铁车站拆除施工力学响应分析

5.1 计算模型

5.1.1 有限元理论

地下结构施工的数值模拟一般可以采用荷载-结构法或地层-结构法。由于地层-结构法在计算时能够更真实地反映地下结构和土体之间的相互作用，故本文进行的数值计算均采用地层-结构法。

有限单元法是一种将求解对象先离散、再联结，用每个单元内所假设的近似函数来分片表示整体的未知变量函数，再结合原问题的基本方程和边界条件，建立代数方程组或常微分方程组求解基本未知量的数值分析方法。有限单元法建立在严谨的理论基础上，能适应复杂的几何形状、本构关系和边界条件，可应用于各种物理问题，且非常适合计算机计算。随着计算机科学技术的快速发展，有限单元法在工程分析中得到了极为广泛的应用。岩土工程由于本构关系的非线性和边界条件的复杂性，很适合使用有限单元法进行求解。

ABAQUS 是一款功能强大的通用有限元软件，具有丰富的材料模型、单元模式、荷载模式和边界条件，尤其擅长求解非线性问题，对求解岩土工程问题具有较好的适用性，因此本章使用 ABAQUS 进行数值模拟。

5.1.2 模型建立

对于规模较大的工程，很难进行实际尺寸的试验研究。地铁明挖车站的计算通常采用平面框架进行简化，但当侧墙和中板沿车站纵向开洞后，车站的平面计算模型与实际的受力状况就会存在较大差异，计算结果很难真实可靠地反映实际情况。为更加接近实际地模拟车站改造前后引起的内力改变和位移变化，本章采用三维空间模型进行模拟。假设车站结构和土层均各向同性，应力、应变均不超过弹塑性范围，并考虑地下水作用。土体、车站结构模型分别如图 5-1、图 5-2 所示。

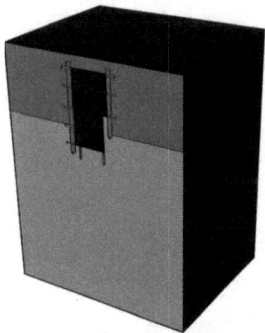

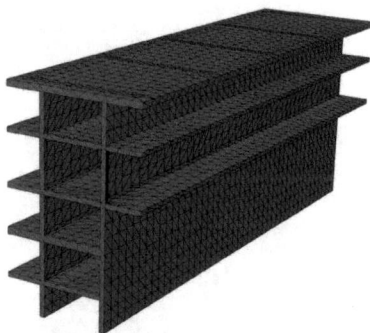

图 5-1　土体模型示意图（上层　　　图 5-2　车站结构模型示意图
　　　　黏性土、下层花岗岩）

（1）为简化计算步骤，在 part 模块中，将模型简化为轴对称问题，并创建土体、车站结构、临时支撑柱及叠合梁四种部件，在 property 模块中创建土体及车站结构四种材料，土体的弹性部分采用 Elastic 模型，依次对杨氏模量以及泊松比的取值进行设置，土体的塑性采用莫尔-库伦准则（Mohr-Coulomb Plasticity），依次对摩擦角、剪胀角等参数进行设置。然后分别创建临时支撑柱、叠合梁、土体、车站结构的截面，并将其分别赋给对应的部件。在 Assembly 模块中，建立相应的实例，保证土体以及车站结构接触良好。

（2）在 step 模块中，在 Initial 分析步后，建立一个名为 geo 的通用静力分析步，该分析步的时间总长均设置为 1，起始步长设置为 0.01，最大步长设置为 0.01，计算完成后，在 Initial 分析步后再建立名为 ph 的通用静力分析步，将 geo 分析步计算完成的场、荷载、约束进行左移后，再关闭 geo 分析步。导入预定义场 odb 文件，实现土体地应力平衡。

（3）采用拉伸的方法分别建立土体的数值计算模型。在地应力平衡分析步中，假定土体与车站结构的接触为理想条件下的接触，即切向接触类型为"无摩擦"，法向接触类型为"硬接触"；在模型计算过程中，设置接触情况为真实条件下的接触，即切向接触类型为"Penalty"，摩擦因数设置为 0.3，法向接触类型为"硬接触"。

（4）在边界条件定义中，限制土体底面设置的 Z 方向位移，左右两侧面设置的 X 方向上位移以及前后两侧面设置的 Y 方向上位移。

（5）在 Mesh 模块中，土体选择单元形状为六面体，并采用结构划分技术，设置单元类型为 C3D8R 单元；车站结构选择单元形状为四面体，设置单元类型为 C3D10 单元。然后分别对土体以及车站结构进行网格种子设置，对土体布种时，离桩及车站结构较近的土体布种较密，离桩较远的土体布种较疏。布种结束后，对车站结构以及土体划分网格。网格划分完毕后，进入 Job 模块，新建计算任务，接受所有的默认选项，提交计算。计算模型整体示意如图 5-3 所示。

图 5-3　计算模型结整体示意图

5.1.3　材料参数及工况分析

在建模的过程中，土的相关物理力学参数由现场试验测得，车站结构的物理力学参数通过现场数据资料确定。在侧墙及顶板拆除过程中，采用临时补强柱控制结构内部变形。由于地下水的作用，地铁车站结构围岩土体的压缩模量折减 40%，黏聚力折减 50%，内摩擦角折减很小，一般仅折减 2°~4°。在底板施加的水浮力大小在实际过程中折减 22%，取为原水浮力大小的 78%[93-96]，根据 $v = ki$（i 为水力坡降，即渗流路径长度 L 的水头损伤；k 为渗透系数，即水力坡降 $i = 1$ 时的渗透速度，反应土的渗水性能）计算出静水压力为 12kPa 左右。

自下而上施作叠合梁、永久柱，遵循"先支护后拆除"的原则。具体数值模拟参数见表 5-1。

数值模拟参数   表 5-1

名称	弹性模量（MPa）	密度（kg/m³）	泊松比	内摩擦角（°）	黏聚力（kPa）	剪胀角（°）
上层黏土	150	1700	0.3	25	5	0.1
持力层花岗岩（风化）	10000	1650	0.31	23	7.5	0.1
车站结构	35000	1500	0.27	—	—	—
建筑物拆除临时补强柱	35000	1520	0.28	—	—	—
叠合梁	35000	1488	0.27	—	—	—

本次工况分析将会从两个方面进行分组：一方面是侧墙拆除工序，分仓示意图如图 5-4 所示；另一方面是顶板拆除工序。通过现场试验及查阅资料，工况分析见表 5-2，最终研究结果可靠度、正确性都较好。

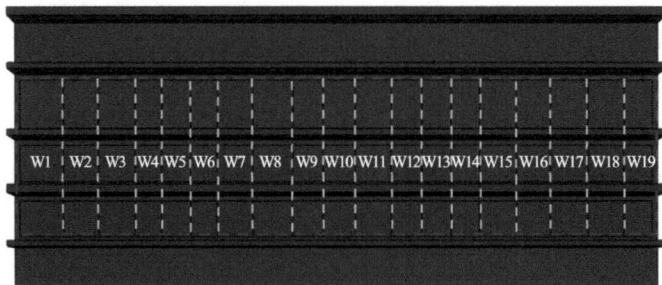

图 5-4   侧墙分仓示意图

工况分析   表 5-2

工况编号	工况内容
A-1	侧墙拆除工序： 第一序：W3、W7、W11、W15、W19； 第二序：W1、W5、W10、W12、W17； 第三序：W4、W9、W13、W18； 第四序：W2、W6、W8、W14、W16
A-2	侧墙拆除工序： 第一序：W1、W5、W10、W12、W17； 第二序：W3、W7、W11、W15、W19； 第三序：W4、W9、W13、W18； 第四序：W2、W6、W8、W14、W16
A-3	侧墙拆除工序： 第一序：W4、W9、W13、W18； 第二序：W3、W7、W11、W15、W19； 第三序：W1、W5、W10、W12、W17； 第四序：W2、W6、W8、W14、W16
B-1	顶板拆除工序：南北两侧同时向中间拆除
B-2	顶板拆除工序：中间向南北两侧拆除
B-3	顶板拆除工序：一侧从南侧向中间拆除、一侧由中间向北侧拆除

5.2 侧墙拆除数值模拟分析

在侧墙破除过程中，因开洞会导致周边支撑约束发生变化，进而导致荷载传递路径也会发生变化[112-113]。为确保既有车站结构的安全，侧墙开洞应遵循"化整为零、分块破除"的原则，尽快完成施工过程中承载体系的有效转换与协调变形。本研究将对侧墙拆除的不同工序 A-1、A-2、A-3 进行内力与位移分析，为了更加直观清晰地描述车站结构内力的变化，将车站结构的最大主应力及最小主应力进行展示分析。侧墙分区从右至左为 W1～W19，共三层，拆除顺序由上至下，采用跳仓法施工。侧墙拆除区域分布图如图 5-5 所示。

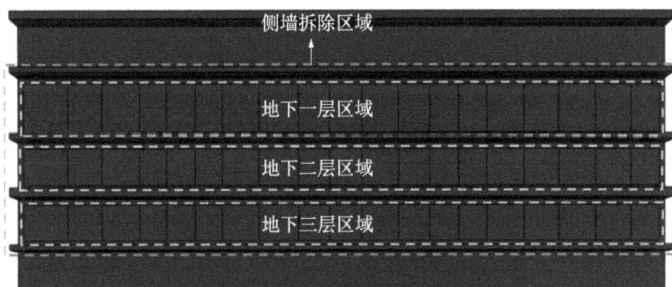

图 5-5 侧墙拆除区域分布图

为了更为清晰地描述侧墙在拆除过程中的内力变化情况，在车站结构布置 9 个监测点，通过这些监测点对侧墙拆除施工过程的内力变化规律进行定量分析，监测点分布图如图 5-6 所示。

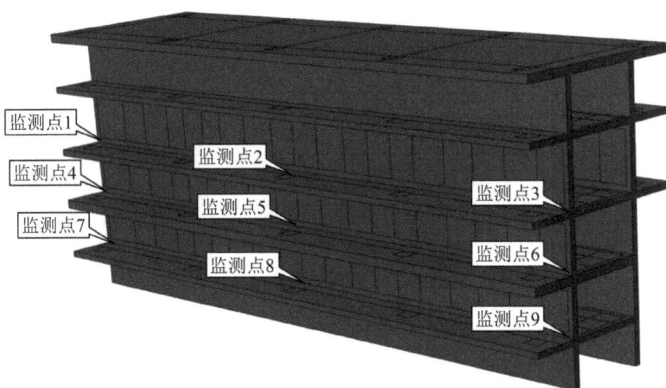

图 5-6 监测点分布图

5.2.1 工况 A-1 内力与位移分析

（1）内力分析

为了更加直观地反映侧墙拆除过程的内力变化，依据工况 A-1 的内容，按照由上至下、跳仓拆除的顺序依次拆除侧墙。侧墙拆除过程不同阶段的最大主应力云图，如图 5-7～图 5-10 所示。

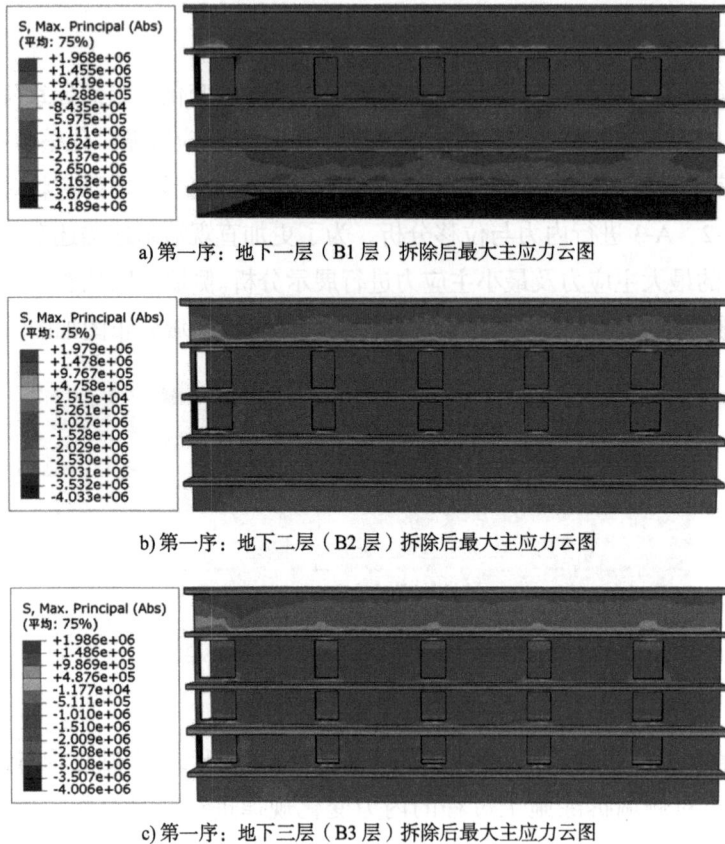

a) 第一序：地下一层（B1 层）拆除后最大主应力云图

b) 第一序：地下二层（B2 层）拆除后最大主应力云图

c) 第一序：地下三层（B3 层）拆除后最大主应力云图

图 5-7 第一序拆除最大主应力云图

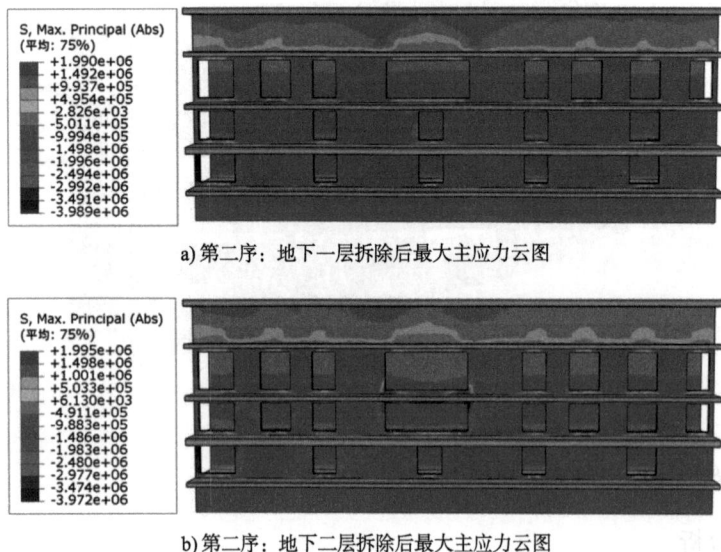

a) 第二序：地下一层拆除后最大主应力云图

b) 第二序：地下二层拆除后最大主应力云图

图 5-8

c) 第二序：地下三层拆除后最大主应力云图

图 5-8　第二序拆除最大主应力云图

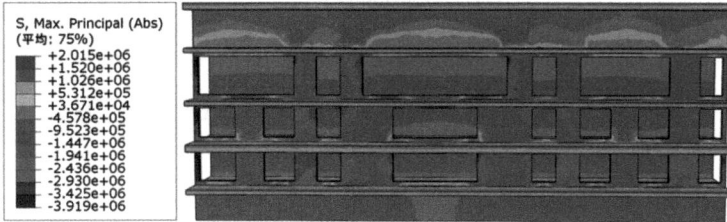

a) 第三序：地下一层拆除后最大主应力云图

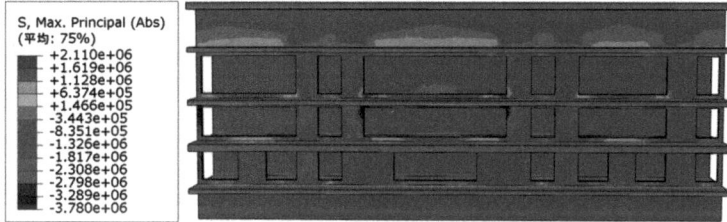

b) 第三序：地下二层拆除后最大主应力云图

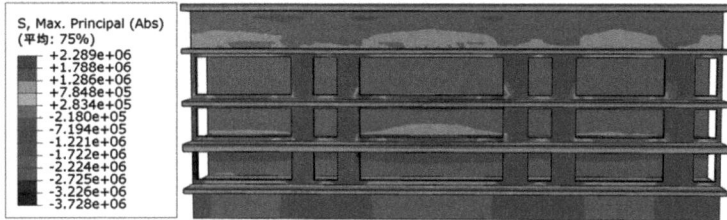

c) 第三序：地下三层拆除后最大主应力云图

图 5-9　第三序拆除最大主应力云图

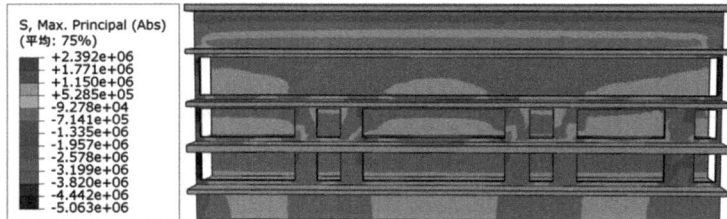

a) 第四序：地下一层拆除后最大主应力云图

图　5-10

b) 第四序：地下二层拆除后最大主应力云图

c) 第四序：地下三层拆除后最大主应力云图

图 5-10　第四序拆除最大主应力云图

观察图 5-7 可知，在第一序地下一层拆除完之后，最大拉应力出现在已拆除仓室的墙角处，为 1.968MPa，这是由于侧墙拆除之后，车站结构内力重新分布，墙角处出现应力集中现象；最大压应力出现在车站结构的底板处，为 4.189MPa，这是由于车站结构受到了静水压力与围岩压力的共同作用。当第一序拆除完成时，最大拉应力出现的位置也是拆除后的层间墙角处，为 1.986MPa；最大压应力出现在边墙处，这是由于侧墙板块拆除数量越来越多，整体结构向内部弯曲收拢，使得边墙区域受到周围土体的作用力增大。

观察图 5-8 可知，随着第二序的地下一层到地下三层侧墙拆除完成后，最大拉应力出现在 W10～W12 区域，这是因为在第二序拆除时，这块区域拆除了三个板块，导致此区域的弯矩达到最大，最大拉应力为 2.00MPa。对比图 5-7 与图 5-8 的最大拉应力数据，第二序拆除完成后的最大拉应力相比第一序拆除完成后增大了 0.034MPa，说明随着侧墙拆除的进行，应力集中现象更为明显。

观察图 5-9 可知，在第三序的地下一层到地下三层侧墙拆除完成后，最大拉应力出现在 W9～W13 区域，这是因为这块区域中空区域最大，使得弯矩达到最大，最大拉应力为 2.289MPa，相比于第一序拆除完成后的最大拉应力增加了 0.3MPa 左右；最大压应力依然出现在侧墙边墙处。

观察图 5-10 可知，在第四序的地下一层到地下三层侧墙拆除完成后，最大拉应力的位置由墙角处变化为对面侧墙墙面，这是因为第四序拆除完成后，整体车站结构内力重分布逐渐趋于稳定，但已拆除侧墙墙面，相对于未拆除的侧墙墙面重量减轻了很多。在地下水的作用下，已拆除侧墙墙面向未拆除侧墙墙面发生了翻转，从而导致对面侧墙墙面弯矩增大，最大拉应力为 2.509MPa，相对于第一序侧墙拆除完成增大了 0.55MPa 左右。随着侧墙拆除的进行，最大拉应力不断增大，最大压应力也在不断增大。这说明在侧墙拆除过程中，地下水的作用对整体车站结构的内力重分布有着很大的影响。

　　根据侧墙拆除过程的最大主应力云图变化，将对每道工序的最大拉应力与最大压应力的绝对值进行统计，定量分析车站结构的内力随着侧墙拆除的变化情况。随侧墙拆除工序的最大主应力曲线如图 5-11 所示。

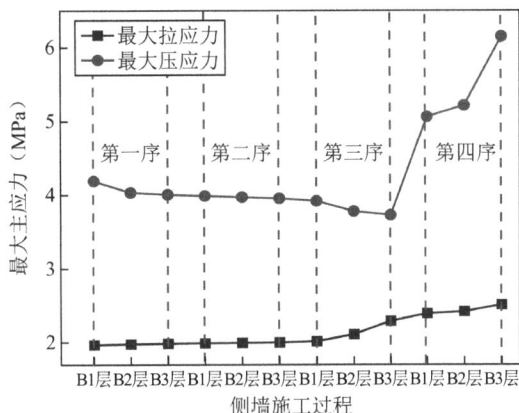

图 5-11　侧墙拆除工序最大主应力变化曲线图

　　观察图 5-11 可知，随着侧墙拆除的进行，最大拉应力不断增大。在侧墙第三序拆除完成后，最大拉应力出现明显增大。分析原因：由于侧墙板块拆除过多，整体车站结构应力集中更加明显，从而使得最大拉应力发生突变。第一序拆除完成后的最大拉应力为1.986MPa；第二序拆除完成后的最大拉应力为 2.00MPa，相比于第一序拆除完成后增大了0.012MPa 左右；第三序拆除完成后的最大拉应力为 2.289MPa，相比于第一序拆除完成后增大了 0.3MPa 左右；第四序拆除完成后的最大拉应力为 2.509MPa，相比于第一序拆除完成后增大了 0.55MPa 左右。由此可知，随着侧墙拆除的进行，应力集中现象越来越明显，车站结构所产生的弯矩也越来越大，从而导致最大拉应力的变化越来越大。

　　观察图 5-11 可知，最大压应力随着侧墙拆除的进行，其数值是略微减小，直到第三序拆除完成，最大压应力出现突变。分析原因：在前三序拆除过程中，车站结构重量不断减轻，使得其所受到的土压力和浮力都有所减小，但变化相对较为平稳，直到第三序完成后，车站结构内力再平衡后，使得车站结构的最大压应力增大。由第一序完成时的 5.527MPa 到第四序完成时最大压应力为 6.151MPa，相比于第一序完成时增大了 0.6MPa 左右。分析原因：在侧墙拆除的前期，其车站结构相对来说更稳定，抵抗地下水及周围土体作用的能力也更强，在每道工序拆除之后，车站结构应力重新分布导致的应力集中现象相对于侧墙拆除的后期来说也更弱。所以在侧墙拆除过程中，车站结构后期的最大压应力相比于前期明显增大。

　　各监测点位在每一序侧墙施工完成后的纵向弯矩值，以及对比罗列的每个监测点位在不同施工工序的最大弯矩值，见表 5-3。再将每道工序的最大弯矩值进行统计并做曲线图，如图 5-12 所示，对比分析了侧墙拆除过程的最大弯矩值变化规律及加补强柱之后对整体弯矩的影响规律，使其更为直观。

各点位纵向弯矩 M_{yy} 及最大弯矩值统计表（kN·m）　　　表 5-3

施工步骤	点位1	点位2	点位3	点位4	点位5	点位6	点位7	点位8	点位9	最大正弯矩	最大负弯矩
拆除前	−25.44	112.21	−24.87	−21.45	96.88	−19.87	−18.72	86.22	−17.54	112.21	−25.44
第一序完成	−26.55	110.24	−26.87	−14.25	121.2	−27.22	−19.54	93.5	−18.87	121.2	−26.87
第一次补强	−24.47	111.47	−31.22	−17.25	120.33	−24.87	−20.14	101.56	−17.84	120.33	−25.22
第二序完成	−27.43	114.21	−24.44	−24.47	125.78	−24.49	−28.01	125.3	−19.21	125.78	−28.01
第二次补强	−24.51	112.45	−21.44	−25.42	124.88	−26.22	−26.12	117.8	−26.99	124.88	−26.99
第三序完成	−27.11	118.77	−22.49	−25.7	126.55	−28.77	−26.55	116.54	−27.65	126.55	−28.77
第三次补强	−26.55	121.11	−19.74	−23.78	125.74	−28.12	−26.74	115.6	−26.87	125.74	−28.12
第四序完成	−24.55	119.78	−18.97	−24.54	128.56	−27.24	−29.49	118.7	−24.87	128.56	−29.49
第四次补强	−23.82	118.88	−21.24	−23.55	126.58	−26.32	−28.18	119.21	−22.28	126.58	−28.18
施工完成	−19.77	117.85	−22.29	−18.77	125.21	−27.45	−26.65	118.9	−23.21	125.21	−26.65

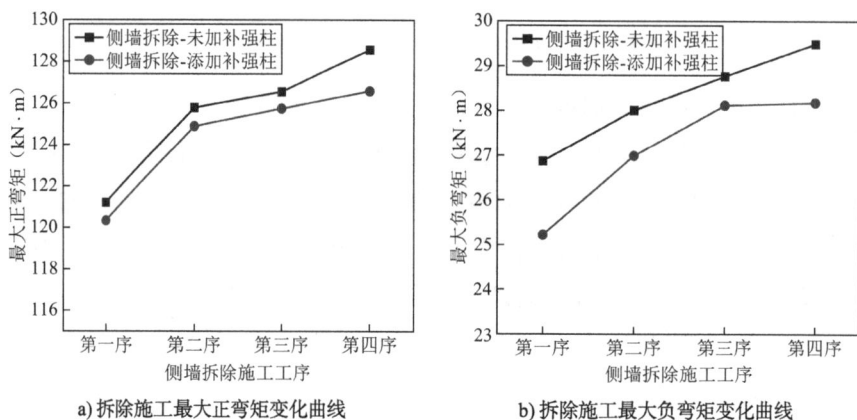

a) 拆除施工最大正弯矩变化曲线　　　　b) 拆除施工最大负弯矩变化曲线

图 5-12　侧墙拆除施工最大弯矩值变化曲线

由表 5-3 与图 5-12 可知，从拆除前到最终的施工完成，监测点位的最大正弯矩与最大负弯矩都明显增大。当第一序拆除完成时，最大正弯矩为 121.2kN·m，最大负弯矩为 26.87kN·m，完成第一次补强之后最大正弯矩为 120.33kN·m，最大负弯矩为 25.22kN·m，相对于第一序拆除完成都有所减小；当第二序、第三序、第四序拆除完成时，最大正弯矩分别为 125.78kN·m、126.55kN·m、128.56kN·m，最大负弯矩分别为 28.01kN·m、28.77kN·m、29.49kN·m。由此可知，随着拆除施工的进行，各监测点位的弯矩值不断增大。观察图中添加补强后的弯矩值可知，在每一序侧墙拆除完成后进行补强施作，最大弯矩值都会有所减小，说明添加补强柱可以减小车站结构的变形，增强车站结构的稳定性。

（2）位移分析

为了更为直观地反映侧墙拆除过程车站结构的竖向位移变化，将按照工况 A-1 侧墙拆除过程来分析整体车站结构的竖向位移。整体车站结构竖向位移随侧墙拆除工序的变化曲线如图 5-13 所示。

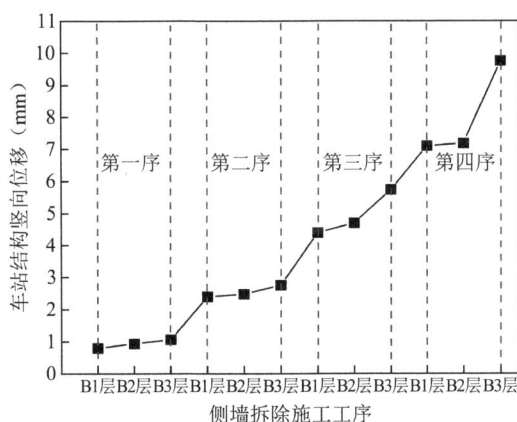

图 5-13　侧墙拆除工序车站结构竖向位移变化曲线图

观察图 5-13 可知，随着侧墙拆除的进行，车站结构的竖向位移不断增大。分析原因：在侧墙拆除过程中，整体车站结构的重量不断减轻，破坏了原有的土体-车站结构的稳定，导致了地基回弹；另外，本身车站结构受到地下水的作用，地下水产生的浮力使得整体车站结构产生了向上的位移。第一序地下一层拆除完成时，其竖向位移为 0.8mm，到地下三层拆除完成时，其竖向位移为 1.06mm，增大了 0.26mm；第二序地下三层拆除完成时，其竖向位移为 2.76mm，增大至第一序地下三层拆除完成时的 2.4 倍左右；第三序地下三层拆除完成时，其竖向位移为 5.74mm，增大至第一序地下三层拆除完成时的 5.5 倍左右；第四序地下三层拆除完成时，其竖向位移为 9.76mm，增大至第一序地下三层拆除完成时的 9.5 倍左右。由此可知，随着侧墙拆除进行，整体车站结构的竖向位移变化越来越明显，增幅也越来越大。

5.2.2　工况 A-2 内力与位移分析

（1）内力分析

按照工况 A-2 内容依次拆除侧墙，其拆除顺序为由上至下，跳仓拆除。侧墙拆除过程的最大主应力云图，如图 5-14～图 5-17 所示。

a) 第一序：地下一层拆除后最大主应力云图

图　　5-14

b) 第一序：地下二层拆除后最大主应力云图

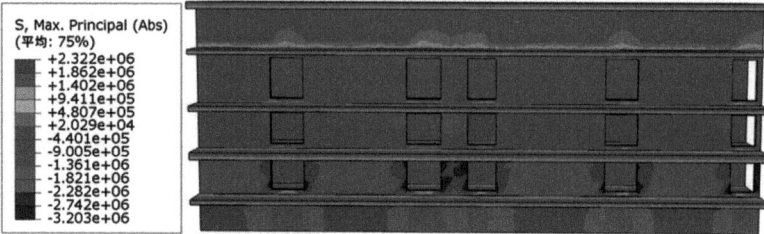

c) 第一序：地下三层拆除后最大主应力云图

图 5-14　第一序拆除最大主应力云图

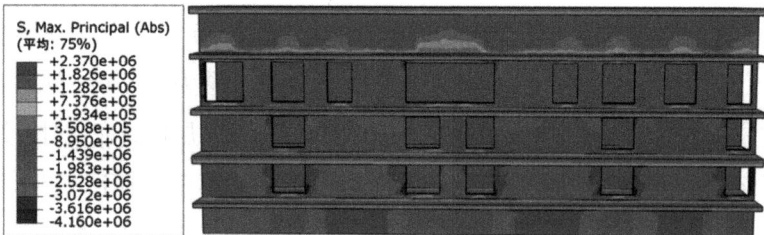

a) 第二序：地下一层拆除后最大主应力云图

b) 第二序：地下二层拆除后最大主应力云图

c) 第二序：地下三层拆除后最大主应力云图

图 5-15　第二序拆除最大主应力云图

a) 第三序：地下一层拆除后最大主应力云图

b) 第三序：地下二层拆除后最大主应力云图

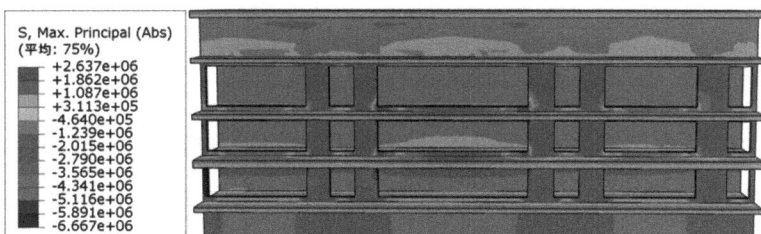

c) 第三序：地下三层拆除后最大主应力云图

图 5-16　第三序拆除最大主应力云图

a) 第四序：地下一层拆除后最大主应力云图

b) 第四序：地下二层拆除后最大主应力云图

图　5-17

c) 第四序：地下三层拆除后最大主应力云图

图 5-17　第四序拆除最大主应力云图

观察图 5-14 可知，在第一序拆除完之后，最大拉应力出现在已拆除仓室的墙角处，为 2.322MPa，说明由于侧墙结构拆除之后，车站结构内力进行重新分布，墙角处出现了应力集中现象；最大压应力出现在车站结构的底板处，为 3.203MPa，这是由于车站结构处于地下水作用区域，地下水所产生的静水压力对其产生了作用。

观察图 5-15 可知，在第二序的地下一层~地下三层侧墙拆除完成后，最大拉应力出现在 W10~W12 区域，这是因为第二序拆除过程中，这块区域拆除了三个板块，导致这个区域的弯矩达到最大，最大拉应力为 2.472MPa。对比图 5-14 与图 5-15 的最大拉应力数据，第二序拆除完成后相比第一序拆除完成后，最大拉应力增大了 0.15MPa，说明随着侧墙拆除的进行，应力集中现象更为明显。

观察图 5-16 可知，在第三序的地下一层~地下三层侧墙拆除完成后，最大拉应力出现在 W9~W13 区域，这是因为这块区域中空区域最大，使得这块区域弯矩达到最大，最大拉应力为 2.637MPa，相比于第一序拆除完成后的最大拉应力增加了 0.3MPa 左右；最大压应力依然出现在侧墙边墙处。

观察图 5-17 可知，在第四序的地下一层~地下三层侧墙拆除完成后，最大拉应力位置由墙角处变化为对面侧墙墙面，这是因为第四序拆除完成后，整体车站结构内力重分布趋于稳定，但已拆除的侧墙墙面，相对于未拆除的侧墙墙面重量减轻了很多。在地下水的作用下，已拆除侧墙墙面向未拆除侧墙墙面发生了翻转，从而导致对面侧墙墙面的弯矩增大。第四序拆除完成后，最大拉应力为 2.864MPa，相对于第一序侧墙拆除完成时增大了 0.5MPa 左右。

根据侧墙拆除过程的最大主应力云图变化，将对每道工序的最大拉应力与最大压应力的绝对值进行统计，定量分析车站结构的内力随着侧墙拆除的变化情况。随侧墙拆除工序的最大主应力变化曲线如图 5-18 所示。

观察图 5-18 可知，随着侧墙拆除的进行，最大拉应力不断增大。第一序拆除完成后的最大拉应力为 2.322MPa；第二序拆除完成后的最大拉应力为 2.472MPa，相比于第一序拆除完成后增大了 0.15MPa 左右；第三序拆除完成后的最大拉应力为 2.637MPa，相比于第一序拆除完成后增大了 0.3MPa 左右；第四序拆除完成后的最大拉应力为 2.864MPa，相比于第一序拆除完成后增大了 0.5MPa 左右。由此可知，随着侧墙拆除的进行，应力集中现象越来越明显，车站结构所产生的弯矩也越来越大，从而导致最大拉应力变化越来越大。

由图 5-18 还可知，随着侧墙拆除的进行，最大压应力数值在第一序拆除完成时略有下降，然后再不断增大，最后趋于稳定。分析原因：第一序拆除完后，使得本来处于稳定状态的车站结构突然减重卸载，则车站所受到围岩压力与静水压力均减小。最大压应力由第一序完成时的 3.604MPa 到第四序完成时的 6.597MPa，增大至第一序完成时的 1.8 倍左右。分析原因与工况 A-1 的结论一致。

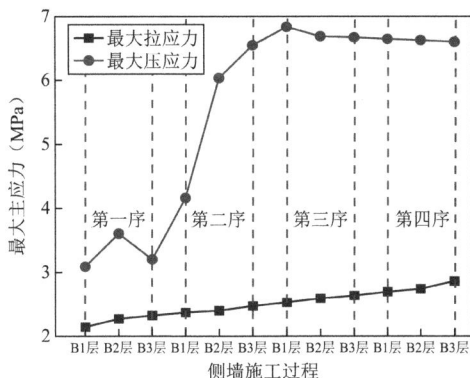

图 5-18　侧墙拆除工序最大主应力变化曲线图

各监测点位在每一序侧墙施工完成后的纵向弯矩值，以及对比罗列得出每个监测点位在不同施工工序的最大弯矩值，见表 5-4。将每道工序的最大弯矩值进行统计并做曲线图，如图 5-19 所示，对比分析侧墙拆除过程的最大弯矩值变化规律及加补强柱之后对整体弯矩的影响规律。

各点位纵向弯矩 M_{yy} 及最大弯矩值统计表（kN·m）　　　　表 5-4

施工步骤	点位 1	点位 2	点位 3	点位 4	点位 5	点位 6	点位 7	点位 8	点位 9	最大正弯矩	最大负弯矩
拆除前	−26.41	112.21	−24.87	−21.45	96.88	−19.87	−18.72	86.22	−17.54	112.21	−25.44
第一序完成	−26.71	111.32	−27.12	−15.21	122.21	−27.32	−19.65	94.21	−19.65	122.21	−27.32
第一次补强	−25.41	112.41	−24.21	−18.61	120.68	−24.92	−21.14	103.56	−19.81	120.68	−26.77
第二序完成	−28.13	114.56	−26.11	−25.41	126.71	−25.41	−29.02	126.1	−20.21	126.71	−29.02
第二次补强	−24.61	112.77	−21.56	−25.76	126.56	−28.21	−28.42	118.81	−29.02	126.56	−28.02
第三序完成	−27.32	118.81	−21.49	−26.21	127.87	−29.35	−27.12	117.51	−25.22	127.87	−29.35
第三次补强	−27.51	122.11	−19.21	−24.54	127.21	−29.20	−27.12	116.62	−28.17	127.21	−28.87
第四序完成	−25.51	120.21	−19.91	−25.51	129.98	−28.21	−30.41	119.72	−25.81	129.98	−30.41
第四次补强	−24.82	119.28	−23.24	−25.51	128.42	−27.32	−29.56	120.22	−21.28	128.42	−29.56
施工完成	−19.55	117.12	−23.21	−19.42	126.22	−28.41	−29.44	119.92	−22.21	126.22	−28.41

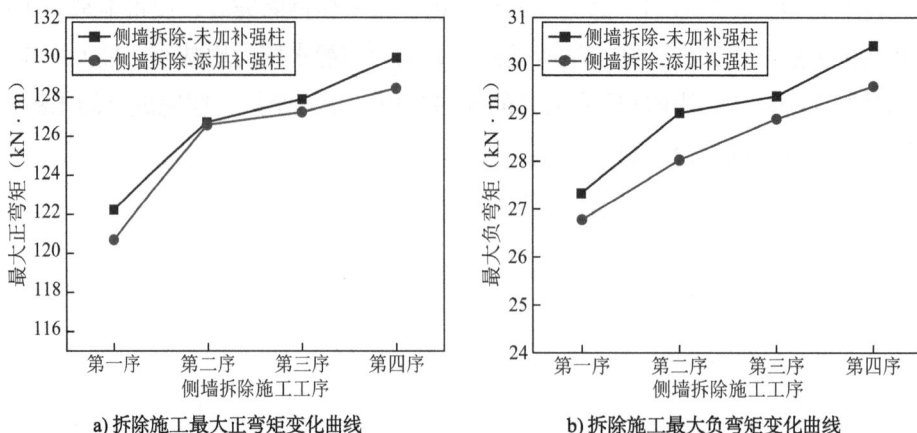

a) 拆除施工最大正弯矩变化曲线　　　　b) 拆除施工最大负弯矩变化曲线

图 5-19　侧墙拆除施工最大弯矩值变化曲线

由表 5-4 及图 5-19 可知，从侧墙拆除前到最终的施工完成，监测点位的最大正弯矩与最大负弯矩都明显增大。当第一序拆除完成时，最大正弯矩为 122.21kN·m，最大负弯矩为 27.32kN·m，完成第一次补强之后最大正弯矩为 120.68kN·m，最大负弯矩为 26.77kN·m，相对于第一序拆除完成都有所减小；当第二序、第三序、第四序拆除完成时，最大正弯矩分别为 126.71kN·m、127.87kN·m、129.98kN·m，最大负弯矩分别为 29.02kN·m、29.35kN·m、30.41kN·m。由此可知，随着拆除施工的进行，弯矩不断增大。观察表中添加补强后的弯矩值可知，在每一序侧墙拆除完成后进行补强施作，最大弯矩值都会有所减小，说明添加补强柱可以减小车站结构的变形，增强车站结构的稳定性。

（2）位移分析

为了更为直观地反映侧墙拆除过程车站结构的竖向位移变化，将按照工况 A-2 侧墙拆除过程来分析整体车站结构的竖向位移。整体车站结构竖向位移随侧墙拆除工序的变化曲线，如图 5-20 所示。

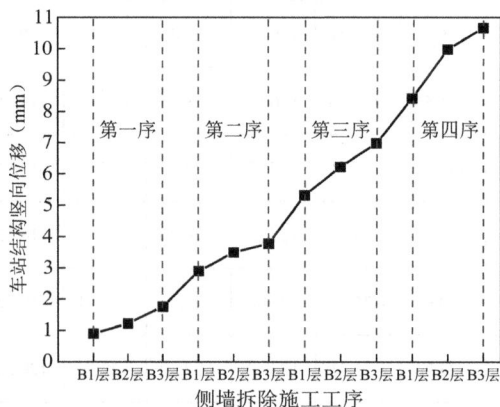

图 5-20　侧墙拆除工序车站结构竖向位移变化曲线图

观察图 5-20 可知,随着侧墙拆除的进行,车站结构的竖向位移总体变化趋势与工况 A-1 相同,均为不断增大。第一序拆除完成时,其竖向位移为 1.76mm;第二序拆除完成时,其竖向位移为 3.78mm,增大至第一序拆除完成时的 2.1 倍左右;第三序拆除完成时,其竖向位移为 6.98mm,增大至第一序拆除完成时的 4 倍左右;第四序拆除完成时,其竖向位移为 10.66mm,增大至第一序拆除完成时的 6 倍左右。由此可知,随着侧墙拆除进行,整体车站结构的竖向位移变化越来越明显,增幅也越来越大。

5.2.3　工况 A-3 内力与位移分析

(1)内力分析

为了更加直观地反映侧墙拆除过程的内力变化,将按照工况 A-3 内容依次拆除侧墙,拆除顺序为由上至下,跳仓拆除。侧墙拆除过程的最大主应力云图,如图 5-21～图 5-24 所示。

a) 第一序:地下一层拆除后最大主应力云图

b) 第一序:地下二层拆除后最大主应力云图

c) 第一序:地下三层拆除后最大主应力云图

图 5-21　第一序拆除最大主应力云图

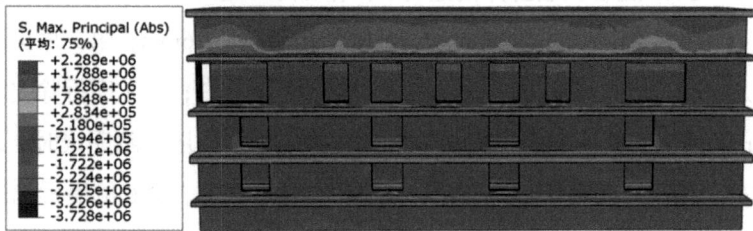

a) 第二序：地下一层拆除后最大主应力云图

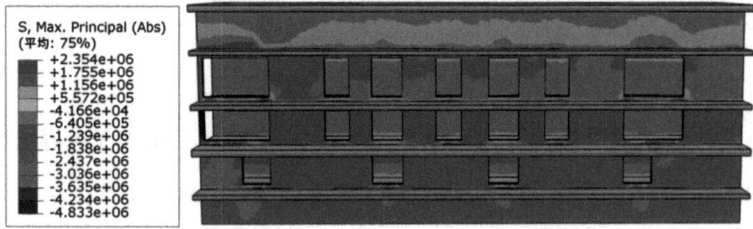

b) 第二序：地下二层拆除后最大主应力云图

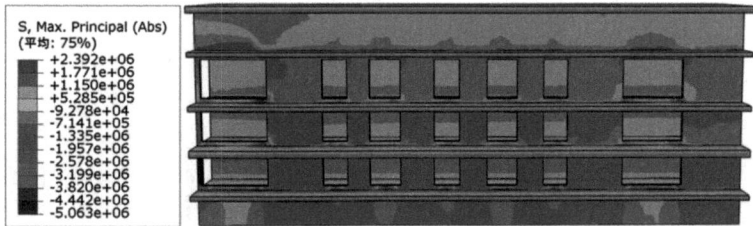

c) 第二序：地下三层拆除后最大主应力云图

图 5-22　第二序拆除最大主应力云图

a) 第三序：地下一层拆除后最大主应力云图

b) 第三序：地下二层拆除后最大主应力云图

图　5-23

c) 第三序：地下三层拆除后最大主应力云图

图 5-23   第三序拆除最大主应力云图

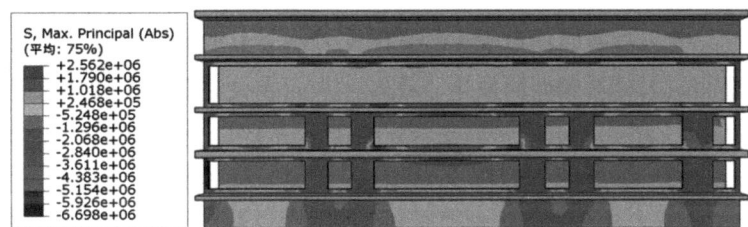

a) 第四序：地下一层拆除后最大主应力云图

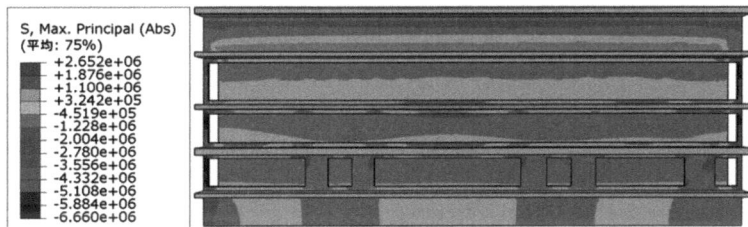

b) 第四序：地下二层拆除后最大主应力云图

c) 第四序：地下三层拆除后最大主应力云图

图 5-24   第四序拆除最大主应力云图

观察图 5-21 可知，在第一序拆除完之后，最大拉应力出现在已拆除仓室的墙角处，为 2.14MPa，说明由于侧墙结构拆除之后，车站结构内力进行了重新分布，墙角处出现应力集中现象；最大压应力出现在车站结构的底板处，为 3.902MPa，这是由于车站结构处于地下水作用区域，地下水所产生的静水压力对其产生了作用。

观察图 5-22 可知，在第二序的地下一层~地下三层侧墙拆除完成后，最大拉应力出现在 W18~W19 区域，这是因为第二序拆除过程中，这块区域拆除了两个板块，导致这个区域的弯矩达到最大，最大拉应力为 2.392MPa。对比图 5-21 与图 5-22 的最大拉应力数据，第二序拆除完成后相比第一序拆除完成后增大了 0.252MPa，说明随着侧墙拆除的进行，应力集中现象更为明显。

观察图 5-23 可知，在第三序的地下一层~地下三层侧墙拆除完成后，最大拉应力出现在 W9~W13 区域，这是因为这块区域中空区域最大，使得其弯矩最大，最大拉应力为 2.52MPa，相比于第一序拆除完成后的最大拉应力增加了 0.38MPa；最大压应力依然出现在侧墙边墙处。

观察图 5-24 可知，在第四序的地下一层~地下三层侧墙拆除完成后，最大拉应力位置由墙角处变化为对面侧墙墙面，这是因为第四序拆除完成后，整体车站结构内力重分布趋于稳定，但已拆除的侧墙墙面相对于未拆除的侧墙墙面重量减轻了很多。在地下水的作用下，已拆除侧墙面向未拆除侧墙面发生了翻转，从而导致对面侧墙墙面的弯矩增大，最大拉应力为 2.728MPa，相对于第一序侧墙拆除完成后增大了 0.588MPa。

随着侧墙拆除各工序最大主应力变化曲线，如图 5-25 所示。

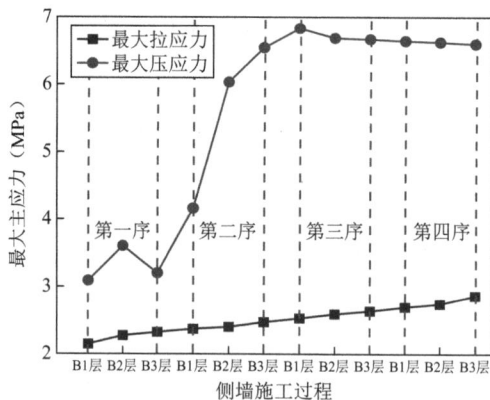

图 5-25　侧墙拆除工序最大主应力变化曲线图

观察图 5-25 可知，随着侧墙拆除的进行，最大拉应力不断增大。第一序拆除完成后的最大拉应力为 2.025MPa；第二序拆除完成后的最大拉应力为 2.392MPa，相比于第一序拆除完成后增大了 0.37MPa 左右；第三序拆除完成后的最大拉应力为 2.52MPa，相比于第一序拆除完成后增大了 0.5MPa 左右；第四序拆除完成后的最大拉应力为 2.728MPa，相比于第一序拆除完成后增大了 0.7MPa 左右。由此可知，随着侧墙拆除的进行，应力集中现象越来越明显，车站结构所产生的弯矩也越来越大，从而导致最大拉应力变化越来越大。

此外，随着侧墙拆除的进行，最大压应力数值整体呈上升趋势。由第一序拆除完成时的 3.737MPa 到第二序完成时的 5.063MPa，增大了 1.3MPa 左右；而到第四序拆除完成时，最大压应力为 6.63MPa，增大至第一序拆除完成时的 1.8 倍左右。分析原因：在侧墙拆除的前期，车站结构相对来说更稳定，抵抗地下水及周围土体作用的能力也更强。因此，在每道工序拆除之后，车站结构应力重新分布导致的应力集中现象相对于侧墙拆除后期来说也更弱，所以在侧墙拆除过程中，车站结构后期的最大压应力相比于前期明显增大。

各监测点位在每一序侧墙施工完成后的纵向弯矩值，以及对比罗列出每个监测点位在不同施工工序的最大弯矩值，见表 5-5。将每道工序的最大弯矩值进行统计并做曲线图，如图 5-26 所示，对比分析侧墙拆除过程的最大弯矩值变化规律及加补强柱之后对整体弯矩的影响规律。

各点位纵向弯矩 M_{yy} 及最大弯矩值统计表（kN·m）　　　　表 5-5

施工步骤	点位 1	点位 2	点位 3	点位 4	点位 5	点位 6	点位 7	点位 8	点位 9	最大正弯矩	最大负弯矩
拆除前	−25.44	112.21	−24.87	−21.45	96.88	−19.87	−18.72	86.22	−17.54	112.21	−25.44
第一序完成	−26.55	110.24	−26.87	−14.25	121.34	−27.22	−19.54	93.5	−18.87	121.34	−27.22
第一次补强	−24.47	111.47	−26.12	−17.25	120.45	−24.87	−20.14	101.56	−17.84	120.45	−26.12
第二序完成	−27.43	114.21	−24.44	−24.47	126.21	−24.49	−28.45	125.3	−19.21	126.21	−28.45
第二次补强	−24.51	112.45	−21.44	−25.42	125.88	−27.22	−27.65	117.8	−27.11	125.88	−27.65
第三序完成	−27.11	118.77	−22.49	−25.7	127.51	−28.77	−26.55	116.54	−27.65	127.51	−29.12
第三次补强	−26.55	121.11	−19.74	−23.78	126.74	−28.34	−26.74	115.6	−26.87	126.74	−28.34
第四序完成	−24.55	119.78	−18.97	−24.54	129.77	−27.24	−29.49	118.7	−24.87	129.77	−29.69
第四次补强	−23.82	118.88	−21.24	−23.55	127.76	−26.32	−28.49	119.21	−22.28	127.76	−28.49
施工完成	−19.77	117.85	−22.29	−18.77	125.21	−27.45	−26.65	118.9	−23.21	125.21	−27.45

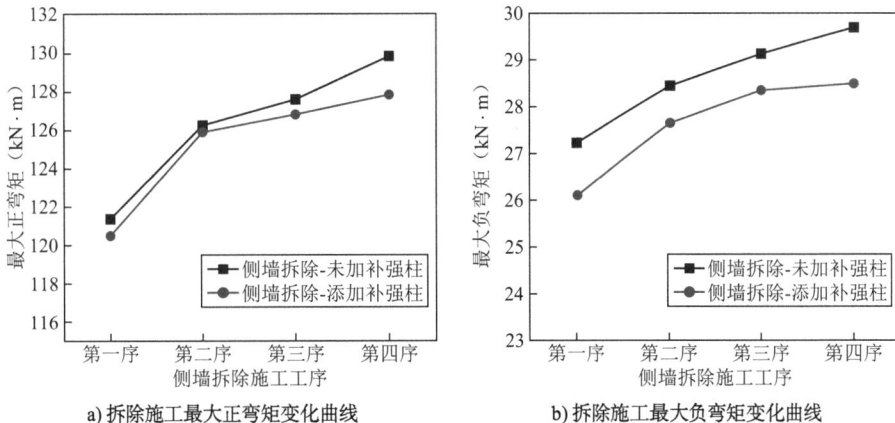

a) 拆除施工最大正弯矩变化曲线　　　　b) 拆除施工最大负弯矩变化曲线

图 5-26　侧墙拆除施工最大弯矩值变化曲线

由表 5-5 与图 5-26 可知，从侧墙拆除前到最终的施工完成，监测点位的最大正弯矩与最大负弯矩都明显增大。当第一序拆除完成时，最大正弯矩为 121.34kN·m，最大负弯矩为 27.22kN·m，完成第一次补强之后，最大正弯矩为 120.45kN·m，最大负弯矩为

26.12kN·m，相对第一序拆除完成都有所减小；第二序、第三序、第四序拆除完成时，最大正弯矩分别为 126.21kN·m、127.51kN·m、129.77kN·m，最大负弯矩分别为 28.45kN·m、29.12kN·m、29.69kN·m。由此可知，随着拆除施工的进行，弯矩不断增大。观察表中补强后的弯矩值可知，在每一序侧墙拆除完成后进行补强施作，各监测点位的弯矩值都会有所减小，说明添加补强柱可以减小车站结构的变形，增强车站结构的稳定性。

（2）位移分析

按照工况 A-1 侧墙拆除过程来分析整体车站结构的竖向位移。整体车站结构竖向位移随侧墙拆除工序的变化曲线如图 5-27 所示。

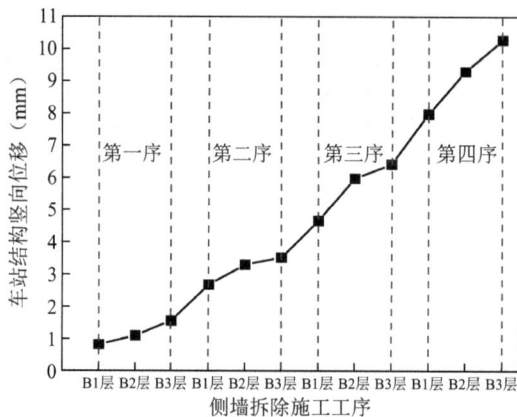

图 5-27　侧墙拆除工序车站结构竖向位移变化曲线图

观察图 5-27 可知，随着侧墙拆除的进行，车站结构的竖向位移总体变化趋势与工况 A-1 和工况 A-2 相同，均不断增大。第一序地下一层拆除完成时，其竖向位移为 0.82mm，到地下三层拆除完成时，其竖向位移为 1.56mm，增大了 0.74mm；第二序地下三层拆除完成时，其竖向位移为 3.32mm，增大至第一序地下三层拆除完成时的 4 倍左右；第三序地下三层拆除完成时，其竖向位移为 6.42mm，增大至第一序地下三层拆除完成时的 8 倍左右；第四序地下三层拆除完成时，其竖向位移为 10.28mm，增大至第一序地下三层拆除完成时的 12 倍左右。由此可知，随着侧墙拆除的进行，整体车站结构的竖向位移变化越来越明显，增幅也越来越大。

5.2.4　侧墙拆除顺序优选

上述已经对工况 A-1、工况 A-2、工况 A-3 的内力及位移进行了分析，为了得到最优的侧墙拆除工序，需将三种工况进行内力及位移对比分析。

（1）内力对比分析

根据侧墙拆除过程的最大主应力变化，将对三种工况的每道工序的最大拉应力进行统计，定量分析每种工况的车站结构内力随着侧墙拆除的变化情况。最大拉应力随侧墙拆除工序的变化曲线如图 5-28 所示。

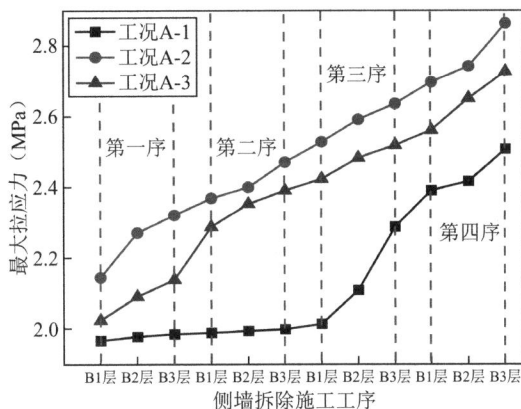

图 5-28 侧墙拆除工序最大拉应力变化曲线图

观察图 5-28 可知，三种工况的最大拉应力均随着侧墙拆除施工的进行不断增大。其中，工况 A-2 的最大拉应力变化曲线最为剧烈，而且数值也是最大的，说明工况 A-2 在侧墙拆除过程中对整体车站的影响是最大的。在第三序开始时，工况 A-2 的最大拉应力最大，为 2.637MPa，工况 A-1 及工况 A-3 的最大拉应力分别为 2.289MPa 和 2.52MPa。到第四序结束时，工况 A-1 的最大拉应力为 2.509MPa，工况 A-2 的最大拉应力为 2.864MPa，工况 A-3 的最大拉应力为 2.728MPa。分析原因：工况 A-3 在拆除过程中应力重新分布之后，应力集中现象更为明显，所产生的弯矩变化也更为剧烈，从而导致整体车站结构在拆除过程中危险性更高。横向对比三种工况的最大拉应力变化可知，优选侧墙拆除工序为：A-1 > A-3 > A-2。

（2）位移对比分析

为了对比工况 A-1、工况 A-2、工况 A-3 的位移变化情况，将定量分析每种工况的车站结构竖向位移随侧墙拆除工序的变化规律，侧墙拆除工序车站结构竖向位移变化曲线如图 5-29 所示。

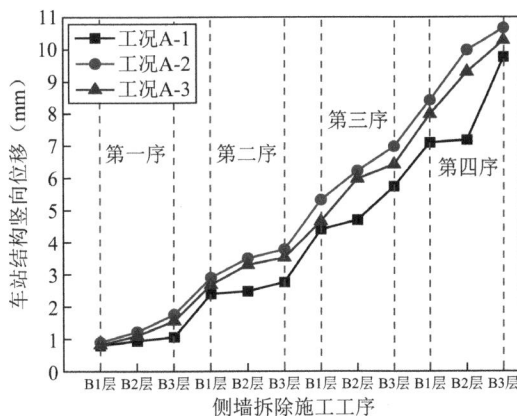

图 5-29 侧墙拆除工序车站结构竖向位移变化曲线图

观察图 5-29 可知，随着侧墙拆除的进行，三种工况下的车站竖向位移均不断增大。从三种工况的竖向位移曲线变化来看，工况 A-2 的竖向位移是最大的，工况 A-1 的竖向位移是最小的。侧墙拆除第一序完成时，工况 A-1 的竖向位移为 1.06mm，工况 A-2 的竖向位移为 1.76mm，相比于工况 A-1 增大了 0.7mm；工况 A-3 的竖向位移为 1.56mm，相比于工况 A-1 增大了 0.5mm。这说明第一序拆除过程中，工况 A-2 对车站结构的扰动影响最大，对车站结构力学性能的破坏也是最严重。侧墙拆除第四序完成时，工况 A-1 的竖向位移为 9.76mm，增大至第一序完成时的 9.2 倍左右；工况 A-2 的竖向位移为 10.66mm，增大至第一序完成时的 10.05 倍左右；工况 A-3 的竖向位移为 10.28mm，增大至第一序完成时的 9.7 倍左右。这是因为工况 A-2 从第一序拆除开始，竖向位移都是最大的，使得其临界相对竖向位移变化幅度就没那么大。总体来看，对比三种工况的竖向位移变化，优选侧墙拆除工序为：A-1 > A-3 > A-2。

5.3 顶板拆除数值模拟分析

在顶板拆除过程中，开洞会导致周边支撑约束发生变化，荷载传递路径也会发生变化。为确保既有车站结构的安全，须尽快完成施工过程中承载体系的有效转换与协调变形，因此采用两个方向同时拆除的方式。对顶板拆除的不同工序 B-1、B-2、B-3 进行内力与位移分析，为了更加直观清晰地描述车站结构内力的变化，将对车站结构的最大主应力进行分析展示。其中顶板拆除区域分布如图 5-30 所示。

为了更为清晰地描述侧墙在顶板过程中内力变化情况，故将车站结构布置 6 个监测点，定量分析顶板拆除施工过程的内力变化规律，监测点分布如图 5-31 所示。

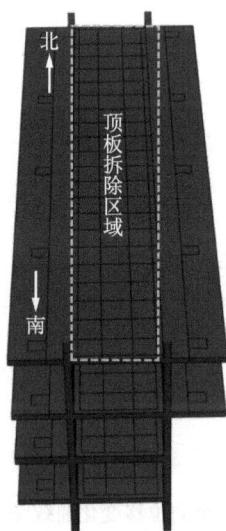

图 5-30　侧墙拆除区域
分布图

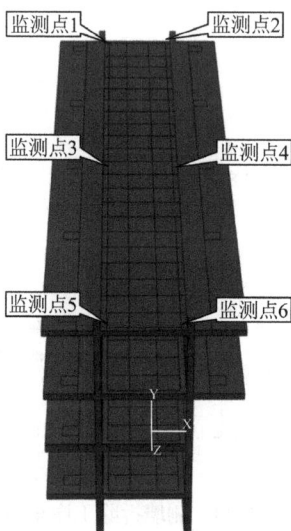

图 5-31　监测点分布图

5.3.1　工况 B-1 内力与位移分析

（1）内力分析

为了更加直观地反映顶板拆除过程的内力变化，按照工况 B-1 内容依次拆除顶板，拆除顺序为由南北两侧同时向中间进行拆除。顶板拆除过程的最大主应力云图，如图 5-32～图 5-33 所示。

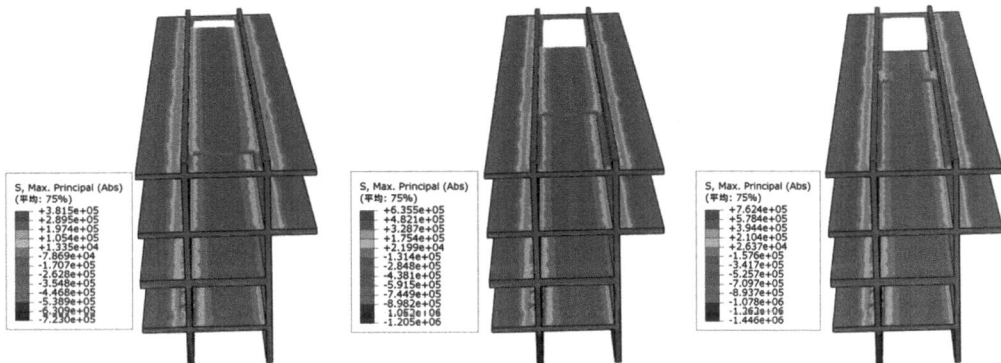

图 5-32　第一序～第三序顶板拆除的最大主应力云图

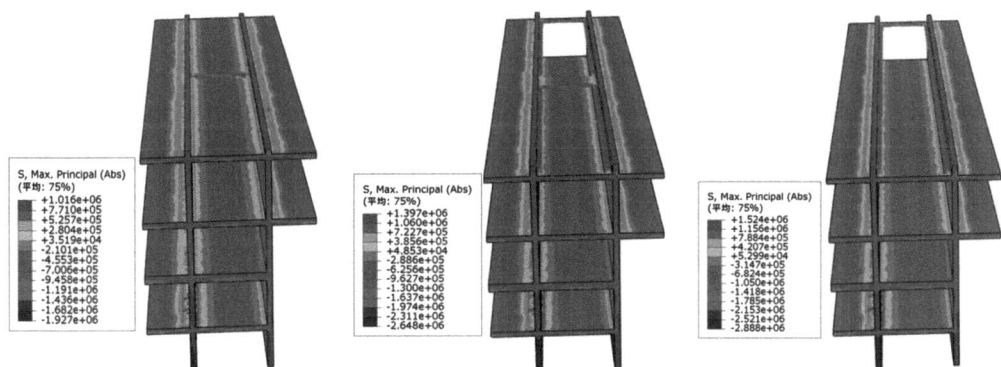

图 5-33　第四序～第六序顶板拆除的最大主应力云图

观察图 5-32 可知，在第一序拆除完之后，最大拉应力出现在拆除板块的楼板边处，为 0.382MPa，这说明由于结构拆除之后，车站结构内力重新分布，楼板边处出现应力集中现象；最大压应力出现在车站结构的底板处，为 0.723MPa，这是由于车站结构处于地下水作用区域，地下水产生的静水压力对车站结构产生了作用。当第二序拆除完成时，最大拉应力出现的位置也在拆除后的各个楼板边处，为 0.636MPa；最大压应力为 1.205MPa，依然出现在车站结构的底板处，说明在顶板拆除过程中对车站结构应力重新分布的影响较小，反而是地下水对车站结构的作用最大。

观察图 5-33 可知，车站结构的最大拉应力不断增大，到第四序拆除完成时为 1.016MPa，第五序拆除完成时为 1.397MPa，第六序拆除完成时为 1.524MPa。这说明随着顶板拆除的进行，应力集中现象更为明显。观察图 5-32～图 5-33 的最大主应力变化可知，随着顶板拆除的进行，最大拉应力不断增大，其中地下水的作用对整体车站结构的内力重分布有着很大的影响。

根据顶板拆除过程的最大主应力云图变化，将对每道工序的最大拉应力与最大压应力绝对值进行统计，定量分析车站结构的内力随着顶板拆除工序的变化情况。随顶板拆除各工序最大主应力的变化曲线如图 5-34 所示。

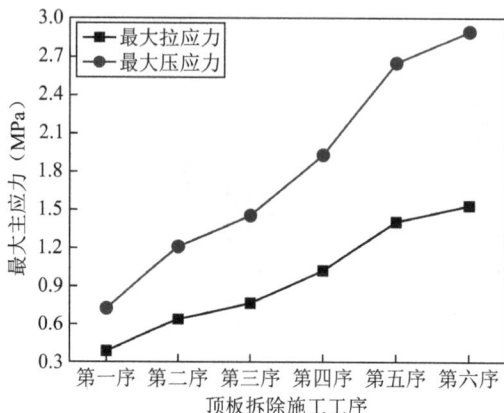

图 5-34　顶板拆除工序最大主应力变化曲线图

观察图 5-34 可知，随着顶板拆除的进行，最大拉应力不断增大。第一序拆除完成后的最大拉应力为 0.382MPa；第二序拆除完成后的最大拉应力为 0.636MPa，相比于第一序拆除完成后增大了 0.25MPa 左右；第三序拆除完成后的最大拉应力为 0.76MPa，相比于第一序拆除完成后增大了 0.38MPa；第四序拆除完成后的最大拉应力为 1.02MPa，相比于第一序拆除完成后增大了 0.64MPa 左右。由此可知，随着顶板拆除的进行，应力集中现象越来越明显，车站结构所产生的弯矩也越来越大，从而导致最大拉应力变化越来越大。

此外，随着顶板拆除的进行，最大压应力数值几乎也是不断增大。前四序拆除完成后，其最大压应力变化并不是很明显，由第一序完成时的 0.723MPa 到第四序完成时的 1.927MPa，增大了 1.2MPa 左右；而到第六序完成时最大压应力为 2.888MPa，相比于第一序完成时增大了 2.15MPa 左右。分析原因：在顶板拆除的前期，车站结构相对来说更稳定，抵抗地下水及周围土体作用能力的也更强，在每道工序拆除之后，车站结构应力重新分布导致的应力集中现象相对于顶板拆除后期来说更弱。所以，在顶板拆除过程中，车站结构后期的最大压应力相比于前期明显增大。

各监测点位在每一序顶板施工完成后的纵向弯矩值，以及对比罗列出每个监测点位在不同施工工序的最大弯矩值，见表 5-6。再将每道工序的最大弯矩值进行统计并做曲线图，如图 5-35 所示，对比分析顶板拆除过程的最大弯矩值变化规律及加补强柱之后对整体弯矩的影响规律。

各点位纵向弯矩 M_{yy} 及最大弯矩值统计表（kN·m）　　　表 5-6

施工步骤	点位 1	点位 2	点位 3	点位 4	点位 5	点位 6	最大正弯矩	最大负弯矩
拆除前	−11.32	−11.43	43.33	43.56	−11.71	−11.51	43.56	−11.71
第一序完成	−13.42	−13.22	47.55	47.12	−13.41	−13.11	47.55	−13.42
第一次补强	−12.78	−12.31	46.55	46.59	−12.56	−12.66	46.55	−12.78
第二序完成	−14.45	−14.51	48.98	49.12	−14.65	−14.11	49.12	−14.65
第二次补强	−13.56	−13.66	47.12	47.43	−13.87	−13.44	47.43	−13.87
第三序完成	−15.21	−14.43	48.12	49.88	−15.11	−14.88	49.88	−15.21
第三次补强	−14.88	−14.78	47.88	−14.42	−14.91	−14.21	47.88	−14.91
第四序完成	−15.21	−15.44	50.12	50.78	−15.87	−15.46	50.78	−15.87
第四次补强	−14.97	−14.87	49.21	49.47	−15.01	−15.07	49.47	−15.01
第五序完成	−15.87	−15.99	51.14	51.27	−15.97	−16.01	51.27	−16.01
第五次补强	−15.01	−15.21	50.47	50.44	−15.07	−15.11	50.47	−15.21
第六序完成	−16.87	−16.57	51.22	51.99	−16.74	−16.52	51.99	−16.87
第六次补强	−15.87	−16.21	50.99	51.09	−16.01	−16.54	51.09	−16.54
施工完成	−14.77	−15.87	49.88	50.01	−15.11	−15.08	50.01	−15.87

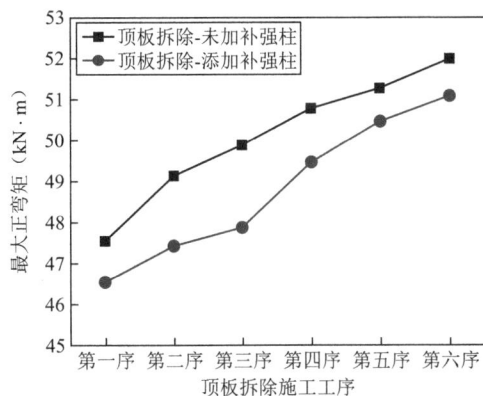

a) 拆除施工最大正弯矩变化曲线　　　　b) 拆除施工最大负弯矩变化曲线

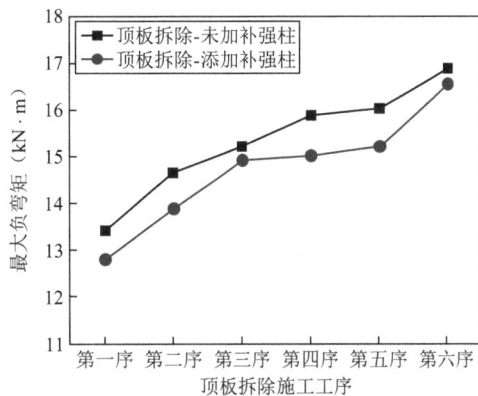

图 5-35　顶板拆除施工最大弯矩值变化曲线

由表 5-6 与图 5-35 可知，各监测点位的弯矩值不断增大。当第一序顶板拆除完成时，最大正弯矩出现在监测点位 3，为 47.55kN·m，最大负弯矩出现在监测点位 1，为 13.42kN·m，完成第一次补强之后，各监测点位的弯矩值略有减小。第二序、第三序、第四序、第五序、第六序拆除完成时，最大正弯矩分别为 49.12kN·m、49.88kN·m、50.78kN·m、51.27kN·m、51.99kN·m，最大负弯矩分别为 14.65kN·m、15.21kN·m、

15.87kN·m、16.01kN·m、16.87kN·m，弯矩都在不断增大。分析原因：顶板拆除的数量越多，中间空余区域也越大，导致车站受力不均匀，从而弯矩越来越大。相比于每一次工序拆除完成，施加补强措施之后，车站结构各监测点的弯矩值会略微减小，说明做增加补强柱可以有效地控制结构变形，减小结构的应力集中现象。

（2）位移分析

按照工况 B-1 顶板拆除过程分析整体车站结构的竖向位移。整体车站结构竖向位移随顶板拆除工序的变化曲线如图 5-36 所示。

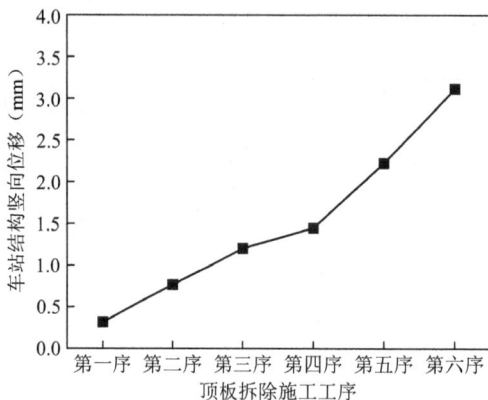

图 5-36　顶板拆除工序车站结构竖向位移变化曲线图

观察图 5-36 可知，随着顶板拆除的进行，车站结构的竖向位移不断增大。分析原因：在顶板拆除过程中，整体车站结构的重量不断减轻，破坏了原有的土体-车站结构的稳定，导致了地基回弹；另外，本身车站结构受到了地下水的作用，地下水产生的浮力使得整体车站结构产生了向上的位移。第一序拆除完成时，其竖向位移为 0.32mm；第二序拆除完成时，其竖向位移为 0.77mm，相比于第一序拆除完成时的竖向位移增大了 0.45mm；第三序拆除完成时，其竖向位移为 1.21mm，增大至第一序拆除完成时的 3.8 倍左右；第四序拆除完成时，其竖向位移为 1.45mm，增大至第一序拆除完成时的 4.5 倍左右；第五序拆除完成时，其竖向位移为 2.22mm，增大至第一序拆除完成时的 6.9 倍左右；第六序拆除完成时，其竖向位移为 3.12mm，增大至第一序拆除完成时的 9.8 倍左右。由此可知，随着顶板拆除的进行，整体车站结构的竖向位移变化越来越明显，增幅也越来越大。

5.3.2　工况 B-2 内力与位移分析

（1）内力分析

为了更加直观地反映顶板拆除过程的内力变化，将按照工况 B-2 内容依次拆除顶板，拆除顺序为由中间向南北两侧进行拆除。顶板拆除过程的最大主应力云图，如图 5-37～图 5-38 所示。

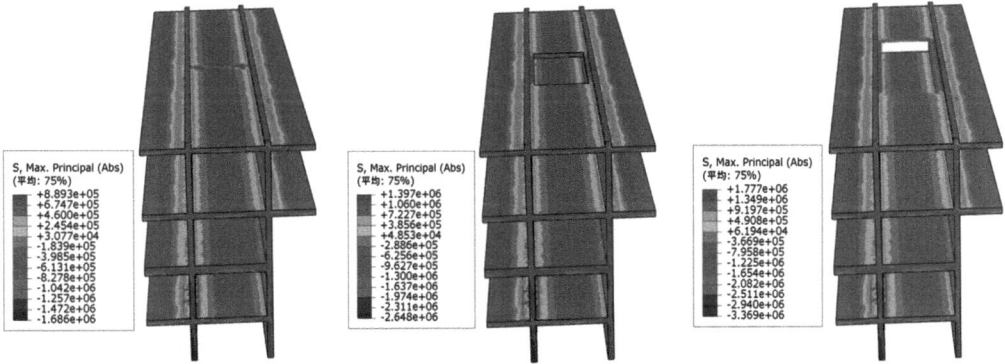

图 5-37　第一序～第三序拆除的最大主应力云图

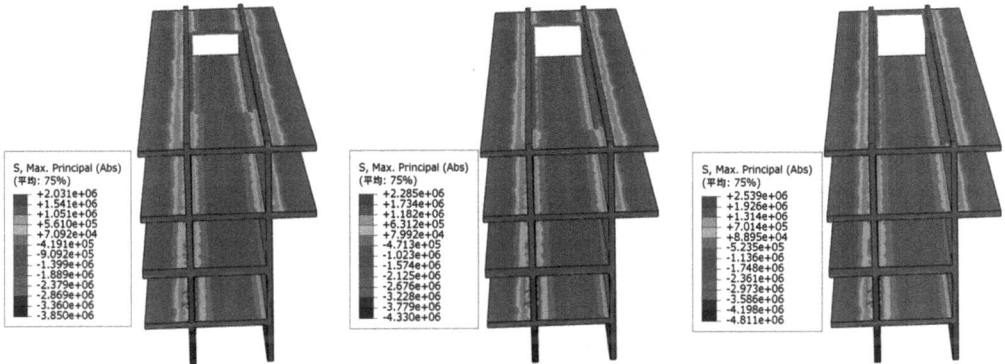

图 5-38　第四序～第六序拆除的最大主应力云图

观察图 5-37 可知，在第一序拆除完之后，最大拉应力出现在拆除板块的楼板边处，为 0.89MPa，这说明由于结构拆除之后，车站结构内力重新分布，楼板边处出现应力集中现象；最大压应力出现在车站结构的底板处，为 1.686MPa，这是由于车站结构处于地下水作用区域，地下水产生的静水压力对车站结构产生了作用。当第二序拆除完成时，最大拉应力出现的位置也在拆除后的各个楼板边处，为 1.397MPa；最大压应力为 2.648MPa，依然出现在车站结构的底板处，这说明在顶板拆除过程中对车站结构应力重新分布的影响较小，反而是地下水对车站结构的作用最大。

观察图 5-38 可知，车站结构的最大拉应力不断增大，到第四序拆除完成时为 2.031MPa，第五序拆除完成时为 2.285MPa，第六序拆除完成时为 2.539MPa。这说明随着顶板拆除的进行，应力集中现象更为明显。观察图 5-37～图 5-38 的最大主应力变化可知，随着顶板拆除的进行，最大拉应力不断增大，其中地下水的作用对整体车站结构的内力重分布有着很大的影响。

随着顶板拆除各工序最大主应力变化曲线如图 5-39 所示。

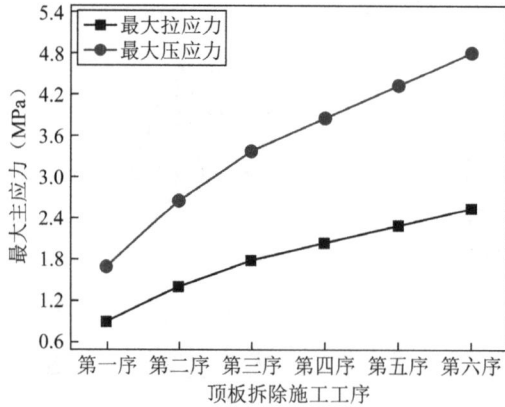

图 5-39 顶板拆除工序最大主应力变化曲线图

观察图 5-39 可知，随着顶板拆除的进行，最大拉应力不断增大。第一序拆除完成后的最大拉应力为 0.889MPa；第二序拆除完成后的最大拉应力为 1.397MPa，相比于第一序拆除完成后增大了 0.5MPa 左右；第三序拆除完成后的最大拉应力为 1.777MPa，相比于第一序拆除完成后增大了 0.9MPa 左右；第六序拆除完成后的最大拉应力为 2.539MPa，相比于第一序拆除完成后增大了 1.6MPa 左右。由此可知，随着顶板拆除的进行，应力集中现象越来越明显，车站结构所产生的弯矩也越来越大，从而导致最大拉应力变化越来越大。

此外，随着顶板拆除的进行，最大压应力数值几乎也不断增大。由第一序完成时的 1.686MPa 到第四序完成时的 3.85MPa，增大了 2.2MPa 左右；而到第六序完成时的最大压应力为 4.811MPa，相比于第一序完成时增大了 3.1MPa 左右。分析原因：在顶板拆除的前期，车站结构相对来说更稳定，抵抗地下水及周围土体作用的能力也更强，在每道工序拆除之后，车站结构应力重新分布导致的应力集中现象相对于顶板拆除后期来说也更弱。所以，在顶板拆除过程中，车站结构后期的最大压应力相比于前期明显增大。

各监测点位在每一序顶板施工完成后的弯矩值，以及对比罗列出每个监测点在不同施工工序的最大弯矩值，见表 5-7。再将每道工序的最大弯矩值进行统计并做曲线图，如图 5-40 所示，对比分析了顶板拆除过程的最大弯矩值变化规律及加补强柱之后对整体弯矩的影响规律。

各点位纵向弯矩 M_{yy} 及最大弯矩值统计表（kN·m） 表 5-7

施工步骤	点位 1	点位 2	点位 3	点位 4	点位 5	点位 6	最大正弯矩	最大负弯矩
拆除前	−11.45	−11.54	43.33	43.12	−11.76	−11.51	43.33	−11.51
第一序完成	−13.76	−13.66	48.54	48.67	−14.45	−13.67	48.67	−14.45
第一次补强	−12.99	−12.65	47.34	46.32	−13.56	−12.43	47.34	−13.56
第二序完成	−15.41	−15.57	49.14	49.51	−14.85	−15.11	49.51	−15.57
第二次补强	−14.51	−14.21	48.11	48.12	−14.21	−14.11	48.11	−14.51

续上表

施工步骤	点位 1	点位 2	点位 3	点位 4	点位 5	点位 6	最大 正弯矩	最大 负弯矩
第三序完成	−16.71	−15.43	49.22	50.88	−16.11	−15.12	50.88	−16.71
第三次补强	−15.81	−15.73	48.12	49.21	−15.27	−15.11	49.21	−15.81
第四序完成	−16.32	−16.41	51.27	51.71	−16.27	−16.76	51.71	−16.76
第四次补强	−15.97	−15.77	50.21	50.87	−15.57	−15.77	50.87	−15.97
第五序完成	−16.88	−17.01	52.11	52.77	−16.97	−16.87	52.77	−17.01
第五次补强	−16.01	−16.24	51.44	51.49	−16.11	−16.12	51.49	−16.44
第六序完成	−17.87	−17.51	52.22	53.12	−17.72	−17.51	53.12	−17.87
第六次补强	−16.81	−17.11	51.89	52.01	−17.01	−16.88	52.01	−17.11
施工完成	−15.12	−16.12	50.33	51.06	−16.01	−16.01	51.06	−16.12

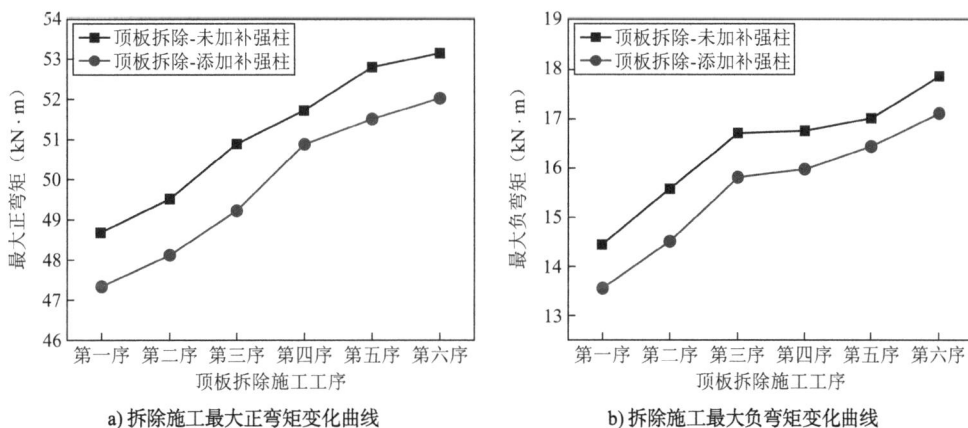

a) 拆除施工最大正弯矩变化曲线　　　b) 拆除施工最大负弯矩变化曲线

图 5-40　顶板拆除施工最大弯矩值变化曲线

由表 5-7 与图 5-40 可知，各监测点位的弯矩值随着顶板拆除施工的进行都在不断增大。当第一序顶板拆除完成时，最大正弯矩出现在监测点位 4，为 48.67kN·m，最大负弯矩出现在监测点位 5，为 14.45kN·m，完成第一次补强之后，最大正弯矩下降到 47.34kN·m，最大负弯矩下降到 13.56kN·m。第二序、第三序、第四序、第五序、第六序拆除完成时，最大正弯矩分别为 49.51kN·m、50.88kN·m、51.71kN·m、52.77kN·m、53.12kN·m，最大负弯矩分别为 15.57kN·m、16.71kN·m、16.76kN·m、17.01kN·m、17.87kN·m，弯矩在不断增大。分析原因：顶板拆除的数量越多，中间空余区域也越大，导致车站受力不均匀，从而弯矩越来越大。相比于每一次工序拆除完成，施加补强措施之后，车站结构各监测点位的弯矩值会略微减小，说明添加补强柱可以有效地控制结构变形，减小结构的应力集中现象。

（2）位移分析

按工况 B-2 顶板拆除过程分析整体车站结构的竖向位移。整体车站结构竖向位移随顶板拆除工序的变化曲线如图 5-41 所示。

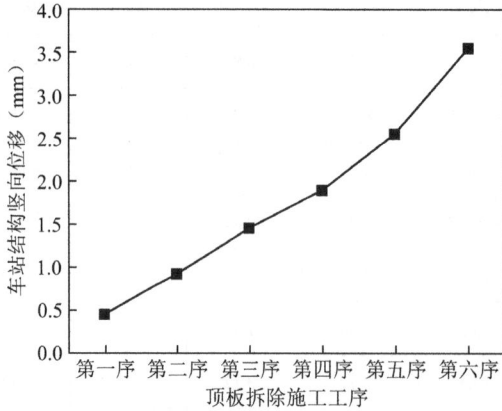

图 5-41   顶板拆除工序车站结构竖向位移变化曲线图

观察图 5-41 可知,随着顶板拆除的进行,车站结构的竖向位移总体变化趋势与工况 B-1 相同,均不断增大。第一序拆除完成时,其竖向位移为 0.44mm;第二序拆除完成时,其竖向位移为 0.91mm,相比于第一序拆除完成时的竖向位移增大了 0.47mm;第三序拆除完成时,其竖向位移为 1.45mm,增大至第一序拆除完成时的 3.3 倍左右;第四序拆除完成时,其竖向位移为 1.89mm,增大至第一序拆除完成时的 4.3 倍左右;第五序拆除完成时,其竖向位移为 2.55mm,增大至第一序拆除完成时的 5.8 倍左右;第六序拆除完成时,其竖向位移为 3.55mm,增大至第一序拆除完成时的 8.1 倍左右。由此可知,随着顶板拆除的进行,整体车站结构的竖向位移变化越来越明显,增幅也越来越大。

5.3.3   工况 B-3 内力与位移分析

（1）内力分析

按工况 B-2 内容,依次拆除顶板,拆除顺序为由一侧从南侧向中间拆除,一侧由中间向北侧拆除。顶板拆除过程的最大主应力云图,如图 5-42～图 5-43 所示。

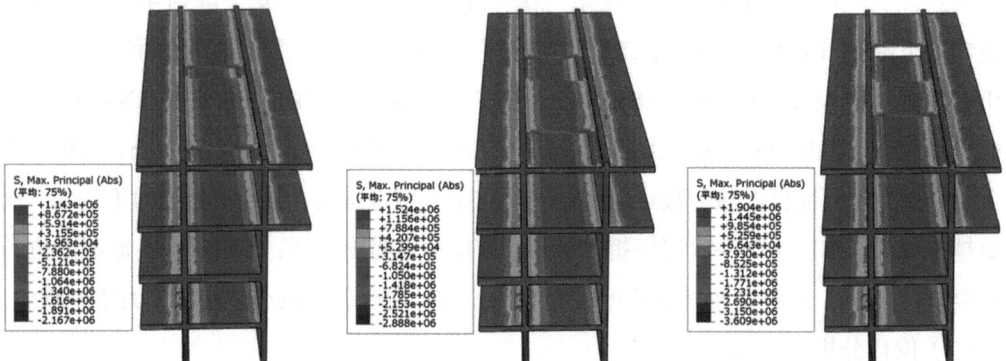

图 5-42   第一序～第三序拆除的最大主应力云图

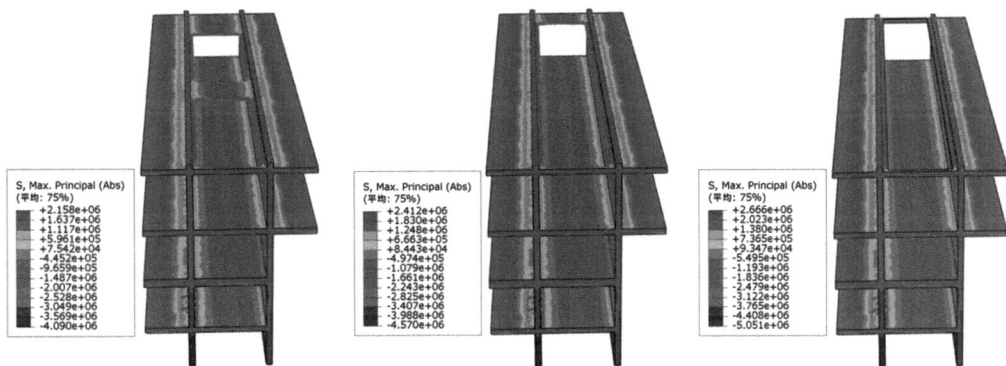

图 5-43　第四序～第六序拆除的最大主应力云图

观察图 5-42 可知，在第一序拆除完之后，最大拉应力出现在拆除板块的楼板边处，为 1.143MPa，这说明由于结构拆除之后，车站结构内力重新分布，楼板边处出现应力集中现象；最大压应力出现在车站结构的底板处，为 2.167MPa，这是由于车站结构处于地下水作用区域，地下水产生的静水压力对车站结构产生了作用。当第二序拆除完成时，最大主应力出现的位置也在拆除后的各个楼板边处，为 1.524MPa；最大压应力依然出现在车站结构的底板处，为 2.888MPa，这说明在顶板拆除过程中对车站结构应力重新分布的影响较小，反而是地下水对车站结构的作用最大。

观察图 5-43 可知，车站结构的最大拉应力不断增大。到第四序拆除完成时为 2.158MPa，第五序拆除完成时为 2.412MPa，第六序拆除完成时为 2.666MPa。这说明随着顶板拆除的进行，应力集中现象更为明显。观察图 5-42～图 5-43 的最大主应力变化可知，随着顶板拆除的进行，最大拉应力不断增大，其中地下水的作用对整体车站结构的内力重分布有着很大的影响。

随顶板拆除各工序最大主应力变化曲线如图 5-44 所示。

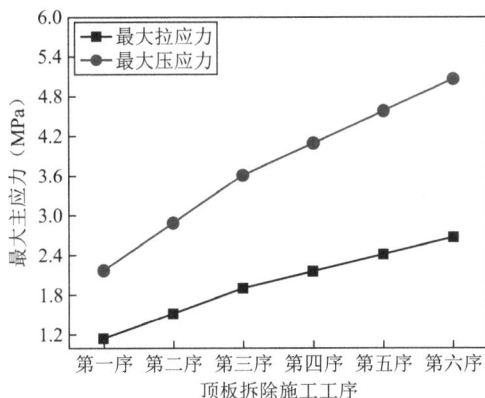

图 5-44　顶板拆除工序最大主应力变化曲线图

观察图 5-44 可知，随着顶板拆除的进行，最大拉应力不断增大。第一序拆除完成后的最大拉应力为 1.143MPa；第二序拆除完成后的最大拉应力为 1.524MPa，相比于第一序拆除完成后增大了 0.38MPa 左右；第三序拆除完成后的最大拉应力为 1.904MPa，相比于第一序拆除完成后增大了 0.76MPa 左右；第六序拆除完成后的最大拉应力为 2.666MPa，相比于第一序拆除完成后增大了 1.52MPa 左右。由此可知，随着顶板拆除的进行，应力集中现象越来越明显，车站结构所产生的弯矩也越来越大，从而导致最大拉应力变化越来越大。

此外，随着顶板拆除的进行，最大压应力数值几乎也不断增大。由第一序完成时的 2.167MPa 到第四序完成时的 4.09MPa，增大了 1.9MPa 左右；而到第六序完成时最大压应力为 5.051MPa，相比于第一序完成时增大了 2.9MPa 左右。分析原因：在顶板拆除的前期，车站结构相对来说更稳定，抵抗地下水及周围土体作用的能力也更强，在每道工序拆除之后，车站结构应力重新分布导致的应力集中现象相对于顶板拆除后期来说也更弱。所以，在顶板拆除过程中，车站结构后期的最大压应力相比于前期明显增大。

各监测点位在每一序顶板拆除完成后的弯矩值，以及对比罗列出每个监测点位在不同施工工序的最大弯矩值，见表 5-8。再将每道工序的最大弯矩值进行统计并做曲线图，如图 5-45 所示，对比分析顶板拆除过程的最大弯矩值变化规律及加补强柱之后对整体弯矩的影响规律。

各点位纵向弯矩 M_{yy} 及最大弯矩值统计表（kN·m）　　表 5-8

施工步骤	点位 1	点位 2	点位 3	点位 4	点位 5	点位 6	最大正弯矩	最大负弯矩
拆除前	−11.55	−11.34	43.56	43.18	−11.98	−11.22	43.56	−11.98
第一序完成	−14.21	−14.32	49.12	48.98	−15.11	−14.23	49.12	−15.11
第一次补强	−13.13	−13.21	48.21	47.15	−14.58	−13.22	48.21	−14.58
第二序完成	−16.11	−16.12	50.11	50.32	−15.22	−15.67	50.32	−16.12
第二次补强	−15.21	−15.31	49.45	49.32	−15.45	−15.22	49.45	−15.45
第三序完成	−16.88	−16.32	50.43	51.03	−17.03	−15.88	51.03	−17.03
第三次补强	−15.32	−15.99	49.54	49.79	−16.21	−15.44	49.79	−16.21
第四序完成	−17.11	−17.32	52.11	52.89	−17.15	−17.56	52.11	−17.56
第四次补强	−16.97	−16.71	51.26	51.88	−16.51	−16.37	51.88	−16.97
第五序完成	−17.89	−17.68	52.88	52.33	−17.33	−17.45	52.88	−17.89
第五次补强	−17.02	−17.34	52.41	52.43	−17.01	−16.76	52.43	−17.34
第六序完成	−18.22	−18.52	53.56	53.77	−18.71	−18.21	53.77	−18.71
第六次补强	−17.81	−17.22	52.12	52.65	−17.75	−17.33	52.65	−17.81
施工完成	−15.33	−16.45	50.67	51.04	−16.55	−16.44	51.67	−16.55

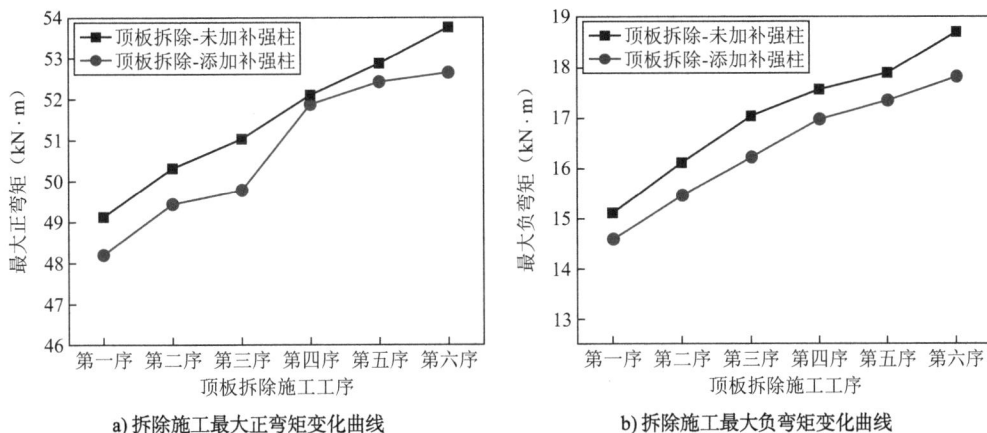

a) 拆除施工最大正弯矩变化曲线　　　　　　　b) 拆除施工最大负弯矩变化曲线

图 5-45　顶板拆除施工最大弯矩值变化曲线

由表 5-8 与图 5-45 可知，各监测点位的弯矩值随着顶板拆除施工的进行都不断增大。当第一序顶板拆除完成时，最大正弯矩出现在监测点位 3 为 49.12kN·m，最大负弯矩出现在监测点位 5 为 15.11kN·m，完成第一次补强之后，最大正弯矩下降到 48.21kN·m，最大负弯矩下降到 14.58kN·m。第二序、第三序、第四序、第五序、第六序拆除完成时，最大正弯矩分别为 50.32kN·m、51.03kN·m、52.11kN·m、52.88kN·m、53.77kN·m，最大负弯矩分别为 16.12kN·m、17.03kN·m、17.56kN·m、17.89kN·m、18.71kN·m，各监测点的最大弯矩值都在不断增大。分析原因：顶板拆除的数量越多，中间空余区域也越大，导致车站受力不均匀，从而弯矩越来越大。相比于每一次工序拆除完成，施加补强措施之后，车站结构各监测点位的弯矩值会略微减小，说明添加补强柱可以有效地控制结构变形，减小结构的应力集中现象。

（2）位移分析

按工况 B-2 顶板拆除过程分析整体车站结构的竖向位移。整体车站结构竖向位移随顶板拆除工序的变化曲线如图 5-46 所示。

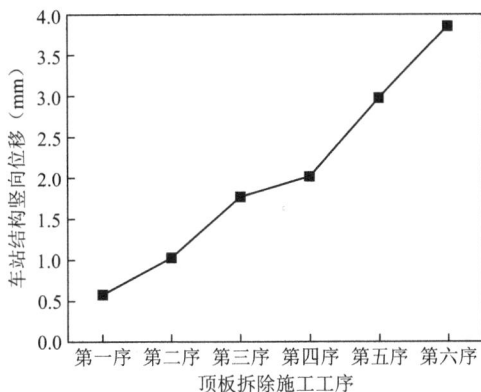

图 5-46　顶板拆除工序车站结构竖向位移变化曲线图

观察图 5-46 可知，随着顶板拆除的进行，车站结构的竖向位移总体变化趋势与工况 B-1

和 B-2 相同，是不断增大；另外，本身车站结构受到了地下水的作用，地下水产生的浮力使得整体车站结构产生了向上的位移。第一序拆除完成时，其竖向位移为 0.56mm；第二序拆除完成时，其竖向位移为 1.02mm，相比于第一序拆除完成时的竖向位移增大了 0.46mm；第三序拆除完成时，其竖向位移为 1.77mm，增大至第一序拆除完成时的 3 倍左右；第四序拆除完成时，其竖向位移为 2.02mm，增大至第一序拆除完成时的 3.6 倍左右；第五序拆除完成时，其竖向位移为 2.99mm，增大至第一序拆除完成时的 5.3 倍左右；第六序拆除完成时，其竖向位移为 3.88mm，增大至第一序拆除完成时的 6.9 倍左右。由此可知，随着顶板拆除的进行，整体车站结构的竖向位移变化越来越明显，增幅也越来越大。

5.3.4 顶板拆除顺序优选

上述已经对工况 B-1、B-2、B-3 的内力及位移进行了分析，为了得到最优的顶板拆除工序，将三种工况进行内力及位移对比分析。

（1）内力对比分析

根据顶板拆除过程的最大主应力变化，将对三种工况的每道工序的最大拉应力进行统计，定量分析每种工况的车站结构的内力随着顶板拆除的变化情况。最大拉应力随顶板拆除工序变化曲线，如图 5-47 所示。

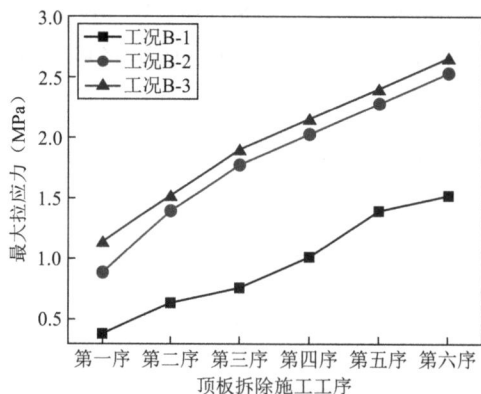

图 5-47 顶板拆除工序最大拉应力变化曲线图

观察图 5-47 可知，三种工况的最大拉应力随着顶板拆除施工的进行均不断增大。对比三种工况，在顶板拆除的整个过程中，工况 B-1 的最大拉应力变化最小，工况 B-3 的最大拉应力变化最明显。这说明在顶板拆除的进行过程中，工况 B-1 下地下水及周围土体对车站结构的作用效果最不明显，从而导致车站结构的弯矩变化规律也相对更加平缓。在第二序完成时，工况 B-1 的最大拉应力为 0.636MPa，工况 B-2 及工况 B-3 的最大拉应力分别为 1.397MPa 和 1.524MPa。到第六序结束时，工况 B-1 的最大拉应力为 1.521MPa，工况 B-2 的最大拉应力为 2.539MPa，工况 B-3 的最大拉应力为 2.666MPa。分析原因：工况 B-3 在拆除过程中应力重新分布之后，应力集中现象更为明显，所产生的弯矩变化也更为剧烈，从而导致整体车站结构在拆除过程中危险性更高。横向对比三种工况的最大拉应力变化，优选顶板拆除工序为：B-1 > B-2 > B-3。

（2）位移对比分析

为了对比工况 B-1、工况 B-2、工况 B-3 的位移变化情况，将定量分析每种工况的车站结构随侧墙拆除工序的变化规律，其竖向位移变化曲线图如图 5-48 所示。

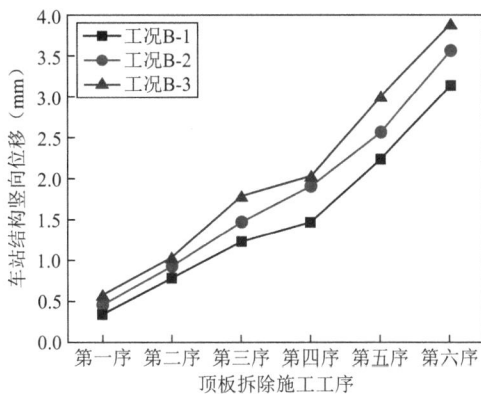

图 5-48　顶板拆除工序车站结构竖向位移变化曲线图

观察图 5-48 可知，随着顶板拆除的进行，三种工况下的车站竖向位移均增大。从三种工况的竖向位移曲线变化来看，工况 B-3 的竖向位移最大，工况 B-1 的竖向位移最小。顶板拆除第一序完成时，工况 B-1 的竖向位移为 0.32mm，工况 B-2 的竖向位移为 0.44mm，相比于工况 B-1 增大了 0.12mm；工况 B-3 的竖向位移为 0.56mm，相比于工况 B-1 增大了 0.24mm。这说明在第一序拆除过程中，工况 B-3 对车站结构的扰动影响最大，对车站结构力学性能的破坏也是最严重。顶板拆除第六序完成时，工况 B-1 的竖向位移为 3.12mm，增大至第一序拆除完成的 9.8 倍左右；工况 B-2 的竖向位移为 3.55mm，增大至第一序拆除完成的 11.1 倍左右；工况 B-3 的竖向位移为 3.88mm，增大至第一序拆除完成的 12.1 倍左右。这是因为工况 B-3 从第一序拆除开始，竖向位移都是最大的，使得其临界相对竖向位移变化幅度就没那么大。总体来看，对比三种工况的竖向位移变化，优选顶板拆除工序为：B-1 > B-2 > B-3。

第 **6** 章

叠侧式地铁车站既有结构拆除施工技术

6.1 施工准备

通过对深圳地铁 7 号线既有结构破除工序的优化对比分析，以及开展抗浮抗拔桩物理模型箱试验，结果表明，将抗拔桩作为此次地铁车站既有结构破除过程中的抗浮措施是可行的。采用数值模拟方法，对比有无抗浮措施作用的地铁车站竖向位移曲线，最终模拟结果显示，由于抗拔桩的作用，车站结构的竖向位移显著降低。基于此，本文将对叠侧式地铁车站优化改造的施工过程进行优化，将抗浮抗拔桩应用于实际工程之中，对叠侧式地铁车站优化改造方案的应用展开深入研究。

6.1.1 施工围挡安装

为保证地铁正常运营，需要对既有车站内进行围挡全封闭设置，将施工区域与运营地铁区域完全间隔，所以围挡结构必须满足防火、防水、防尘、隔音、抗冲击等性能要求。针对此类问题，本工程布置了一种新型制备的围挡措施，以满足实际施工要求。围挡安装现场如图 6-1 所示。

a) 施工内侧图   b) 7 号线内侧图

图 6-1　围挡安装现场图

6.1.2 围挡板组成

对车站地下一层～地下三层改造区域进行围挡全封闭处理。其中，地下一层进行隔断作业，其围蔽范围平面图如图 6-2 所示。地下二层、地下三层围挡距站台门 3m，其围蔽范围平面如图 6-3 所示。

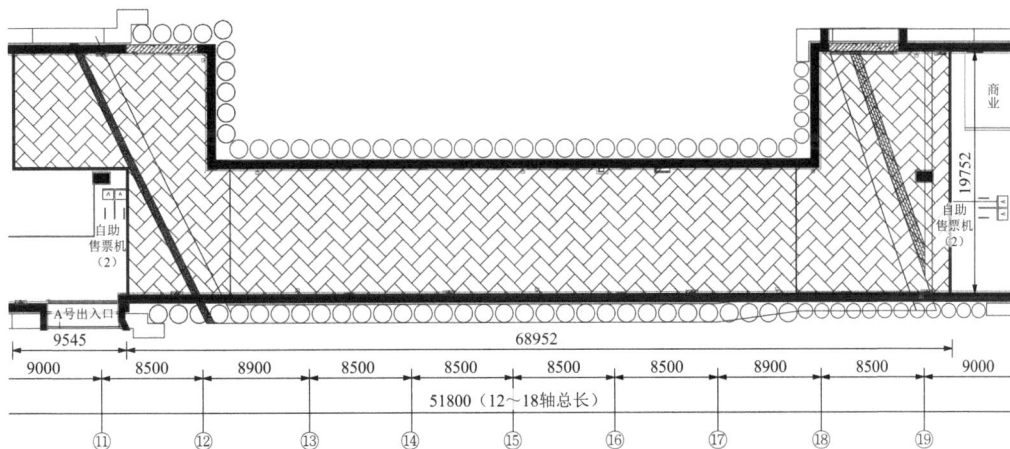

图 6-2　地下一层围蔽范围平面图（尺寸单位：mm）

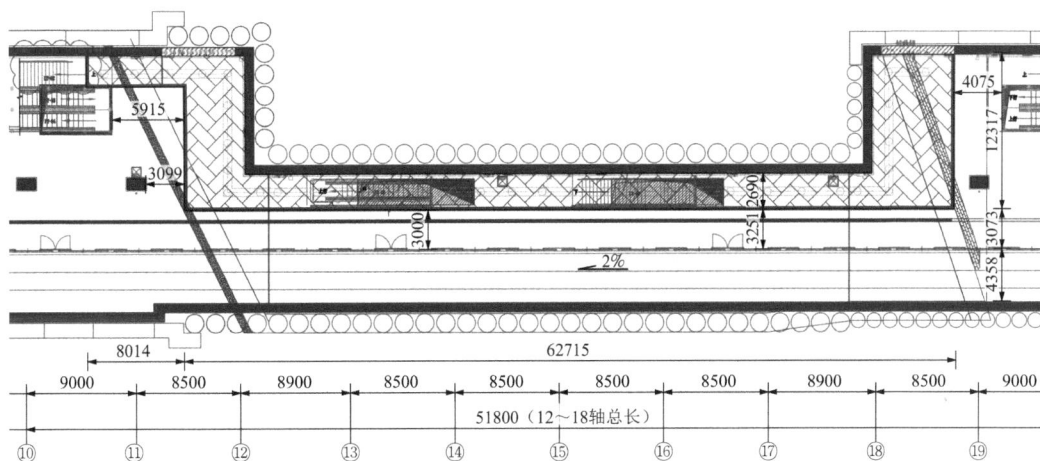

图 6-3　地下二、三层围蔽范围平面图（尺寸单位：mm）

（1）消音板：本围挡板两侧均为双层钛合金消音板，此消音板具有很好的隔音防火效果。

（2）钢板：提前制作 20cm×20cm（长×宽）的 1cm 厚正方形钢板，在钢板四个角处提前钻设 ϕ10mm 孔洞。

（3）钢立柱及连续梁：将边长为 8cm 的方钢立柱底部与装修板面钢板焊接，根据立柱的外伸高度，均匀分隔，焊接围挡板块底连系梁槽，连系梁槽采用槽钢制作。

（4）吸音棉：内嵌双层防火吸音棉。

（5）防火涂料：采用非膨胀性防火涂料，此防火涂料能有效地提高材料的耐火能力，减缓火焰蔓延传播速度。防火涂料最终均匀涂抹在消音板板面上。

围挡安装完成最后一块时，采用槽钢压条进行压顶处理，压条两端与型钢立柱焊接。围挡板内部组成如图 6-4 所示。

消音板 吸音棉 钢结构 消音板

图 6-4　围挡板内部组成示意图

6.1.3　围挡板安装步骤

为了更加清晰地描述新型建筑工程隔音防火围挡的安装方法，取其中两榀作为演示，具体包括以下步骤：

（1）提前制作 20cm×20cm（长×宽）的 1cm 厚正方形钢板，在钢板四角处提前钻设 ϕ10mm 孔洞。根据测量放样线路，每隔 2m 放置一块钢板，根据钢板四周孔洞位置采用手持电钻钻孔，孔洞深度需保证进入各层结构不得小于 5cm。安装 ϕ8mm 膨胀螺栓将钢板紧固固定，钢板底部保证垫设平整，与底板密贴。厚钢板安装如图 6-5 所示。

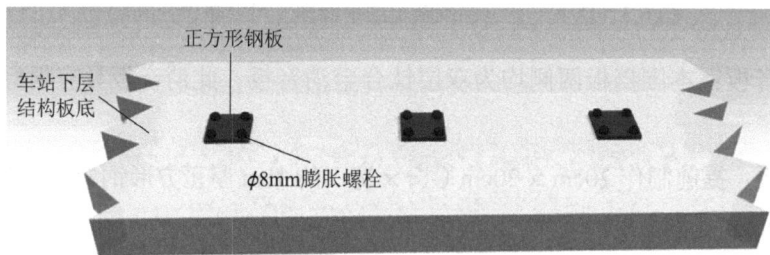

正方形钢板

车站下层
结构板底

ϕ8mm膨胀螺栓

图 6-5　厚钢板安装示意图

（2）厚钢板安装完成后，将厂家统一制作的方钢立柱与钢板焊接，并保证四周与钢板满焊，焊缝厚度及宽度满足要求。方钢立柱高度需延伸至车站上层结构板底，且需采用钢板、膨胀螺栓固定。立柱安装如图 6-6 所示。

（3）立柱安装完成后，在板面安装槽钢连系梁，连系梁长度与消音棉长度一致，连系梁与型钢立柱采用焊接连接。槽钢连系梁安装如图 6-7 所示。

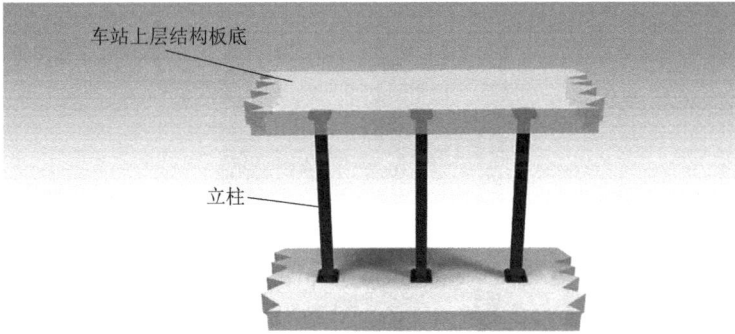

图 6-6　立柱安装示意图

图 6-7　槽钢连系梁安装示意图

（4）连系梁与型钢立柱焊接完成后，在连系梁中部，每隔 1m 采用自攻螺栓将连系梁凹槽槽面与装修板面进行固定。固定完成后，按照消音板长度安装下一块消音板。消音板安装如图 6-8 所示。

图 6-8　消音板安装示意图

（5）消音板采用自攻螺栓固定于立柱两侧面，自下而上、从右自左逐块安装，内嵌双层吸音棉，如图 6-9 所示；安装完成后，最后一块采用槽钢压条进行压顶，压条两端与型钢立柱焊接，槽钢压条安装如图 6-10 所示。

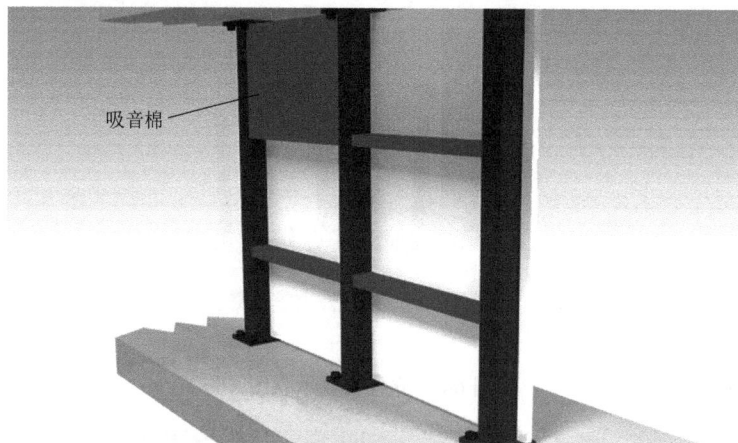

图 6-9　消音板安装示意图

图 6-10　槽钢压条安装示意图

　　按照以上 5 个安装步骤，即可完成新型建筑工程隔音防火围挡的安装过程。安装完成后，需在立柱两侧消音板平面上均匀涂抹防火涂料，并根据不同工程实际具体安装不同长度的围挡。本工程实际两榀尺寸及总体安装如图 6-11 所示。

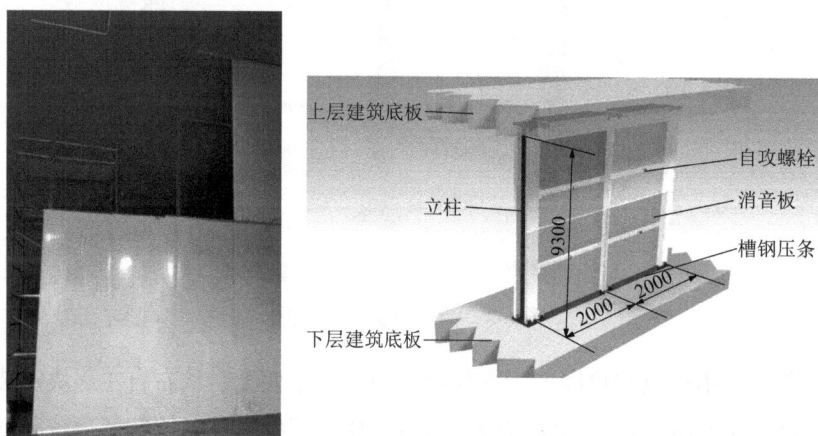

图 6-11　新型建筑工程隔音防火围挡尺寸及总体安装示意图（尺寸单位：mm）

6.2　站台板结构拆除

既有车站侧墙主体拆除前，需先完成既有车站站内支撑条件的准备工作。既有车站地下二层、地下三层远离轨行区侧安装临时立柱，保证既有侧墙拆除过程中，既有车站结构受力稳定。临时立柱的安装需拆除部分站台板结构，为其提供安装空间，站台板拆除如图 6-12、图 6-13 所示；拆除的站台板位于远离轨行区的一侧，长度为侧墙改造范围，站台板拆除宽度为 2.29～2.55m。如图 6-14 所示，为保证站台板后续与新建站台板的连接质量，其中靠近轨行区处 20cm 宽度范围内的站台板采用人工手持风镐破除，保留连接钢筋；剩余部分站台板采用绳锯切割进行分块切除，切除完成后采用叉车利用南北区预留接驳洞口运输至地铁 14 号线的结构板上。

站台板切除前，沿保留站台板边缘，在其下方搭设双排脚手架，确保剩余站台板悬挑支撑安全（最大悬挑长度 2.45m，站台板下柱间距 3.1～4.0m）。

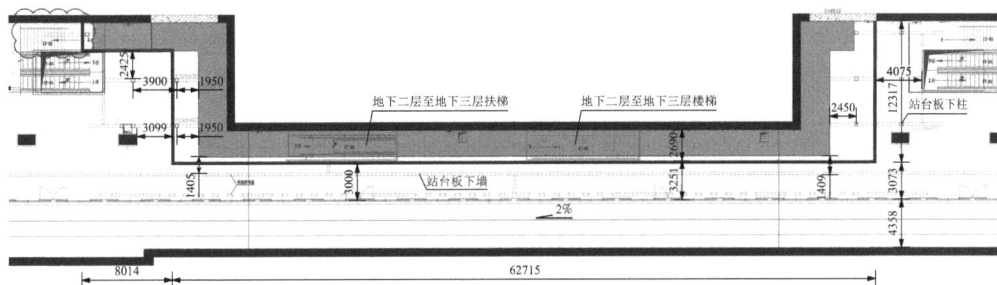

图 6-12　地下二层站台板拆除平面（尺寸单位：mm）

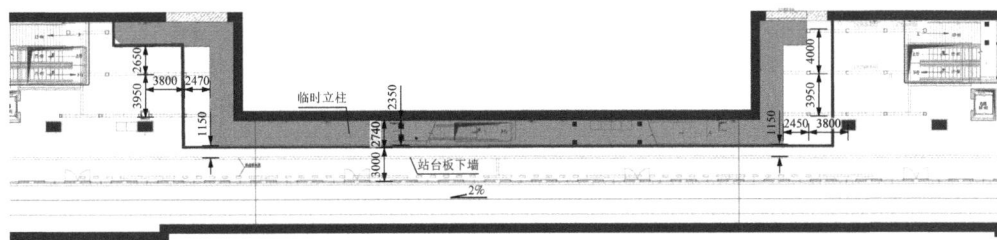

图 6-13　地下三层站台板拆除平面（尺寸单位：mm）

6.2.1　施工组织顺序

地铁 7 号线黄木岗站站台板切割在围挡封闭及南北区预留接驳洞口开洞完成后开始进行，站台板纵缝切割如图 6-15 所示。首先沿靠近侧墙与站台板接缝处进行切割纵缝，纵缝完成后每 1.5m 切割横缝，横缝切割至设计站台板拆除边线，保留 20cm 人工破除。切割每小块站台板时，叉车叉臂拖住站台板底部至切割完成，并将分隔的每小块站台板运输至地铁 14 号线结构板上，最后人工手持风镐破除预留的 20cm 站台板及边墙站台板纵缝切割时因施工空隙余留的站台板结构。

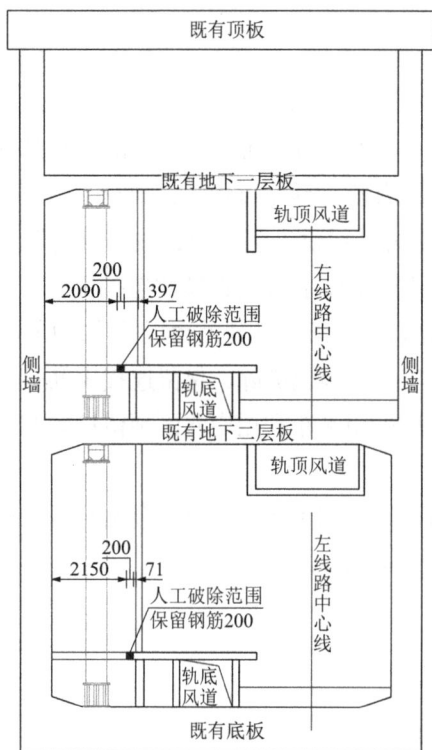

图 6-14　站台板切割平面、剖面图
（尺寸单位：mm）

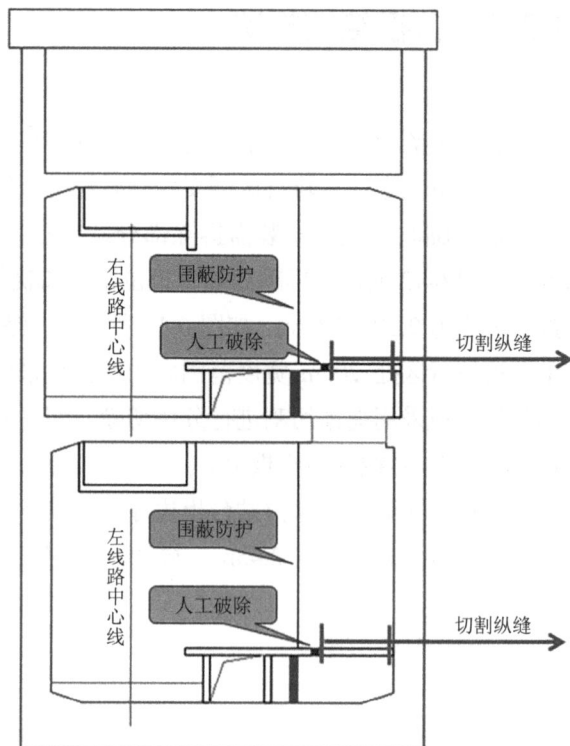

图 6-15　站台板纵缝切割剖面图

6.2.2　施工方法

（1）测量放线

施工人员根据设计图纸要求，确定各工法施工边线并进行放样。根据监测方案提前布置破除临近区域的监测点位；拆除站台板前，需提前排查轨底风道内管线及结构情况，确定管线迁改完成及其余结构未损坏，方可开始实施站台板拆除作业。

（2）拆除施工

站台板金刚石绳锯切割及人工破除施工方法与围护及侧墙拆除方法一致，故不赘述。站台板边人工破除前，先采用圆盘锯对边线切缝，防止破除损坏既有结构，且切缝深度不得超过站台板保护层厚度；站台板自南北两端预留接驳洞门处开始拆除，拆除施工设置两个作业面，分别自南北两端向中间施工，最后拆除接驳洞门外侧剩余部分站台板；站台板拆除施工前，需提前在站台板下方砌筑 20cm 高挡水坎，防止泥浆水流入轨底风道或轨行区，并设置截水沟导流至泥浆收集池，再统一抽排至地表；局部站台板切除完成后，若站台板面悬臂过长，为防止结构发生断裂，需在临近轨行区侧切割纵缝内施作站台墙支撑板面（具体施工方法参照黄木岗站内部结构施工方案）。

116

（3）站台板施工运输

站台板切割施工顺序如图 6-16 所示。站台板切除 2m × 1.5m 矩形板块后，采用 5t 叉车从预留接驳洞门处进入车站内，逐块托运被分隔的站台板块，并倒退运输至地铁 14 号线结构板上。需注意的是，运输线路上严禁人员进入，以保障施工安全。另外，地下二层站台板切除前需提前将原车站内扶梯孔进行封堵，以提供施工作业条件。

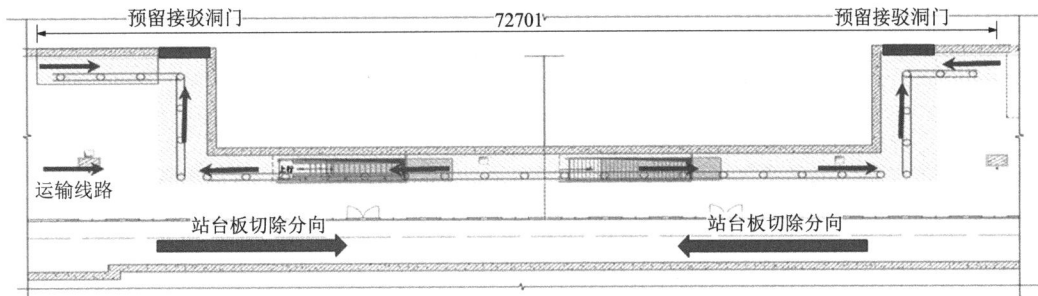

图 6-16　站台板切割施工顺序平面图（尺寸单位：mm）

6.2.3　施工注意事项

（1）站台板拆除临近轨行区施工，必须严格按照地铁运营相关要求进行作业，控制施工时段。

（2）人工破除遵循低频振动破除，破除过程中洒水降尘。

（3）排查站台板拆除周边是否存在孔洞，提前对影响范围内的孔洞进行封堵，防止漏泥、漏水、掉物等情况发生。

（4）叉车进入站内进行运输作业时，需提前对既有结构边角进行包裹防护，防止设备损坏既有结构。

（5）定期对站台下挡水坎进行清理、抽排，防止泥浆进入站台或轨行区造成污染。

（6）施工期间对站台板边沿设置硬性安全护栏，防止人员擅入站台板拆除区及叉车运输区域。

6.3　临时立柱架设及拆除

既有车站内站台板拆除完成后，在主体结构侧墙拆除之前，为防止既有结构发生变形，需在各层板下施加型钢临时立柱为车站结构提供支撑。临时立柱间距 2500～3150mm，地下二层架设高度 6.49m，地下三层架设高度 7.4m。材料采用直径 609mm（$t = 16$mm）钢支撑，各层结构板底的支撑位置处设置连系梁，采用为双拼工字钢工45b，宽 700mm。钢立柱底部设置高度为 590mm 的轴力伺服系统，且钢立柱及连系梁均采用市场周转租赁的型钢材料，采用焊接连接。轴力伺服系统钢柱由厂家定型制作，并与钢立柱采用螺栓连接。临时立柱架设平、剖面如图 6-17 所示。

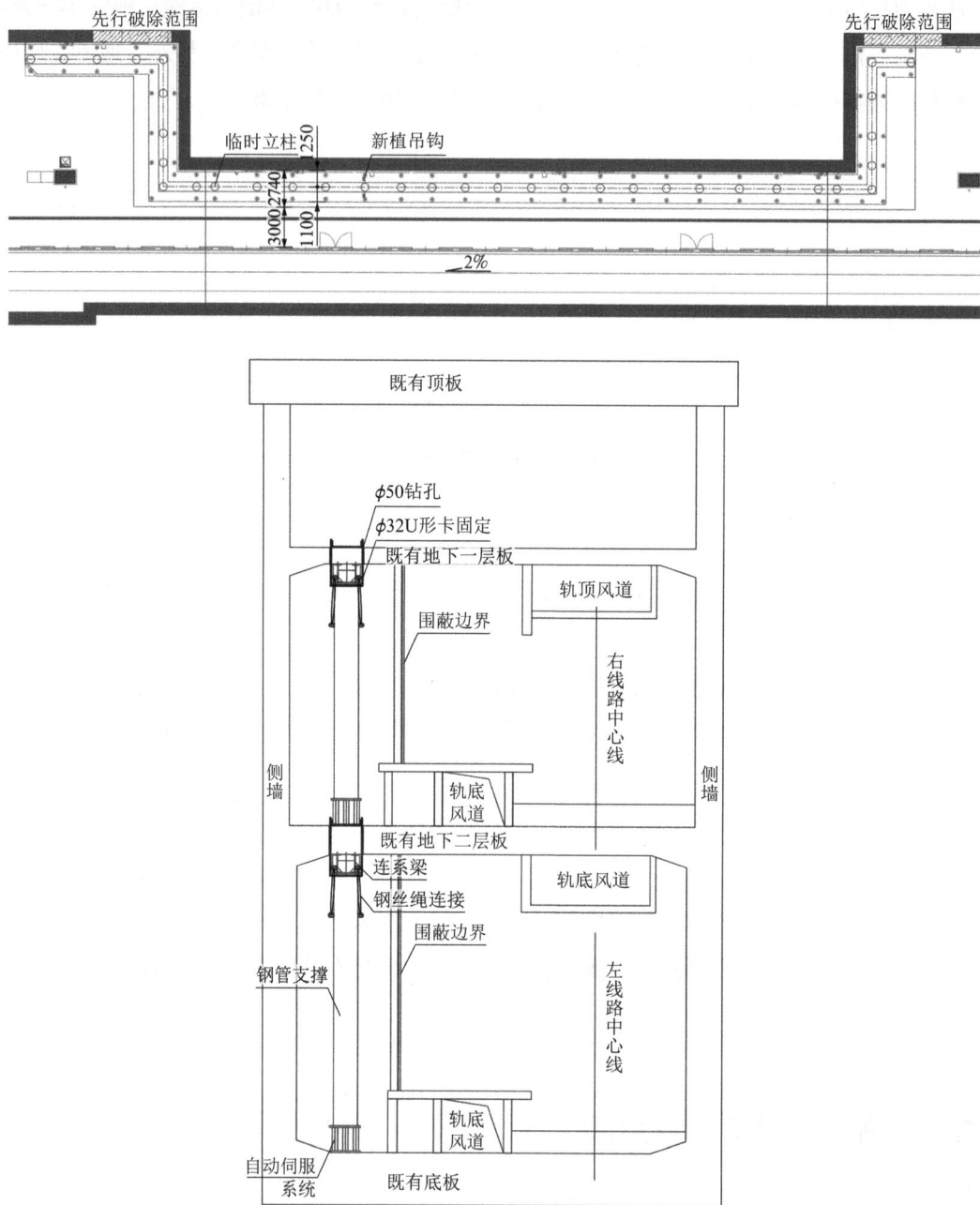

图 6-17　临时立柱架设平、剖面图（尺寸单位：mm）

6.3.1　施工组织

本层站台板拆除清运完成以后，便可利用两侧已打通的预留接驳洞门运输临时立柱材料。连系梁与钢立柱自地下三层至地下二层（由下至上）顺序安装，单一层段自中部往两侧进行安装。首先利用结构板钻孔，借助电动葫芦安装上部连系梁；下部按设计间距安装伺服系统钢立柱，钢立柱采用焊接的方式临时固定；叉车或平板车水平运输钢立柱至安装位置，采用电动葫芦进行吊装固定；利用自动伺服系统千斤顶消除连系梁与钢立柱之间的间隙，同时随改造施工自动补偿，确保结构变形可控。

6.3.2　施工方法

1）测量放线

项目经理部配备专业测量人员对临时立柱位置进行放样，确保上下层结构支撑位置均处于同一垂直面，保证支撑受力。

2）型钢架设

（1）顶部连系梁安装

顶部连系梁按 2.5m 一节制作，手动叉车运输到位后，利用顶部板底新植吊钩（ϕ25mm），采用 10t 电动葫芦、人工牵引缆风绳将连系梁平稳、密贴、安放到位。

（2）伺服系统安装、加卸载

提前根据结构层高、钢立柱支撑高度及连系梁高度计算制作的伺服系统钢柱。要确保伺服系统高度不得与设计存在较大偏差，其高度调整仅用于弥补常规钢立柱长度规格较少的问题。制作完成后，利用 5t 手动叉车自地铁 14 号线运输至安装点位。安装前，需准确定位并严格控制其垂直度，并与钢立柱通过螺栓连接。伺服系统钢柱安装完成后，即可安装钢立柱。

钢立柱与伺服系统安装完成后，其加载控制步骤如下：

① 千斤顶逐个分 3 级加载至设计值 320t，机械锁锁定，预留 1mm 间隙。

② 加载完毕后，监控千斤顶轴力和行程，设计轴力值与实际值可能存在一定差异，同时关注结构板变形，以变形为控制目标动态调整轴力。

③ 改造施工完毕后，机械锁退至底部，同批次千斤顶同步、同比例卸载，每次卸载比例为 10%。卸载过程中，采用水平连杆或与脚手架体系固接等措施对钢立柱进行水平向稳定性固定，保证支撑安全。

（3）钢立柱安装

既有车站钢立柱设计采用 ϕ609mm（$t = 16$mm）钢支撑，每根立柱高度根据结构层高、伺服系统高度、连系梁高度及市场常规高度而定；利用手动叉车（图 6-18）将钢立柱运输至安放地点，叉车运输过程中单方向行驶；借助连系梁吊耳（ϕ25mm），并配合 10t 电动葫芦和人工牵引缆风绳，将钢立柱安放于伺服系统钢柱上方；之后，检查钢立柱安装水平及垂直度是否合格，完成验收后将伺服系统钢柱与钢立柱螺栓固定。同时，利用钢绳将顶部吊钩与立柱吊耳有效连接，防止立柱倾倒。

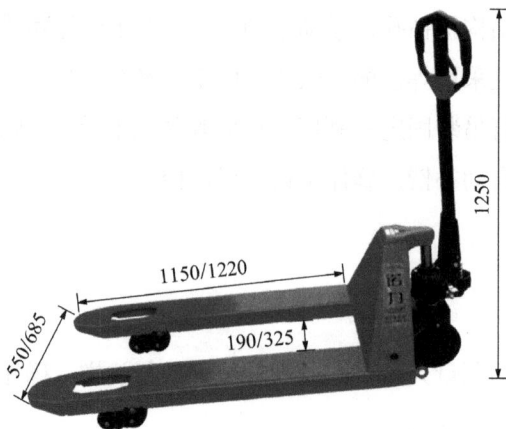

图 6-18　手动叉车（尺寸单位：mm）

3）临时立柱拆除

中区改造完成后，首先卸载自动伺服系统千斤顶，并按照"先拆后装"的原则，对各层临时立柱进行拆除。

6.3.3　施工注意事项

（1）对现场进场型钢材料进行验收，确保材料及连接质量满足设计要求。

（2）对进场设备、机具进行验收，保证使用性能满足运营要求。施工作业人员特种作业证件及运营施工作业证齐全。

（3）连系梁安装前，严格对结构板面平整度进行验收保证其安装水平。

（4）伺服系统钢柱及钢立柱支撑安装，需严格控制其垂直度符合设计要求，安装过程中严格卡控其节点连接质量，防止安装过程倒塌。

（5）钢立柱安装过程中，登高作业必须配备符合要求的操作平台，禁止使用机械提升人员。

（6）每层钢立柱安装过程中需严格检查是否处于同一垂直面，保证其上下层受力稳定。

（7）在钢立柱支撑安装完成且结构侧墙拆除前，需对钢立柱支撑进行监测，主要监测其位移及变形情况，保证结构稳定。

6.4　车站侧墙拆除

6.4.1　侧墙拆除方式

跳仓拆除是基于地下结构跳仓浇筑施工启发的逆向拆除作业方式。其主要原理为通过减少拆除区域，降低拆除区域对整体结构和承载能力的影响；同时，设置具有一定间隔距离的仓室，降低相邻拆除区域的相互影响，从而实现多区域的同步拆除作业，在保障安全的前提下，快速进行拆除作业。跳仓施工一般分为多序施工，每一序都采用多区域间隔跳仓拆除的方式。其中第一序拆除为小仓室拆除，自上而下分层拆除至结构底部，再自下而上浇筑原本设计的永久结构柱，已实现初步连接两边结构和承载的作用，为后续大仓室拆除做铺垫。第二序拆除一般贴近第一序拆除施工，分布在左右两侧，仓室大小可视施工情况而适当增大，施作顺序依旧为自上而下拆除、自下而上浇筑。由于永久结构柱已建立，且叠合梁连接了两侧结构，此时结构基本稳定，因此第三、第四等序施工可再次增大仓室进行拆除，最终完成整个侧墙的拆除施工。

6.4.2　侧墙拆除施工顺序

新建结构施作基本完成后，在既有结构和新建结构侧，均自下而上地建立临时支撑柱，待临时支撑柱起承载作用后再进行拆除作业，现场临时钢支撑，如图 6-19 所示。

按照模拟工况 A-1 进行侧墙拆除仓室的划分工作。其中，第一序主要按照设计图纸，在计划建立永久支撑柱的区域进行划分。仓室大小可刚好为永久柱宽度或略微扩大，宽度为 4～6m 最佳，此区域作为跳仓拆除的第一序。若设计永久柱过多，可将永久柱区域按一定错位间隔，划分为两序或三序设计。在永久柱区域两侧按一定大小（视施工情况而定）划分第二序和第三序的施工区域。为降低扰动，应按同侧分组，比如同永久柱左侧为第二序，右侧为第三序。接着，根据剩余区域大小再次划分第四序、第五序区域。若剩余间隔较小或中等，且施工情况良好，可将整块作为最后一序进行拆除。若剩余间隔仍然过大，则第四序应为中间位置隔断两侧，剩余两侧按照同侧为一组再作为最后序拆除。第一序现场仓室如图 6-20 所示。

图 6-19　现场临时钢支撑图　　　　图 6-20　第一序现场仓室图

在侧墙施作第一序时，需自上而下拆除。拆除完成后，于该区域搭建钢筋笼，随后浇筑永久柱和叠合梁。通过这一系列操作，初步实现初步完成两侧结构的联合，使两侧结构同时承载。后续工序也按照自上而下的顺序拆除，再自下而上完成叠合梁的浇筑永久柱和叠合梁，如图 6-21 所示。

a) 永久柱现场浇筑图

b) 叠合梁钢筋笼制作

c) 叠合梁平台搭接

图 6-21 永久柱、叠合梁浇筑图

待第一序仓室拆除完成，且永久柱完成浇筑并承载使用后，再进行后续仓室的拆除。仓室的拆除可根据现场的施工情况进行改进，若永久柱、新建结构、临时支柱的承载情况良好且富足，可适当增加仓室大小，减少工序；也可采用第二序和第三序施工交替错位进行的方式，待第二序拆除接近底部时，同时开始第三序的第一层拆除。现场仓室拆除如图 6-22 所示。

图 6-22 现场仓室拆除图

仓室拆除顺序遵循自上而下、从左至右（从右至左）的单向拆除方式，且单块拆除混凝土不宜过大。为降低结构扰动和便于运输，单块混凝土在 1～2t 最佳。仓室拆除采用人工手持风镐破除，主体侧墙拆除采用金刚石绳锯切割及高压水射流破碎法（保留钢筋部位）进行施工。

具体仓室拆除流程：①自上而下分仓，采用金刚石薄壁钻机φ50mm 水钻对需要拆除范围的既有车站主体结构侧墙四周钻芯取孔，所取孔作为穿绳孔使用。②在相邻孔内套穿金刚石绳锯链条，利用动力装置拉动绳锯切割混凝土。③为确保新建结构与车站各层板有效连接，按设计要求，需保留板墙支座钢筋，该部位采用高压水射流拆除，并对边缘进行修整。仓室混凝土分块如图 6-23 所示。

图 6-23　仓室混凝土分块图

6.4.3　侧墙拆除施工方法

本工程采用绳锯切割拆除的方式，对于拆除切割工程量大且工期紧的工程，主体侧墙切割施工可采用 DSWS15 全液压金刚石绳锯切割机，而绳孔及吊装孔的钻孔作业则采用 230A 型金刚石筒锯钻孔机来完成。金刚石绳锯切割机具有切口平直、整齐、速度快（每台机每小时切割面积可达 1.5～3m²）、效率高、噪声低、无粉尘以及操作简便等特点。金刚石绳锯切割机由液压驱动、飞轮、导向轮及绳锯链条（金刚石材料制作而成）等组成，而金刚石筒锯钻孔机由液压驱动、金刚石钻头、操作手柄及可调节斜度的支撑架等组成。金刚石绳锯切割机如图 6-24 所示，金刚石筒锯钻孔机如图 6-25 所示。金刚石绳锯施工工艺流程如图 6-26 所示。

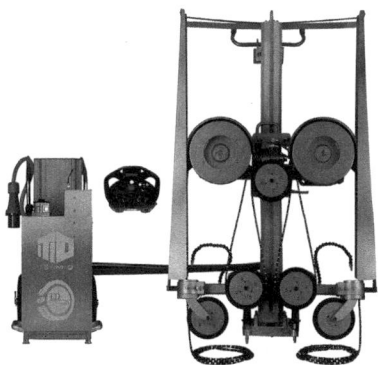

图 6-24　金刚石绳锯切割机　　　　　图 6-25　金刚石筒锯钻孔机

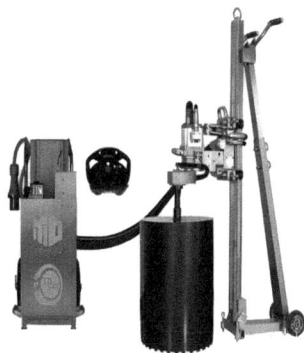

同时，自上而下随绳锯切割的作业完成后，采用 5t 叉车插入分块侧墙混凝土底部，并取出单块侧墙混凝土，现场切割完成如图 6-27 所示。对于较高的侧墙混凝土块，在取出之前，需采用钢丝绳将其固定于叉车上，确保侧墙混凝土块的重心与叉车重心一致。随后，

按照设计允许总荷载下的线路，采用硬质护栏进行分流，将取出的侧墙混凝土块运输至出土口，最后运送至地面。现场叉车运输如图 6-28 所示。

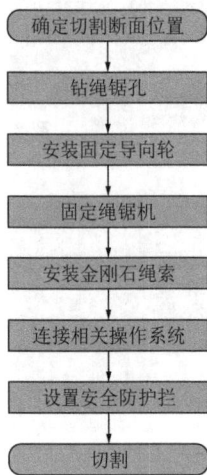

图 6-27 现场切割完成图

图 6-26 金刚石绳锯施工工艺流程图   图 6-28 现场叉车运输图

6.5 顶板拆除

6.5.1 顶板拆除方式

顶板拆除作业采用模拟工况 B-1 完成。当东西侧永久梁（柱）施工完成并达到设计强度后，启动中区顶板拆除施工。在地下一层中部全封闭范围内整体铺设聚氯乙烯（PVC）防水板，四周砌筑 200mm 高防水挡墙，确保切割废水有效收集和集中处理；防水板上满铺 6mm 厚钢板，钢板上方搭设支架，支架高度至既有结构顶板下 0.5m，并在支架搭设完成后于其顶部挂设金属网作为防护措施；在新建顶板下方预留的钢板上焊接悬挂式起重机梁，利用金刚石绳锯切割既有车站中部顶板，由南北向中区，逐块切割、吊运。顶板分块、拆除顺序如图 6-29 所示。

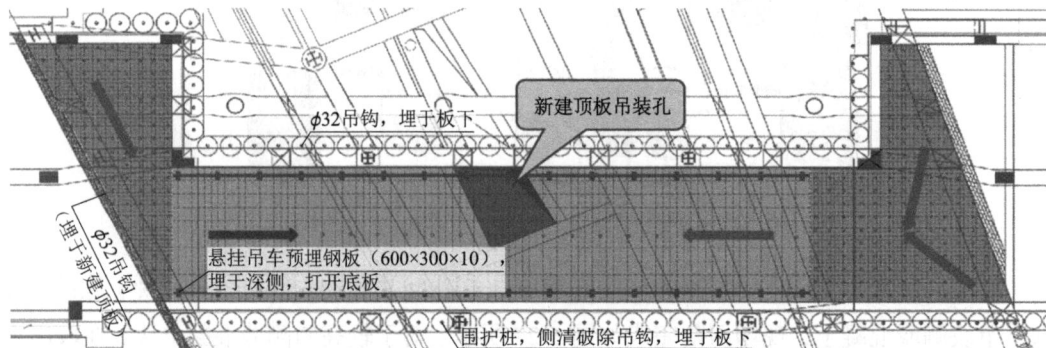

图 6-29 顶板分块、拆除顺序平面图（尺寸单位：mm）

6.5.2　防排水及防护支架施工

顶板切割的安全及排水防护措施如图 6-30 所示。在地下一层中板全封闭范围内满铺 PVC 防水板，四周砌筑 200mm 高防水挡墙，同时做好地漏及水沟等的封堵、导流工作；然后在防水板上方平铺 6mm 厚钢板；在钢板上方进行支架搭设，支架采用 ϕ42mm 盘扣支架体系，支架立杆间距为 0.9m × 0.9m，步距为 1.2m；盘扣支架外侧采用斜拉杆满挂设置并铺设密目网；支架横纵方向每 5 跨满挂斜拉杆件，水平方向超过 4m 时，需增加一道水平剪刀撑，支架高度搭设至既有车站结构顶板下 0.5m 即可；在支架立杆顶部满铺金属网进行防护，金属网丝不小于 4mm，网孔不得大于 10cm。

图 6-30　顶板切割的安全及排水防护措施

6.5.3　具体顶板拆除流程

支架防护措施完善后，利用新建结构顶板下方的预埋钢板与 22 号工字钢起重机梁进行焊接，作为顶板拆除吊装、运输工具；起重机梁安装完成后，即可启动既有车站顶板拆除施工。将金刚石绳锯切割机吊运至既有车站结构顶板上方，按照先南北后中部的总体施工方向分批分块拆除。既有顶板拆除顺序遵循由南北两侧向中部双向拆除的方式，如图 6-31 所示，且单块拆除混凝土不宜过大，为降低结构扰动和便于运输，单块混凝土在 1～2t 最佳。具体施作方法为：①南北两侧向中部拆除时，采用金刚石薄壁钻机 ϕ50mm 水钻，对需要拆除范围的既有车站主体结构顶板四周钻芯取孔，所取孔作为穿绳孔。②在相邻孔内套穿金刚石绳锯链条，利用动力装置拉动绳锯切割混凝土，顶板局部切割如图 6-32 所示。

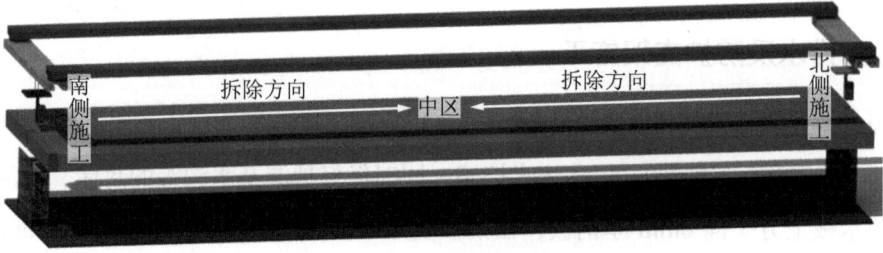

图 6-31　南北两侧向中部双向拆除

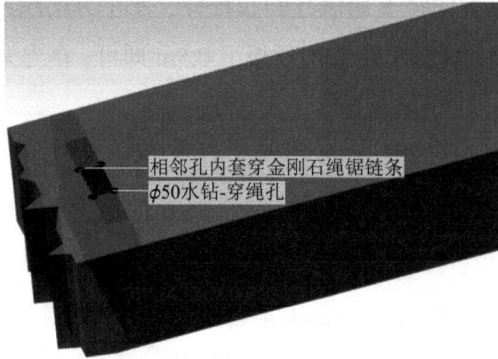

图 6-32　顶板局部切割示意图（尺寸单位：mm）

—— 第 **7** 章 ——

叠侧式地铁车站改造结构的现浇施工技术

既有地铁车站结构改造的重点是结构体系转换，即既有结构破除与新建结构体系之间的有机转换和连接。因此，施工现场的现浇施工技术尤为重要。同时，地下工程的施工本身就具有较大难度，且风险极大，需要提前做好风险管控[114]。为确保地铁 7 号线正常运营及结构安全，应遵循"先支撑、后拆除，跳仓分序、先柱后梁以及逐次实现受力转换"的改造原则，减小对既有运营线路的影响，保证施工过程的安全性。本章以此工程为背景，提出一种适用于叠侧式地铁车站结构改造的现浇施工技术。

7.1 工程概述

7.1.1 总体施工方案

新旧板结构通过叠合梁连接，既有结构板钢筋锚入新浇梁（柱）节点。为保证钢筋混凝土叠合梁先、后浇筑部分共同受力，有效减小 2 层混凝土叠合面的滑移，需将梁体混凝土面全部凿毛处理，同时将上、下两部分梁体用钢筋贯穿连接。待永久受力体系生效后，方可拆除临时支撑。

地铁 7 号线侧墙拆除后，整体结构受到的水平地震力减小，对抗震有利。改造后的受力构件包括新建钢筋混凝土梁（柱）。新建钢筋混凝土梁（柱）箍筋间距、直径、肢数以及叠合梁钢筋锚固长度等设计参数均应满足抗震构造要求；新建钢筋混凝土柱截面满足轴压比限制要求。植筋材料应符合《混凝土结构加固设计规范》（GB 50367—2013）中关于类别、性能、轴向拉拔测试及黏结抗剪强度等相关要求，且须通过相关认证。

植筋所使用的钢筋均为 HRB400E 级钢筋，采用机械切断并伸入有钢筋环绕的结构核心区内。除满足抗震构造要求外，植筋长度和间距还须符合《混凝土结构加固设计规范》（GB 50367—2013）和《混凝土结构后锚固技术规程》（JGJ 145—2013）中的相关规定。在施工过程中，冲击钻钻头直径应比钢筋直径大 4~8mm，钻孔应与承台保持垂直，且垂直度偏差不超过 ±1%。钻孔深度允许偏差 0~5mm，位置偏差不超过 ±3mm。当未达到设计孔深而遇到结构主筋时，应选附近位置再次钻孔，原孔位用同一强度等级无收缩混凝土填充。清孔后，缓慢旋转已备好的钢筋插入孔底，确保在规定的初凝时间内进行安装，使锚固剂均匀地附着在钢筋表面及缝隙中。完成固化后，再进行焊接和绑筋等工作。在重新浇筑混凝土之前，必须对新旧混凝土表面进行凿毛处理。最后，请具备相关资质的机构进行现场拉拔试验。

7.1.2 现浇施工技术的难点

（1）考虑支模架体的承载重量

在设计时，还需要考虑支模架体能否满足后期施工时荷载在架体上的承重需求，以及是否需要在搭设时提高架体的荷载量。同时，对支模搭设区域的地基也要有全面的考量和验算，使架体支撑能力与地基承载能力同步提升。地铁 7 号线黄木岗站日均集散客流高达 8.95 万人次，故在进行支模架体设计时，还需考虑既有运营线路所带来的附加荷载和既有边界条件，确保改造时不影响客流、不间断运营。

（2）大范围主体结构改造导致受力体系转换复杂

各个区域的地形情况及环境情况不尽相同，必须进行实地考察，针对当地的地形、地势情况，做出相应的分析和计划，并在有必要的情况下做好验算，以保证施工方案的可行性和合理性[103]。叠侧式地铁车站改造过程中，不可避免地会涉及既有建（构）筑物的拆除与新建结构的浇筑。就地铁 7 号线车站改造而言，大量既有围护结构、车站顶板及侧墙等需拆除，并新建叠合梁（柱），空间受力体系转换复杂。因此，在进行新建结构现浇时，应保证受力体系转换的可靠性，确保既有结构安全。

（3）大面积盖板工程需注意的事项

由于本工程的高支模盖板具有面积大的特点，梁板支架必须采用满堂支架搭设方式，且所有的梁板支架均不能出现单独搭设的情况，以此保证整体结构更加稳定、安全。以本工程为例，为便于履带吊装设备能恰好有效通过出渣口，部分顶板区域被封闭形成一部分异形板，异形板尺寸形状为填充行走区域。针对异形板的现场施工，要及时作出相应的调整，并且对全局进行检查，保障异形板结构的稳定性。

（4）搭设交接处存在的问题

新建结构与既有结构之间交接的地方，应当在搭设期间便调整到位，不能出现影响结构整体强度的问题。同样，梁板与附近的立杆也应安排合理，若出现梁板下方立杆超过梁板的情况，则要选择使用 300 模数的横向杆进行局部改变，并对问题区域进行调整。

7.2　现浇施工方案

7.2.1　模板支架施工

模板支架采用承插盘扣式支架配合木模板施工，底板结构采用地膜施工，其他结构梁板均采用矮支架法施工，顶板矮支架如图 7-1 所示，中层板矮支架如图 7-2 所示。

在施工实践中逐步发展出多种钢管脚手架支撑模式，如承插盘式、碗扣式、扣件式等。作为一种创新型的支架模式，承插盘扣式支架在承载能力、材料用量、搭设便捷度、安全性及外观方面均有明显优势，其也因此在各建设领域得到了广泛应用。承插盘扣式支架属于单管脚手架形式，其构造类似于扣件式钢管支模架，主要由立杆、水平杆、斜杆、顶托和底座等构件组成，立杆与水平杆、斜杆之间并不像扣件式支架那样由扣件连接，而是在横向及竖向形成一个稳定的三角形平面结构单元，再通过承插盘扣将相似的三角形单元系统重复组合，形成三维空间结构架体。承插盘扣式脚手架所用钢管为国际通用材料 Q345，此类脚手架的承载力及韧性较强，且安装便捷，能够很大程度地降低安装工作强度。

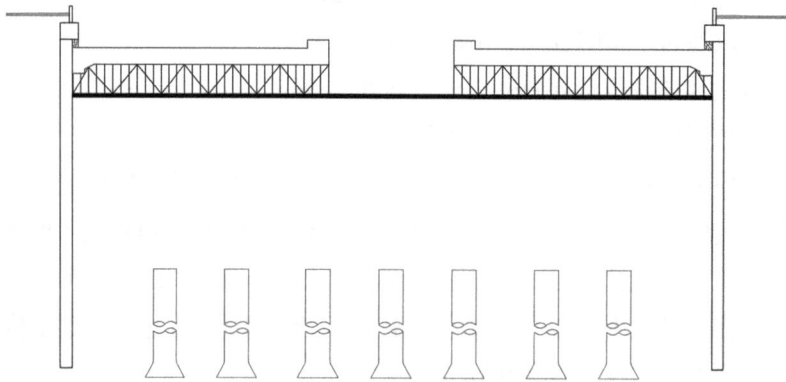

图 7-1　顶板矮支架示意图

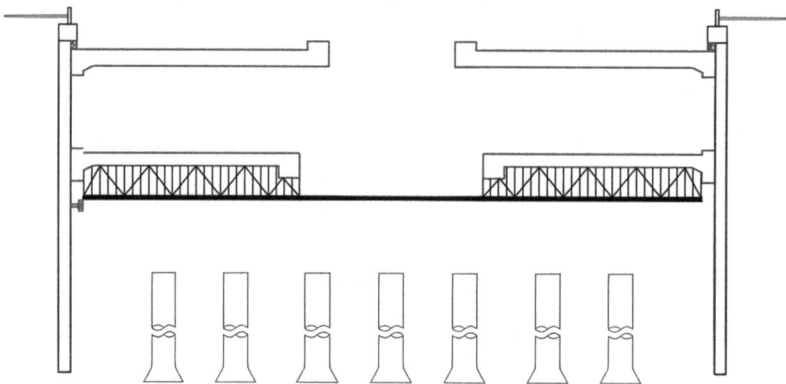

图 7-2　中层板矮支架示意图

1）顶（中）板、墙、柱、梁模板支架

（1）模板支架施工流程

①机械开挖至设计板底高程，由人工清底至模板支架所需的高度。现场进行地基承载力检测，符合要求后经监理查验，方可进行下步施工。同时，应做好基坑开挖过程中的降水以及上层滞水的疏排工作，确保土面干燥。

②浇筑 15cm 厚 C20 混凝土垫层，且在钢管柱中心 3m 直径范围内适当超挖 5cm，然后浇筑 20cm 厚 C20 混凝土垫层，以避免因桩基施工阶段回填土密实性差而造成节点沉降。同时，应当在钢管柱位置包裹彩条布，避免后期向下开挖时，造成混凝土黏连产生安全隐患。

③采用承插盘扣式脚手架，搭设高度不超过 1.8m 的矮支架，布置形式为 600mm×900mm，主楞采用双 5 号槽钢，小梁采用 100mm×50mm 方木，模板采用黑胶合木模板。

（2）板、梁、柱模板

① 板梁模板设计

梁板采用 600mm×900mm 盘扣支架，主楞采用 5 号槽钢，背楞采用 100mm×50mm 的方木，面板采用黑胶合木模板。

② 柱模板设计

矩形柱采用木模，竖梁为 100mm×50mm 方木，ϕ48mm 钢管抱箍加钢管斜撑。

板、梁、柱模板详见《模板支架体系安全专项施工方案》。

③ 模板施工要求及要点

中板及顶板的安装过程中，需严格遵守"横平竖直、拼缝严密顺直"的原则。模板铺设方式按照横向要求执行，大尺寸方向平行基坑方向，小尺寸方向垂直基坑方向。

a. 施工中为保证下部建筑限界，梁模板高程需考虑沉降以及弹性变形，按照梁模板长 $L/400$ 进行预拱度。

b. 模板应能保证结构和构件各部分位置的准确性。

c. 模板接缝之间贴双面胶，确保不得漏浆。

d. 模板均刷专用清水脱模剂，保证脱模顺利和混凝土表面的密实、光滑。禁止采用废旧机油、柴油等材料。

e. 现场使用后的模板，应清理黏结在模板上的混凝土灰浆及多余的焊件和绑扎件，对变形和板面凹凸不平处应及时修复。

f. 本工程为确保混凝土外观质量，全程使用清水脱模剂，从材料源头保障混凝土结构外观质量。

（3）侧墙模板

本工程侧墙采用三脚支架模板系统，如图 7-3 所示。

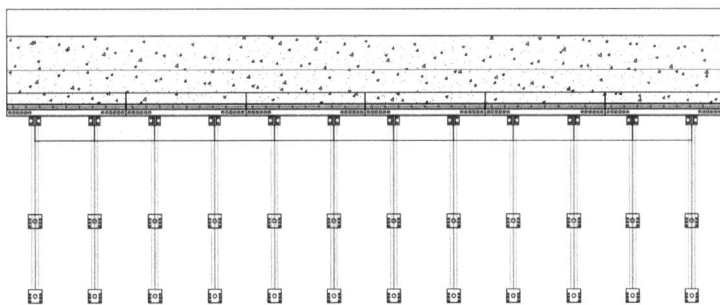

图 7-3 三脚支架模板系统平面布置图

侧墙三脚支架采用模块化拼装，其构造形式如图 7-4 所示。每块宽度为 1.8m，高度根据不同墙高进行灵活组合。模板面板采用 6mm 厚钢模板，四周边肋为 75mm×8mm 钢板，竖向次肋为 75mm×50mm 角钢，横向用 70mm×6mm 钢板连接。次背楞间距小于 300mm，竖肋上主背楞采用 10 号双槽钢焊接，以增加强度。两块钢模之间采用高强螺栓连接。三脚支架模板采用 14 号与 10 号槽钢焊接而成，间距为 7500m，每块三脚架模板宽 1500mm。

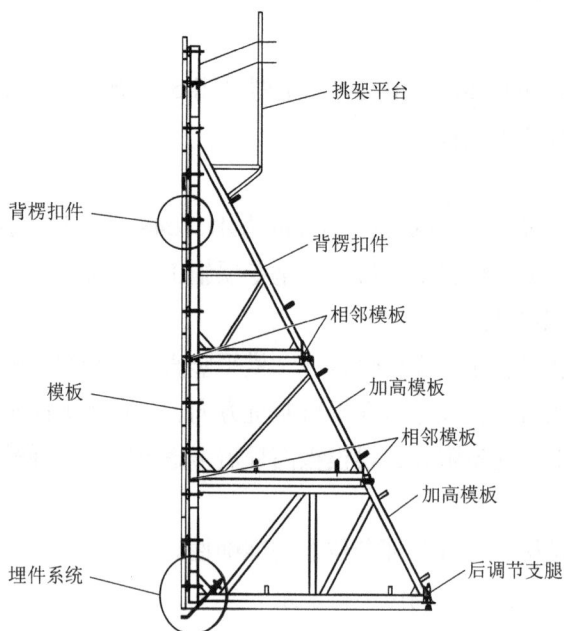

图 7-4　侧墙三脚支架构造形式

模板及单侧支架的安装流程如图 7-5 所示。

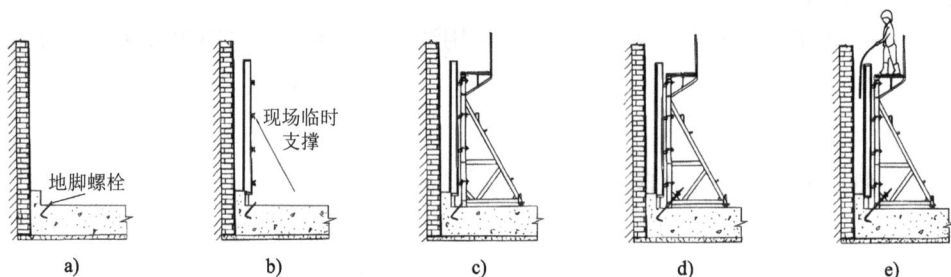

图 7-5　模板及单侧支架安装步流程示意图

2）底板模板

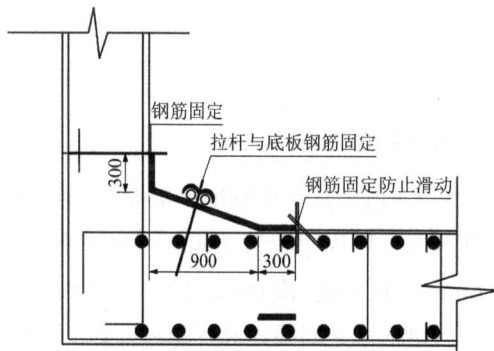

图 7-6　倒角模板加固大样图（尺寸单位：mm）

（1）底板施工模板主要为两边倒角处，边墙底板上八字倒角尺寸一般为高 300mm、长 900mm（根据设计倒角尺寸调整）。根据现场情况，倒角部位采用定型模板，并于底板面八字墙上翻 300mm 位置处，将底板延长 300mm；模板的加固需借助预埋拉杆配合蝴蝶型扣与钢管共同受力。拉杆与结构主筋焊于一体，不贯穿整个底板。底部通过钢筋相互焊接形成固定三角，阻止模板移动。倒角模板加固大样如图 7-6 所示。

（2）底板模板施工要点

底板上侧墙倒角与底板同时施工，其具体支设方法为：首先，在底板钢筋上放出墙的边线，测设底板面的高程，并做好标记。接着，在底板和侧墙钢筋上焊接 ϕ25mm 钢筋支架，使底板支架钢筋的上表面高程与底板板面高程一致，满足侧墙边线尺寸要求。倒角模板采用地脚螺栓，螺栓间距按 300mm 设置一排，且该螺栓兼作三脚支架模板系统预埋固定使用。模板外侧设置 ϕ48mm 钢管搭配蝴蝶扣进行固定，以此作为受力点，保证螺栓连接牢固，钢筋支架焊接可靠。模板底角设 ϕ25mm 三角钢筋加固，防止滑动。

7.2.2 钢筋工程

1）钢筋安装

（1）中（顶）板、梁钢筋

①中板及顶板钢筋绑扎安装遵循特定程序。首先，需铺设水泥砂浆垫块，以此构建起保护层。接着，依次进行中（顶）纵梁钢筋的绑扎工作，完成后开展中（顶）横梁钢筋的绑扎。随后，着手绑扎中（顶）板底层横向钢筋，继而绑扎中（顶）板底层纵向钢筋。完成底层钢筋绑扎后，安装蹬筋（撑架筋）。之后，开始中（顶）板上层纵向钢筋的绑扎，紧接着进行中（顶）板上层横向钢筋的绑扎作业。横向钢筋绑扎完毕，设置中（顶）板拉筋。再之后，预埋侧墙、柱钢筋以及其他预埋钢筋（针对顶板而言，需预留风亭、挡土墙钢筋）。全部钢筋预埋完成后，进行焊接杂散电流钢筋的作业，至此完成中（顶）板钢筋绑扎安装的一整套流程。

②中（顶）板钢筋制作安装方法与底板基本相同，在钢筋绑扎前应当对接触面进行凿毛。

③中（顶）板钢筋制作安装时，需先搭模板支架，铺设木模。为加快进度，实现工序流水作业，提高工效，应先绑扎纵梁钢筋和横梁钢筋。基于此施工顺序要求，中（顶）板模板安装应遵循纵梁模板、横梁模板、板模的先后顺序进行。

④中（顶）板采用 C20 混凝土及钢筋弯制铁马凳，呈梅花形设置，间距为 1m × 1m，以保证钢筋网高程的准确。同时，钢筋应顺直、间距均匀。

⑤在绑扎中板钢筋时，应将所有预留的侧墙、混凝土中隔墙、柱、构造柱等钢筋与中板钢筋同时绑扎。预留的混凝土中隔墙、柱、构造柱等上部结构钢筋位置必须由测量人员复核无误后方可固定，严禁随意插放，导致混凝土浇筑后预留钢筋偏位，影响结构安全。预留钢筋锚固长度符合设计及规范要求，接头长度与底板上墙柱预留钢筋相同。

⑥在绑扎中板钢筋时，在孔洞位置应预留接驳器钢筋。预留钢筋应车好丝扣，拧上接驳器，涂刷防腐材料后采用胶布包封。接驳器采用I级接驳器。

⑦在绑扎顶板钢筋时，上部结构主要为出土口挡土墙、施工挡土墙，顶板钢筋绑扎时要进行预埋作业，预埋方法同侧墙钢筋。

⑧顶板、中板钢筋绑扎时，配置的钢筋级别、直径、根数和间距符合设计要求，绑扎的钢筋网不得有变形、松脱现象。

⑨ 现场在外墙位置提前施工的部分，应在钢筋绑扎前开展防水施工。防水卷材预留搭接长度不得小于500mm，严禁将预留处自黏胶防护膜撕开，做好防水卷材保护工作。

⑩ 盖挖逆作区域施工时，仅先施工梁板钢筋与混凝土，柱墙钢筋则采用在浇筑接茬部位预留接头钢筋的形式，留待后期进行顺做施工。

（2）柱钢筋

① 柱钢筋绑扎工艺流程

施工人员先对接触面凿毛，增强黏结性；接着套入柱钢筋，随后安装竖向受力筋；之后在竖向筋上画箍筋间距线，依线绑扎箍筋，完成柱钢筋骨架绑扎。

A. 按图纸要求间距，计算好每根柱所用箍筋的数量。施工时，先将箍筋套在下层伸出的搭接筋上，然后再立柱子钢筋。

B. 柱箍筋绑扎。

a. 在立好的柱子竖向钢筋上，用粉笔画出箍筋间距，然后将已套好的箍筋往上移动，由上往下绑扎。

b. 箍筋与主筋要垂直，箍筋转角与主筋交点均要绑扎，主筋与箍筋非转角部分的相交点成梅花交错绑扎。

c. 箍筋的接头应沿柱子竖筋交错布置绑扎。

d. 柱上、下端箍筋应加密，加密区长度及箍筋的间距均应符合设计要求。

e. 有抗震要求的，柱箍筋端头弯折角度为135°，平直长度不小于10d（d为钢筋直径）。若箍筋采用90°搭接，则搭接处应焊接，且焊缝长度要求为单面焊不小于10d，双面焊不小于5d。

C. 柱筋保护层：垫块应绑扎于柱竖向筋外皮上，间距一般在1000mm左右，以保证主筋保护厚度尺寸正确。

D. 当柱截面尺寸有变化时，柱钢筋弯折的位置及尺寸应符合要求。

② 中柱钢筋绑扎应根据现场进度情况，待底板混凝土浇筑满足2.5MPa强度后，便可进行钢板绑扎作业。钢筋绑扎前应搭设脚手架平台，中柱钢筋接头宜采用直螺纹接驳器，也可采用其他符合设计规范要求的接头形式。

③ 中柱一般在中板（顶板）满堂脚手支撑架搭设过程中，进行模板安装和混凝土浇筑作业。同时，也可根据工序衔接情况在满堂脚手架搭设前浇筑混凝土，具体以保证现场工序连续作业、减少窝工现象为原则。

（3）底板、底板梁钢筋

① 底板钢筋绑扎是待外防水保护层完毕，且强度达到足以承受人员行走的条件下展开的。底板施工时，应首先进行内部结构的放样测量，然后再绑扎底板钢筋。

② 钢筋在钢筋加工场加工验收后，由履带式起重机吊运至所施工板块位置，进行安装与绑扎操作。钢筋的安装绑扎顺序如下：

A. 铺设水泥砂浆垫块，形成保护层。

B. 绑扎底纵梁钢筋。

C. 绑扎底横梁钢筋。

D. 绑扎底层横向钢筋。

E. 绑扎底层纵向钢筋。

F. 安装蹬筋（撑架筋）。

G. 绑扎上层纵向钢筋。

H. 绑扎上层横向钢筋。

I. 安装底板拉筋。

J. 预埋侧墙、柱钢筋以及其他预埋钢筋。

K. 焊接杂散电流钢筋。

③绑扎高大梁钢筋时，应搭设钢管脚手架，用来支撑梁的钢筋。同时，连接钢管的卡子必须拧紧，且务必在钢管下面垫上木板。以下为其具体绑扎顺序。

A. 首先搭设脚手支撑架，且脚手架横向支撑管的数量应根据梁长度及重量确定。而横向支撑钢管竖向数量应根据钢筋从上到下钢筋排数确定，同时横向支撑钢管的竖向距离应以方便箍筋穿入为原则。

B. 脚手架搭设完成后，把梁的上铁、侧筋、下铁依次放置在支架顶部、侧面及底部。根据图纸要求，用粉笔在钢筋上精确画出箍筋的位置线。之后，套入梁所有外箍及内筋（箍筋弯钩应错开），要确保外箍将所有钢筋均包入，内箍则包裹设计处于该内箍范围内的钢筋。箍筋全部套入后，根据之前画的箍筋位置线调整箍筋距离，随后将内箍与外箍绑扎。内、外箍绑扎到位后，根据钢筋间距和布置设计，依次将钢筋绑扎在箍筋上，从而完成梁钢筋骨架安装。

C. 采用履带式起重机或汽车式起重机吊住钢筋骨架，并拆除钢筋支撑架，将钢筋骨架下放至设计位置，穿插拉筋。

D. 在梁上插入并绑扎立柱钢筋、立柱竖向钢筋采用箍筋点焊并固定于梁筋上。

E. 梁箍筋端头弯折角度应为 135°，平直长度不小于 $10d$。因梁主筋较密，如箍筋按135°绑扎困难，则可采用90°搭接，搭接处应焊接，焊缝长度要求为单面焊不小于 $10d$。

F. 其他中梁、顶梁均可做相同处理。

④底板纵、横梁绑扎完成后，进行底板上下层纵横向钢筋绑扎。在底板钢筋绑扎前，按间距1500mm梅花形布置垫块，垫块采用同强度等级水泥砂浆垫块或符合相关要求的塑料垫块、混凝土垫块，垫块间距可根据实际情况调整，以保证底筋踩踏后钢筋不弯曲变形为原则。底板上、下层钢筋之间设置ϕ28mm（ϕ32mm）@1000mm×1000mm蹬筋。马凳筋与上下层钢筋点焊，以防滑脱，造成钢筋变形。必要时可在马凳两侧添加三根同规格钢筋组成马凳支架，加强稳定性。

⑤在绑扎底板钢筋时，应将所预留的侧墙、中隔墙、柱、站台板、楼梯小柱及构造柱钢筋与底板钢筋同时绑扎。底板预留的中隔墙、柱、站台板、楼梯小柱及构造柱等上部结

构钢筋位置必须由测量人员复核无误后，方可固定。严禁随意插放，以防混凝土浇筑后预留钢筋出现偏位情况，影响结构安全。预留钢筋锚固长度应符合设计及规范要求，接头长度符合下列要求：

A. 标准段底层侧墙钢筋预留高度：按 50%的接头率错开布置。当采用机械连接方式时，侧墙钢筋下层接头距离板面 500mm，上层接头距离下层接头 35d（d为连接钢筋的较大直径）；当采用焊接连接时，侧墙钢筋下层接头距离板面 500mm，上层接头与下层接头间距取 500mm 和 35d的较大值。实际操作中，若为机械连接，一般可将下层接头设置在距离水平施工缝 500mm 处，或按 35d取值；若为焊接连接，上层接头与下层接头的间距可取 500mm 或 500mm 与 35d两者中的较大值。

B. 立柱钢筋的预留高度：按 50%的接头率错开布置，上层接头距离底梁截面 500mm，距离下层接头 37d。

C. 混凝土中隔墙钢筋接头预留与侧墙相同，构造柱等非框架抗震柱采用焊接连接。预留钢筋接头距下层接头 500mm，上层接头距下层接头 37d。

⑥ 底板钢筋绑扎时，配置的钢筋级别、直径、根数和间距符合设计要求，绑扎的钢筋网不得有变形、松脱现象。钢筋网绑扎的具体要求为：四周两行钢筋的交叉点应逐点扎牢；中间部分每隔一根相互成梅花式扎牢；双向主筋的钢筋，必须将全部钢筋相互交点扎牢，并注意相邻绑扎点的铁线扣要呈八字形绑扎（左右扣绑扎）。

⑦ 底板混凝土浇筑期间，应派专人对预留上部结构插筋进行看护，发现偏移应立即处理。

⑧ 抗拔桩、抗拔兼立柱桩的预留钢筋应当在施工前予以调直。同时，桩钢筋嵌入底板深度不得小于 37d，若小于此长度，则应采用同规格钢筋进行焊接补充。钢筋调整完成后，应当先进行桩头防水，防水施工完成后方可进行钢筋绑扎。

（4）侧墙钢筋

① 侧墙竖向钢筋施工与底（中）板钢筋绑扎同时进行。本工程侧墙竖向钢筋直通到中（顶）板，因此在绑扎钢筋时，需搭设组合脚手架。具体而言，在搭设满堂脚手架时，先行搭设侧墙或中隔墙两侧两排脚手架，满足侧墙或中隔墙钢筋绑扎和侧墙防水施工，以提高工效。

② 墙水平钢筋采用焊接或绑扎搭接，水平钢筋每段长度不超过 12m，以便于钢筋的焊接或绑扎。上下及两端二排钢筋交叉点每点扎牢，中间部分每隔一根按梅花式扎牢。

③ 侧墙钢筋绑扎时，配置的钢筋级别、直径、根数和间距符合设计要求，绑扎的钢筋网不得有变形、松脱现象。

2）混凝土梁与钢构柱连接

由于逆作阶段需要将混凝土梁与临时钢管柱、永久钢管柱及型钢柱进行连接，因此采用如下措施进行：

逆作阶段临时立柱和永久立柱顶采用柱脚板深入顶板混凝土梁，具体连接大样如图 7-7 所示。顶板梁板绑扎前，应当对临时钢立柱顶板进行打磨，且上好锚固螺栓后方可施工钢筋。

对于车道板等中层结构，钢筋、混凝土与临时立柱及永久立柱连接采用扩大加固形式，即柱上锚栓深入混凝土中。因此，在施工前，需对钢柱上的加强法兰板以及钢柱与混凝土接触面的锚栓进行除锈、补漏工作，这些工作完成后，方可进行钢筋绑扎。

钢筋绑扎过程中，所有梁上下主筋全部焊接在临时立柱及永久立柱的上下法兰板上。其中，焊缝长度要求为：单面焊时需达到 $10d$（d 为钢筋直径），双面焊时需达到 $5d$。腰筋则根据条件焊接至法兰板或钢管柱上，具体连接大样如图 7-8、图 7-9 所示。

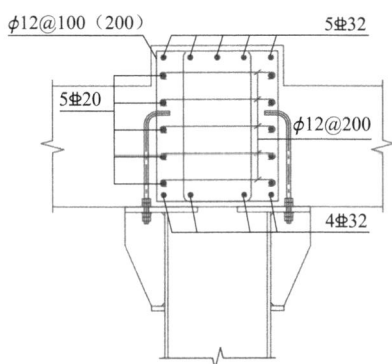

图 7-7　临时立柱与顶板结构连接
　　　　大样（尺寸单位：mm）

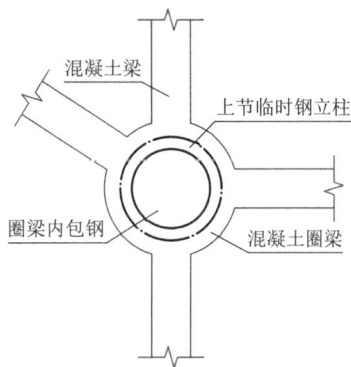

图 7-8　临时立柱与板结构连接大样

3）临时钢管柱节点位置预留拉环

在临时钢管柱加密区，可考虑预留圆钢制成的 U 形筋，U 形筋伸出混凝土梁底部 10cm，其余部分锚入梁内，且锚入长度不小于 $15d$，用以后期安装手拉葫芦拆除钢管柱使用，如图 7-10 所示。

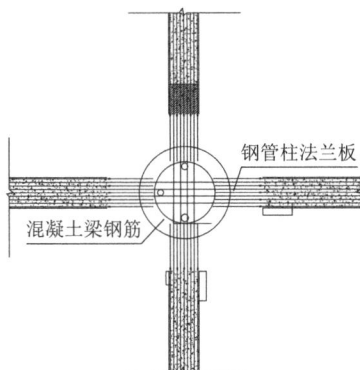

图 7-9　临时立柱及永久立柱
　　　　与中板钢筋连接大样

图 7-10　拆除钢管柱手拉葫芦
　　　　吊环示意图

7.2.3 混凝土浇筑

1）浇筑方法

顶板采用天泵浇筑，下层板及侧墙采用地泵浇筑。泵管的固定方式分为刚性固定与柔性固定两种。刚性固定，即输送管固定座直接与地面或墙壁相连；柔性固定，即在输送管固定座与地面或墙壁之间安装有减振装置，带减振装置的固定座可以吸收或抑制输送混凝土产生的振动和噪声，有效减少振动和噪声的传播，从而达到减振和消除噪声的目的，既保护了施工周边环境，又不影响周围施工作业。

当泵送高度超过 100m 时，会产生非常大的压力，此时连接水平管与垂直管的弯管位置需要加固处理。其中，水平弯管加强固定如图 7-11 所示，主要通过设置混凝土墩来加强固定。混凝土墩内加设 $\phi 12mm@200mm$ 双向钢筋网片，并设置支架预埋件以固定弯管的 U 形支架。同时，在结构楼板施工时预留插筋，保证混凝土墩与结构楼板固定牢固，以免泵送过程中泵管来回错动。每根管用 2 个混凝土管固定装置固定牢固，防止管道因振动而松脱。

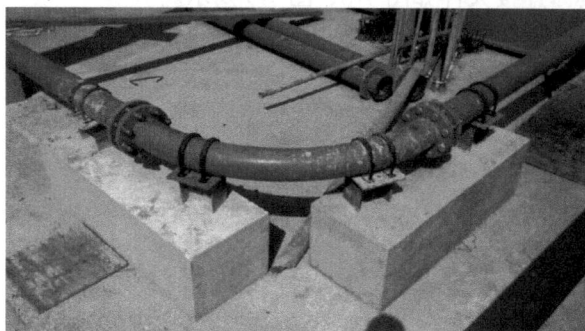

图 7-11　水平弯管加强固定

垂直泵管通过 U 形支架焊接固定在核心筒内，根据标准节的要求，每节垂直泵管应由两个支座加以固定。在墙壁上预埋高强度钢板，将 U 形支架焊接在钢板上，再用混凝土管固定装置固定牢固。为减少管道内混凝土的反压力，在泵出口处布置约为垂直管总长度 1/4 的管道（50m 左右），并应在一定位置设液压截止阀。

2）混凝土强度等级

框架结构顶板（含梁）、边墙（含墙内柱及与中板交接的部分）：C35、P8。

永久钢管混凝土柱柱内混凝土：C60 自密实微膨胀混凝土。

临时钢管混凝土柱柱内混凝土：C35 微膨胀混凝土。

型钢混凝土柱：C60 混凝土。

钢筋混凝土柱：C50 混凝土。

3）浇筑前准备工作

（1）浇筑前清理

浇筑前应当采用清水对模板底部进行冲水清理，并在模板适当位置开设出水孔，污水排出后，堵住出水孔。

浇筑前再次检查模板拼缝是否密实，若不密实，可采用嵌粉或泡沫进行封堵。完成封堵后重新进行检查，对清水脱模剂已经脱离的位置进行补刷。

（2）混凝土到场验收

①施工前必须对相关施工人员进行技术交底，明确混凝土浇筑量、浇筑时间、浇筑流水线以及浇筑振捣的技术要求和质量要求，并明确各岗位人员配合工作。

②混凝土浇筑过程中，需有专人对混凝土进行逐车验收，查看其强度等级以确定浇筑位置。同时，还需进行坍落度试验，并填写混凝土浇筑记录。

（3）设备检查

施工前，施工人员对混凝土浇筑机械如振捣棒、平板振动器等进行性能检查，保证施工期间机械正常。

4）浇筑管控

（1）梁板浇筑

梁板浇筑采用分区连续浇筑振捣方案，每个浇筑区域均采用分层浇筑。根据规范要求，每层浇筑厚度设定为 500mm。分层浇筑前，将每层高度标记在内侧边模。斜面由泵送混凝土自然流淌而成，坡度控制在 1∶3 左右。混凝土推移式分层浇筑如图 7-12 所示。

振捣工作从浇筑层底层开始逐渐上移，以保证分层混凝土间的施工质量达标。混凝土在振捣过程中，宜将振动棒上下略有抽动，使上下混凝土振动均匀，每次振捣时间以 20～30s 为宜（混凝土表面不再出现气泡、泛出灰浆为准）。振捣时，应尽量避免碰撞钢筋、预埋管道等部件。振捣棒的插点按行列式次序移动，每次移动距离不超过混凝土振捣棒有效

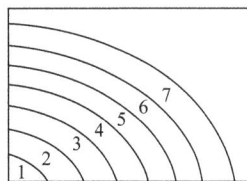

图 7-12　混凝土推移式分层浇筑示意图

作用半径的 1.25 倍，一般振动棒的作用半径为 30～40cm。振捣操作务必遵循"快插慢拔"的原则，防止混凝土内部振捣不实；同时，要做到"先振低处，后振高处"，防止高低坡面处混凝土出现振捣"松顶"现象。此外，混凝土的斜面分层水平方向错开距离不小于 4m。

外墙预先施工段设置了钢板止水带，混凝土下料不能直接将泵送混凝土倾入模板中央，故而振捣作业必须以慢速、细致的方式操作。

对于不同混凝土强度等级结构的节点位置，应采用高强度等级混凝土浇筑，并加强节点位置的振捣。接头处新老混凝土接合面按施工缝要求凿毛处理，并将浇筑完成后预留钢筋上的残留混凝土及时清理干净，且其接头位置设置在冠梁上。

（2）集水坑浇筑

集水坑施工时，应先进行底板混凝土的下料振捣。这一操作的目的在于，待坑壁混凝土浇筑时，底部不致返浆。振捣操作应严格按照分层振捣的方式进行，分层厚度控制在 500mm。

在集水坑混凝土浇筑过程中，容易出现井筒移位和跑模的质量问题。为防止模板移位，支模时应采用外顶内撑的固定方式。此外，尤为关键的是，在井筒模周边进行混凝土浇筑

时，必须做到对称下料、对称振捣，禁止一侧混凝土一次浇筑到顶。

（3）墙柱浇筑

为了使新浇筑的墙柱混凝土与已浇筑的混凝土有良好的结合，在浇筑混凝土前应先浇筑一层 50～100mm 厚的去石砂浆，该砂浆成分与原混凝土内部相同。

剪力墙混凝土应分层浇筑振捣，第一层浇筑高度不应超过 500mm，后续每次浇筑高度不应超过 1.0m。振捣第二层混凝土时，振捣棒应伸入第一层混凝土内 50mm。混凝土浇筑至墙体上口预定高程时，应将其表面找平。

梁柱节点、墙板节点等高低高程交接处，应采用高强度等级混凝土浇筑覆盖超过 1m 长度的梁（板），之后再转换为低强度等级混凝土浇筑剩余梁（板）。

5）混凝土养护及拆模

（1）混凝土养护

构件混凝土在初凝完毕后的 12h 以内，需进行浇水养护，随后覆盖上塑料薄膜以减少水分蒸发。在养护过程中，应及时查看薄膜下的饱水量，及时补充水分。若出现气温骤降情况，可根据适当情况覆盖土工布保温。值得注意的是，薄膜的搭接不得小于 150mm，挡土墙插筋之间狭小空间必须特别注意保湿措施，可用条形薄膜加以覆盖后，确保插筋薄弱环节处的养护工作。

在构件表面强度达到 2MPa 之前，不得上料、上机具、上脚手板、钢筋、支架等。养护期间，若因后续工作（如放线等）需要，必须揭开保护时，只宜局部进行，并且在工作完成后，及时覆盖。

混凝土浇筑完成后，应当将同条件养护试块放置在相应结构上，与结构一同养护。

（2）模板拆除

拆模顺序：

①拆除可调支撑。

②拆除横撑及竖撑。

③拆除模板。

④清除模板表面的残留物质，并对模板进行防锈处理。

⑤将模板、支撑等材料堆码整齐。

⑥对拆除模板后的构件进行养护。

具体拆模要求：

①侧模应在混凝土强度达到 2.5MPa 以上，且其表面及棱角不因拆模而受损时，方可拆除。拆除后立即洒水并全覆盖塑料薄膜进行养护。

②拆模完毕后，若内侧存在突出物，须及时进行清理找平。混凝土出现缺陷时，须及时上报，经同意后即可按要求进行处理，以便下道工序施工。

③ 进行拆模时须小心，严禁碰撞结构角部。

④ 模板拆除后，及时对与下段相接处进行凿毛处理。

⑤ 模板拆除完毕后，应及时进行堆码整齐；模板拆除完毕后，应及时进行场地清理。

6）墙柱顺作混凝土浇筑

为确保后续顺作阶段柱墙施工时混凝土密实，柱、墙区域采取预留钢筋及外加腋脚的方法施工。在进行模板安装作业时，需沿通长方向预留浇筑腋角，且该腋角需比施工缝所在位置高出 200mm，以便进行混凝土浇筑，如图 7-13 所示。后续施工过程中，需将多余混凝土凿除处理，并借助浇筑口对浇筑不饱满的区域进行浇筑。特别要注意的是，墙浇筑口布置应当与预留钢管错开。

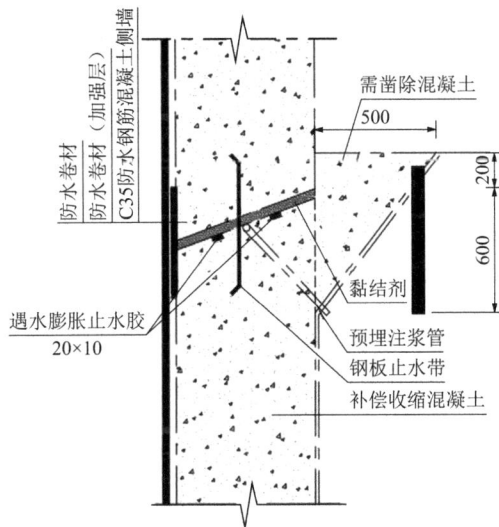

图 7-13　侧墙模板安装示意图（尺寸单位：mm）

7）外墙施工

外墙采取分段跳仓法施工，即上下两层外墙均按照 1 段、3 段、5 段、2 段、4 段的施工顺序，逐段进行。

施工缝竖向设置止水钢板，尽管外墙混凝土采取分段跳仓施工法，但钢筋仍正常连续施工。具体施工缝及止水钢板构造如图 7-14 所示。

8）拆模要求

由于盖挖逆作施工工艺具有特殊性，在强度达到 100% 前，严禁进行任何拆除操作。强度达标后，在监理的见证下，施工人员对主次梁进行回弹测试，满足拆模强度需求后，方可进行拆除。

9）混凝土防裂抗渗措施

（1）应严格依据设计图纸及相关规范要求，开展混凝土配合比试验。按照规定的标准，精确添加适量的外加剂与掺合料，以此确保混凝土的各项性能。

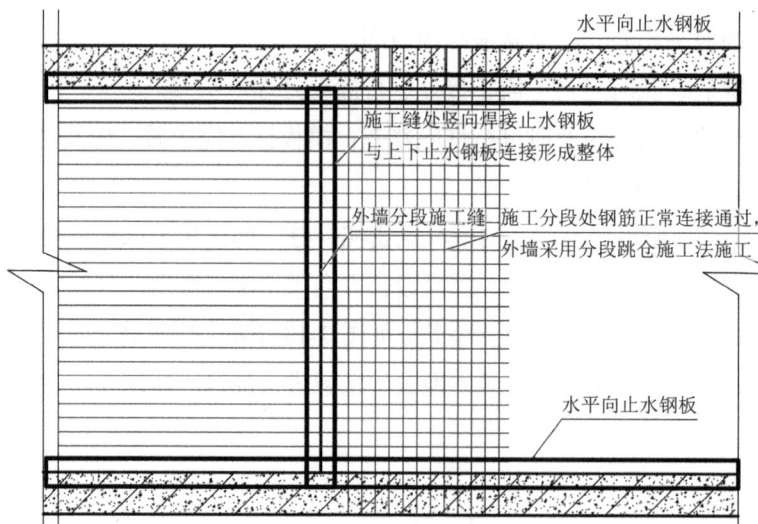

图 7-14　外墙跳仓施工法施工缝及止水钢板构造示意图

（2）严格控制混凝土各阶段温度。

① 冬季搅拌混凝土时，混凝土的出机温度不宜低于 10℃，入模温度不宜低于 5℃。

② 炎热气候下浇筑混凝土时，入模前应尽量降低模板、钢筋以及周边环境的温度。同时，混凝土的入模温度不宜高于当时的气温且不宜超过 30℃。

③ 新浇混凝土与邻接的已硬化混凝土或岩土介质间的温差不得大于 15℃。

④ 混凝土养护期间，其内部最高温度不宜高于 65℃。混凝土表面的养护水温度与混凝土表面温度之差不得大于 15℃；混凝土结构或构件在任一养护时间内，内部最高温度与表面温度之差不宜大于 25℃（梁体任一养护时间内，内部最高温度与表面温度之差不宜大于 15℃）。当周围大气温度与养护中的混凝土表面温度之差超过 20℃（当周围大气温度与养护中梁体混凝土表面温度差超过 15℃）时，混凝土表面必须覆盖保温。

⑤ 混凝土拆模时，芯部混凝土与表层混凝土之间的温差、表层混凝土与环境之间的温差均不得大于 20℃（梁体芯部混凝土与表层混凝土之间的温差、表层混凝土与环境之间的温差以及箱梁腹板内外侧混凝土之间的温差均不得大于 15℃）。在炎热和大风干燥季节，应采取有效措施防止混凝土在拆模过程中出现开裂现象。

（3）混凝土采用"一个坡度，薄层浇筑，循序推进，一次到顶"的浇筑方法，以此缩小混凝土暴露面积。同时，通过加大浇筑强度以缩短浇筑时间等措施，有效防止浇筑冷缝的产生，提高混凝土结构的防裂抗渗能力。

（4）当每节段底板及顶板一次浇筑混凝土量达 500m³ 时，采用上述方法，组织两套浇筑设备及两个作业班组同时浇筑。按照每小时浇筑 30m³ 的速度，板体分幅宽度为 2m，1h 即可完成一幅的施工任务，这能够确保施工连续不间断，并同时控制混凝土入模温度。

（5）在防水混凝土施工缝处采用二次捣固工艺施工，即在混凝土浇筑后、振动界限以前，对其给予二次振捣。该工艺能够排除混凝土因泌水在粗集料、水平钢筋下部生成的水分和空隙，提高混凝土和钢筋的握裹力，有效防止因混凝土沉落而产生裂缝。此外，又减少混凝土内部裂缝，提高密实度，从而增强器抗裂及抗渗性。

（6）为避免顶板混凝土凝固初期产生收缩裂纹，在混凝土浇筑后终凝前，实施"提浆、压实、抹光"工艺。这不仅有助于避免收缩裂纹，还能保证结构外防水层牢固黏结。

7.2.4　临时柱割除

待本层永久柱强度达到 100%，且外观无缺损，经现场强度回弹检测符合相关要求后，施工单位需提交割除方案，待该方案通过监理单位审批，方可进行钢柱拆除作业。拆除顺序由上至下，必须待上层钢柱全部拆除完毕后，再行拆除下层。

拆除前应当在钢管柱四周搭设支撑架，支撑架采用盘扣式脚手架，搭设规格为 900mm×900mm，搭设范围为 2m×2m。盘扣脚手架受力后，方可割除钢管柱。钢管柱割除采用氧炔，上挂手拉葫芦至梁预留底部拉环处，然后将钢管柱分节、分片割除。完成割除后，第一日应当将顶托下旋 2~3cm，暂不拆除盘扣架，确保即使出现结构梁板变形，也依旧有支撑体系。24h 后，若未出现结构裂纹、变形、沉降情况，可完全拆除脚手架。

若拆除临时钢管柱后，出现裂纹等情况，应当立即将盘扣式脚手架回顶，并报监理单位与设计单位，进行加固措施。

7.2.5　二次混凝土浇筑

车站二次混凝土均在主体结构施工完成后浇筑施工，且构件厚度小，线形要求高，施工干扰大，因此施工难度较大。施工过程中，需合理安排各道工序间的交叉作业，确保施工安全与质量。

1）钢筋施工

（1）二次混凝土浇筑多数有预埋钢筋，所以在施工主体结构时应反复核实设计图纸，采取多级复查制度，保证预埋钢筋的数量及尺寸符合要求。

（2）结构钢筋在加工场按设计加工成型后，运送至现场绑扎，预埋钢筋与后期安装的钢筋采用焊接连接。钢筋在加工场制作受条件限制时，只能由吊装孔吊运至结构内，再由人工搬运至结构内部就近进行加工安装绑扎。

（3）二次施工严格按设计要求进行配筋，并与预留钢筋进行焊接。施工完成后，必须按有关的设计图及规范要求进行验收。

2）模板施工

站台板及轨顶风道模板用木模板制作。施工分块处的垂直施工缝端头，采用模板收口处理。在下一个施工分块施工前，对收口位置进行凿毛处理。

站台板柱子、支撑墙模板采用胶合板，利用压木约束侧向压力。站台板底的混凝土支撑墙，采用压木及对拉螺栓相结合，并布置支顶架及斜撑，以保证柱子及混凝土支撑墙的垂直度。此外，为防止柱脚混凝土出现烂根现象，模板安装后用水泥砂浆将模板脚处封闭。

轨顶风道底板模板按主体结构的中（顶）板模板安装的形式进行设置。吊墙采用压木及对拉螺栓相结合。为防止风道底板与主体结构侧墙节点位置混凝土出现烂根现象，模板安装后用水泥砂浆将模板脚处封闭。

拆模技术措施：

（1）拆模遵循"后支的先拆，先支的后拆；先拆除非承重部分，后拆除承重部分"的原则。

（2）其他楼板在保证混凝土及棱角不因拆模而导致板面受损时，方可拆除。

3）混凝土施工

（1）根据二次结构施工图，中间站台板和风道的混凝土，通过最后吊装孔顶板预留浇筑混凝土的孔洞接入。站内混凝土输送管则根据施工现场的具体条件合理布置。

（2）采用带有加长软轴的插入式振捣器进行浇捣作业，实施逐点振捣，振捣点间距控制在30～40cm。振捣时，确保不漏、不过、不少。

（3）料点间距不超过1.5m，使混凝土能够自然摊平。不得堆积下料后用振捣棒平仓，以免混凝土分离。

（4）板面混凝土初凝后，及时进行压实、抹面和收光操作，终凝后用湿麻袋覆盖，定时洒水养护。

7.2.6　预留孔洞及预埋件施工

在所有结构施工前，施工人员必须详细核对相应的结构预埋件图、建筑施工图以及各设备等有关专业设计图，确认其中是否有预埋件、预留孔。如有遗漏或结构图有矛盾时，必须立即通知设计单位，现场进行处理。本工程因建设方设备尚未招标，中（顶）板预留孔洞位置可能有变动，因此在施工过程中，必须严格按照设计要求预留孔洞。

预留孔、预埋件施作流程如图7-15所示。

施工人员施工前应反复核实设计图纸，制定详尽的施工方案。施工方案报送监理单位及设计单位审批，待确认无误后，方可进行施工。施工过程中，严格按技术交底施作，采取多级复查制度，全力保证预埋件、预留孔洞的施工质量。预埋件、预留孔洞质量控制因素如图7-16所示，在施工过程中可按图7-16进行检查。

（1）项目经理部成立专门的预埋、预留作业小组，由一名工程师负责。施工前，专业主管工程师会同有关人员对钢筋图、结构图、设备安装图及预埋件、预留孔洞图进行详细对照审查，并对预留孔洞预埋件进行分门别类统计，确保不漏项、不错项。同时，图纸间相互冲突的地方应及时向监理及设计人员反映，以设计或监理下达的书面通知为执行标准，并把各种预留孔、预埋件绘制在一张交底图上，做好技术交底，由工程技术部审核，总工程师审批。

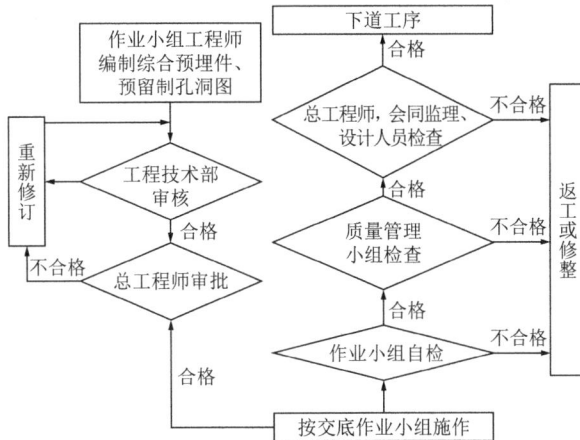

图 7-15 预留孔、预埋件施作流程图

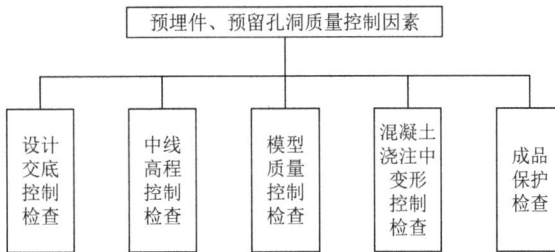

图 7-16 预埋件、预留孔洞质量控制因素

（2）预埋件、预留孔洞位置，通过中心线及实测高程严格控制。中心线严格按双检制度执行，未经复核的中线严禁投入使用。预埋件进行测量放线时，测量人员务必做到精确定位，预留孔洞的中心位置以及外轮廓线精度需符合相应要求。

（3）预留孔模型加工尺寸误差必须符合设计、规范要求。预埋件选用合格材料精心加工，作业小组严格依照综合预埋、预留图进行施作，确保不错埋、不漏埋、不错留、不漏留。同时，作业小组对预埋件、预留孔洞采取妥善的固定、保护措施，确保其不松动、不变形。穿墙螺栓及穿墙管需设置止水环并与之进行满焊（不得靠模板固定）。

（4）在浇筑混凝土前，施工人员需对预埋孔位置再次进行检查与调整，并对必要的预留孔设置变形量测点。完成自检且确认合格后，由质检工程师进行检查。检查合格后，经总工程师会同监理人员、设计人员签认无误后，方可进入下道工序。在混凝土浇筑振捣时，不得碰撞预埋件及预留孔洞，并采取措施保证孔壁混凝土密实。如发现变形量测点出现问题，立即停止混凝土灌注，检查无误并进行模型加固牢靠后才准继续灌注。

（5）拆模时应小心谨慎，严谨使用撬杠沿孔边强行撬动的办法脱模。脱模后及时做好预留孔预埋件的竣工测量，若孔口尺寸、预防孔壁垂直误差超出规范要求，应尽早修复。修复完成后，使用木板对预留孔进行封堵遮盖，避免预留孔棱角遭到破坏。

（6）脱模后，及时找出预埋件并予以标记。

（7）注意对预留孔洞及预埋件进行成品保护，防止损坏。

7.3 异形板的数值模拟

7.3.1 概述

在城市轨道交通建设等相关工程进程中,异形板常被用作临时运输结构。曹保刚[115]采用空间有限元法分析异形板桥在荷载作用下的力学特征,其计算要点、计算结果以及配筋原则等可为该类型桥梁的设计和施工提供一定的参考依据;李文治等[116]通过建立实体仿真模型,对珠江路立交拼宽项目中一处钢筋混凝土板梁异形端部进行了受力特征分析,并对其钢筋的合理布置形式进行了初步探讨,以期优化结构设计;陈伟等[117]通过数据的对比分析,得出了此类异形板桥梁在公路桥梁设计荷载下的空间受力性能及动力特性规律,并根据众多学者对结构异形板的运用与分析[118-120],说明异形板在实际施工中应用比较广泛。然而,当涉及将异形板应用于大型地铁车站改造,尤其是作为临时运输通道时,相关案例则相对较少。

7.3.2 工程背景

深圳地铁黄木岗综合交通枢纽改造工程将侧墙进行改造拆除,并采用起重机将切除的混凝土块从出渣口吊运至外部。由于吊装设备将通过出渣口,为保障设备安全通过,将对出渣口部分区域进行临时封闭,详细封闭区域及相关布置如图 7-17 所示。履带吊装设备吊装作业时,总重 450t,行走区域两侧铺装路基箱,单块路基箱宽为 6m,长度为 2.4m。封闭区域混凝土板为梯形板,混凝土等级为 C35,纵筋级别采用 HRB400 钢筋,保护层厚度为 30mm,板厚 800mm。

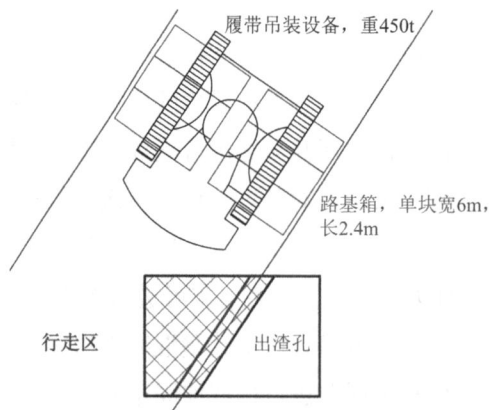

图 7-17　封闭区域及相关布置

7.3.3 数值模拟的建立

由于履带吊装设备行驶在路基箱之上,且路基箱完全覆盖在出渣口封闭区域,可将此情形视为在封闭区域施加了均布恒荷载。为确保计算结果的可靠性,按照最不利情况考虑,即假定吊装设备的全部荷载均作用在封堵板上，其荷载见表 7-1。

荷载分项系数　　　　　　　　　　　　　　　表 7-1

荷载类型	荷载	系数类型	系数
均布恒载	1.20kN/m²	恒载分项系数	1.20
均布活载	66.67kN/m²	活载分项系数	1.40
板重度	25.00kN/m³	活载准永久值系数	0.50
		活载调整系数	1.00

异形板采用有限元软件进行分析，通过计算"1.2 恒载 + 1.4 活载"组合下的设计内力 M_x，M_y，以及 M_{max}，得到异形板弯矩云图（图 7-18）。其中，M_x 最大设计弯矩为 164.702kN·m，M_y 最大设计弯矩为 123.357kN·m，详细结果见表 7-2。异形板根据最大弯矩 151.303kN·m 进行配筋计算，配筋采用的最大配筋 1600mm²。工程本身采用双层双向 HRB400 级钢筋，直径为 15mm，间距为 32mm，远远满足设计需要。

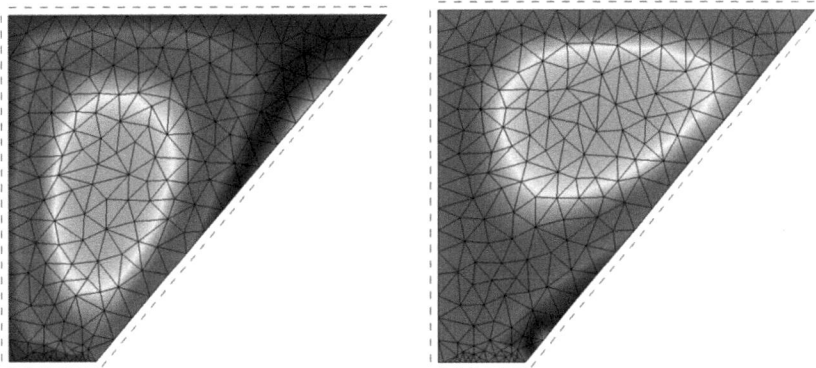

图 7-18　异形板弯矩云图

最大弯矩值　　　　　　　　　　　　　　　表 7-2

最大设计弯矩	截面位置（m）		最大弯矩值（kN·m）	跨中配筋（mm²）
	x	y		
M_x	1.964	3.281	164.702	1600
M_y	3.609	5.117	151.303	1574

7.3.4　不同板形的受力分析

本工程布设异形板时，异形板尺寸旨在确保履带吊装设备能恰好有效通过出渣口，而形状设计主要是为了填充吊装设备的行走区域。然而，由于异形板的形状改变，其应力分布情况变化复杂。为了探索异形板的承载能力和形状的关系，本节通过改变异形板的形状大小，对异形板内弯矩的变化情况展开分析。

在保障吊装车能安全通过且荷载保持不变的前提下，通过增大异形板面积，将梯形短边（1.75m）按 2m 的步数逐步增大，直至和长边（7.7m）长度相同。通过有限元分析，可得异形板的最大弯矩、弯矩点、挠度及裂缝最大值的变化情况，见表 7-3。

不同异形板结构的弯矩表

表 7-3

短边长度（m）	长边长度（m）	最大弯矩（kN·m）		最大弯矩点位置		挠度（mm）	裂缝最大值（mm）
		M_x	M_y	M_x	M_y		
1.75		164.702	151.303	（1.964，3.281）	（3.609，5.117）		0.041
3.75	7.7	206.505	180.354	（2.312，3.334）	（3.437，5.002）	0.144	0.040
5.75		216.97	208.20	（2.941，3.662）	（3.611，4.491）		0.035
7.7		215.87	235.94	（2.736，3.448）	（3.805，4.256）		0.039

如图 7-19 所示，并结合表 7-3 数据分析可知，随着短边的增大，异形板面积逐步增加，且逐渐扩大至规则矩形板，与此同时，M_x 和 M_y 均在增大，且 M_y 的增幅更大，为 55.9%；最大 M_x 点往右下方偏移，最大 M_y 点往左上方偏移，且边界弯矩变小，内部弯矩越显集中。在变形方面，异形板的挠度始终保持不变，而最大裂缝值则略微减少。此外，为了更全面的研究不同形状板的受力特性，对同等荷载下异形板、矩形板以及正方形板的内部受力情况进行了研究，其详细结果见表 7-4。

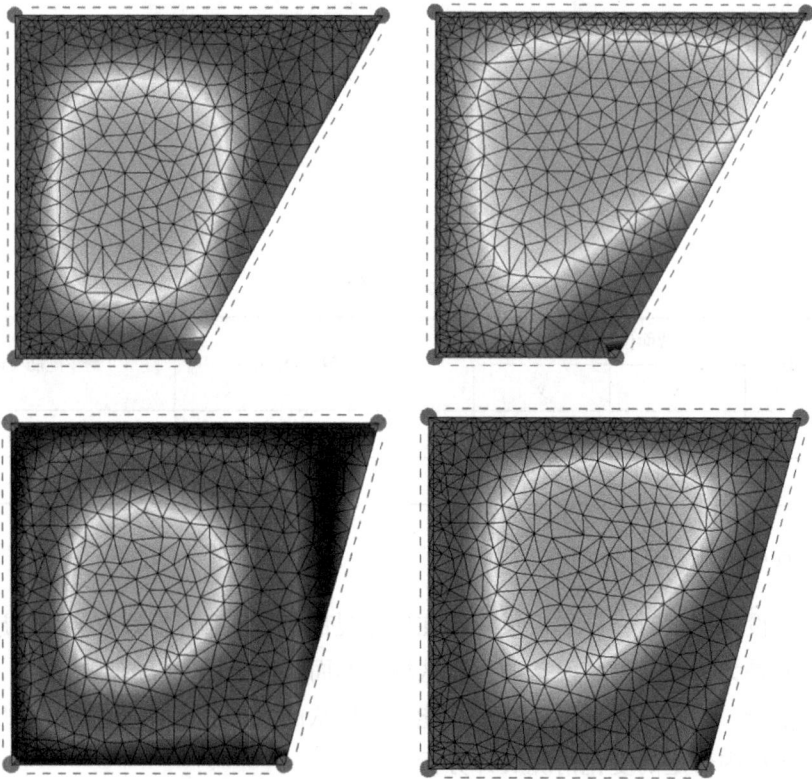

图　7-19

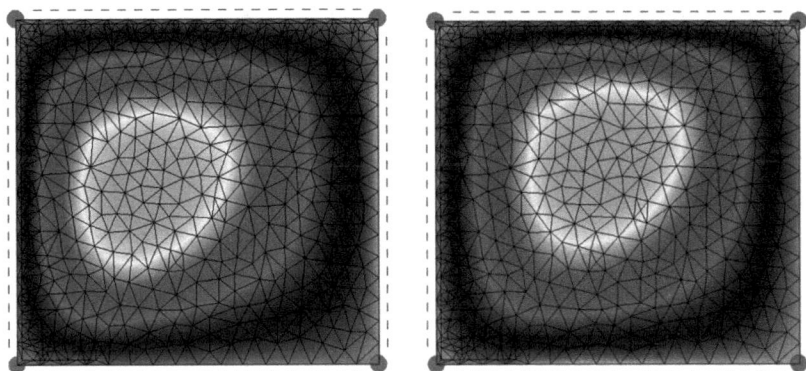

图 7-19　不同板型异形板的弯矩云图

不同异形板内部受力　　　　　　　　　　　　表 7-4

形状	最大弯矩（kN·m）		挠度（mm）	裂缝最大值（mm）
	M_x	M_y		
异形板	164.702	151.303		0.041
矩形板	204.979	113.923	0.144	0.032
正方形板	173.191	173.191		0.027

由表 7-4 可知，在同等面积、同等荷载条件下，当 x 方向尺寸增加时，M_y 值偏大；而当 y 方向尺寸增加时，M_x 值偏大。同时，板的形状越规则，长短边差距越小，弯矩在板内分布就越集中，反之则越分散。

7.4　异形板现浇工艺

7.4.1　施工计划部署

1）施工进度计划

由于结构施工需为后续桥梁施工提供场地，核心区顶板洞口封闭总体施工计划见表 7-5。

核心区顶板洞口封总体施工计划　　　　　　　　　表 7-5

序号	孔洞编号	计划施工时间（年-月-日）
1	1 号、2 号	2021.7.15
2	3 号	2021.7.20

2）资源配置

（1）施工材料计划

施工材料方面，根据工序施工时间，制定涵盖材料总控计划、年度计划、季度计划及月度计划在内的系列规划。同时，根据实际施工进度控制材料进场时间及频率，确保材料供应合理、及时。主要材料配置计划见表 7-6。

主要材料配置计划表

表 7-6

序号	材料名称	规格
1	黑漆竹胶合板	1220mm × 2440mm × 15mm
2	方木	100mm × 100mm × 2000mm
3	工字钢	10 号
4	扣件	/
5	普通高强对拉螺栓	ϕ16mm
6	盘扣式立杆	500mm、1000mm、1500mm、2000mm
7	盘扣式横杆	300mm、600mm、900mm、1200mm
8	螺旋顶撑 U 形托	ϕ34mm × 600mm
9	普通高强对拉螺栓	16mm
10	工字钢	10 号
11	贝雷梁	321 号

① 钢材的选用

A. 钢材应符合《碳素结构钢》（GB/T 700—2006）和《低合金高强度结构钢》（GB/T 1591—2018）的规定。

B. 钢管应符合《直缝电焊钢管》（GB/T 13793—2016）或《低压流体输送用焊接钢管》（GB/T 3091—2015）中对于 Q235 普通钢管的要求，并符合《碳素结构钢》（GB/T 700—2006）中关于 Q235A 级钢的规定。不得使用有严重锈蚀、弯曲、压扁及裂纹的钢管。

C. 盘扣节点应由焊接于立杆上的连接盘，以及水平杆杆端扣接头、斜杆杆端扣接头共同组成，如图 7-20 所示。

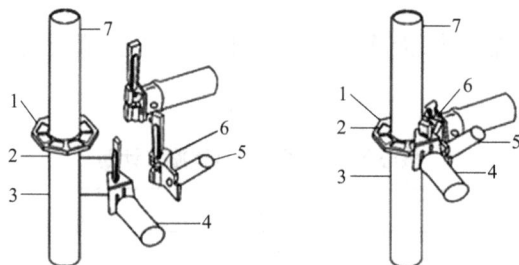

图 7-20 盘扣架设置

1-连接盘；2-插销；3-水平杆杆端扣接头；4-水平杆；5-斜杆；6-斜杆杆端扣接头；7-立杆

D. 连接盘、扣接头、插销以及可调螺母的调节手柄采用碳素铸钢制造时，其材料机械性能不得低于《一般工程用铸造碳钢件》（GB/T 11352—2009）中对于 ZG 230-450 的屈服强度、抗拉强度、延伸率的要求。

E. 钢管的尺寸和表面质量应符合下列规定。

a. 应有产品质量合格证。

b. 应有质量检验报告。钢管材质检验方法应符合《金属材料 拉伸试验 第 1 部分：室温试验方法》（GB/T 228.1—2021）的有关规定。

c. 钢管表面应平直光滑，不得有裂缝、结疤、分层、错位、硬弯、毛刺、压痕和较深划道。

d. 钢管外径、壁厚、断面等偏差，应符合现行规范规定。

e. 钢管必须涂有防锈漆。

f. 旧钢管的检查在符合新钢管规定的同时，表面锈蚀深度应符合《建筑施工扣件式钢管脚手架安全技术规范》（JGJ 130—2011）的规定。每年进行一次锈蚀检查，检查时，应在严重的锈蚀钢管中抽取三根，在每根锈蚀严重的部位横向截断取样检查，当锈蚀深度超过规定值时不得使用。

F. 钢管弯曲变形应符合《建筑施工扣件式钢管脚手架安全技术规范》（JGJ 130—2011）中的如下规定。

a. 钢管上严禁打孔。

b. 钢铸件应符合《一般工程用铸造碳钢件》（GB/T 11352—2009）中对 ZG 200-420、ZG 230-450、ZG 270-500 及 ZG 310-570 号钢的相关要求。

c. 连接用的焊条应符合《非合金钢及细晶粒钢焊条》（GB/T 5117—2012）或《热强钢焊条》（GB/T 5118—2012）中的规定。

d. 连接用的普通螺栓应符合《六角头螺栓　C 级》（GB/T 5780—2016）和《六角头螺栓》（GB/T 5782—2016）。

e. 组合钢模板及配件制作质量应符合《组合钢模板技术规范》（GB/T 50214—2013）的规定。

② 木材的选用

A. 模板结构或构件的树种应根据各地区实际情况选择质量较好的材料，不得使用有腐朽、霉变、虫蛀、折裂、枯节等问题的木材。

B. 模板结构应根据受力种类或用途，合理选用相应木材材质等级。木材材质标准应符合《木结构设计标准》（GB 50005—2017）的规定。

C. 用于模板体系的原木、方木和板材要符合《木结构设计标准》（GB 50005—2017）的规定，不得利用商品材的等级标准替代。

D. 主要承重构件如小梁方木应选用针叶材；重要的木质连接件应采用细密、直纹、无节和无其他缺陷的耐腐蚀的硬质阔叶材。

E. 当采用不常用树种作为承重结构或构件时，可按《木结构设计标准》（GB 50005—

2017）的要求进行设计。对于速生林材，应进行防腐、防虫处理。

F. 当需要对模板结构或木材的强度进行测试验证时，应按《木结构设计标准》（GB 50005—2017）的有关要求进行。

③木胶合模板板材的选用

A. 胶合模板板材表面应平整光滑，同时应具有防水、耐磨、耐酸碱的保护膜，并具有保温性良好、易脱模和可两面使用等特点。板材厚度不应小于 12mm，并应符合《混凝土模板用胶合板》（GB/T 17656—2018）的规定。

B. 各层板的原材含水率不应大于 15%，且同一胶合模板各层原材间的含水率差别不应大于 5%。

C. 胶合模板应采用耐水胶，其胶合强度不应低于木材或竹材顺纹抗剪和横纹抗拉的强度，并应符合环境保护要求。

D. 进场的胶合模板除应具有出厂质量合格证外，还应保证外观尺寸合格。

（2）施工机械设备计划

施工机械设备应根据施工方案与施工安排陆续投入，其投入计划见表7-7。

施工机械设备投入计划表

表 7-7

机械设备名称	型号/功率	数量
汽车式起重机	25t	1 台
自卸汽车	20t	1 台
平刨机		1 台
圆盘锯		1 台
电焊机		1 台
台钻		4 把
砂轮机		2 把
振捣棒		2 把

（3）施工人员配置计划

施工人员应根据施工方案与施工安排陆续投入，其投入计划见表7-8。

施工人员投入计划表

表 7-8

工种	人数（人）	工种	人数（人）
测量工	2	司索	4
架子工	16	电工	1
模板工	10	混凝土工	4
焊工	3	杂工	8
起重机司机	2		

3）施工现场平面布置

（1）施工道路布置

施工时，材料及设备可由原有路面运入现场。临时道路初期利用既有道路，在部分施工段，路基工程采用半幅通法施工。施工过程中，采用一边施工一边保证临时交通的方法，以市政专用围栏将施工区域与通行区域隔开。在工程施工期间，要密切与交警部门配合，安排专人在临时道路指挥交通导流，确保交通畅通。

（2）施工用水用电布置

本工程与供电部门协商后，已新建一台 630KVA 变压器作为现场临电供应。其中，变压器接入一台一级柜，再以一级柜形式并联多台二级柜。另外，现场配备多台发电机，并连接好备用线路，以便停电时可马上切换备用电路，使用发电机供电，以防止意外停电而影响工程质量及工程进度。

用水方面，本工程在生活驻地接用水管阀门水网，临时配置水表并铺设水管至生活区。施工用水主要为生产用水，经计算，采用 DN50 主管即可满足施工及生活用水要求。现场设置一个临时储水池，并配备加压泵一台。由于施工现场用水较多，需沿线布设临时用水线路，每隔 100m 左右设一个三通接头，方便施工时从此处接水。路基施工时，运输线路容易产生扬尘，需采用洒水车定时洒水，确保文明施工。

（3）临时支架模板材料堆放场

本工程主体结构南侧渣土场旁，设置盘扣式支架及模板原材存放点。支架及模板材料下垫上盖，并由专人看管，做好进出库相关登记工作。

7.4.2　施工方案

（1）支架模板设置体系

核心区顶板出土孔封堵支架体系，采用盘扣支架、工字钢与贝雷梁支架体系相结合的方式搭设。贝雷梁为 90cm×90cm 双排单层加强型。出土孔封堵支架搭设长 12m，宽 8.5m，高 9.5m，如图 7-21～图 7-23 所示。

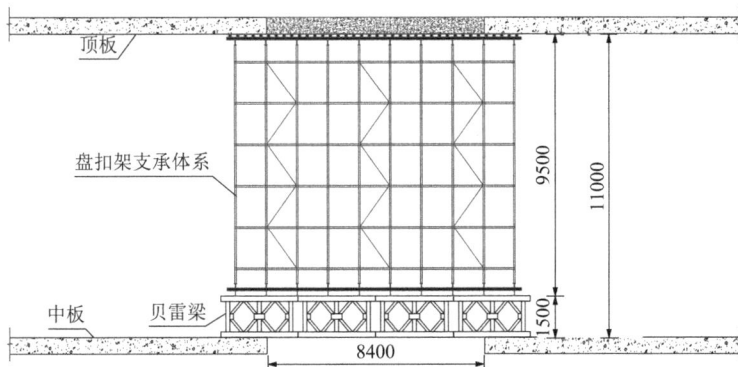

图 7-21　顶板出土口支架体系立面图（尺寸单位：mm）

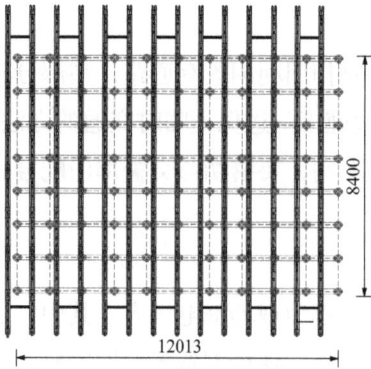

图 7-22 顶板出土口贝雷梁布置图
示意（尺寸单位：mm）

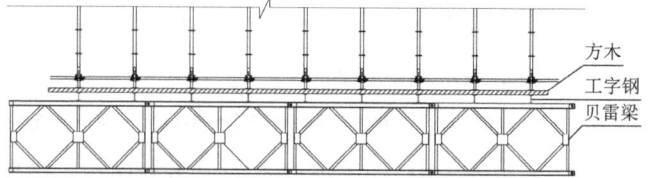

图 7-23 顶板出土口贝雷梁横断面图

（2）顶板出土孔封堵模板支架搭设参数

模板支架计算参数见表 7-9。

模板支架计算参数   表 7-9

名称	参数	名称	参数
新浇混凝土楼板名称	顶板出土口封堵	新浇混凝土楼板板厚（mm）	800
模板支架高度 H（m）	9.5	模板支架纵向长度 L（m）	13
模板支架横向长度 B（m）	9	支架外侧模板高度 H_m（mm）	1000
结构重要性系数 γ_0	1.1	脚手架安全等级	I 级
主梁布置方向	平行立杆纵向方向	立杆纵向间距 l_a（mm）	1200
立杆横向间距 l_b（mm）	1200	水平拉杆步距 h（mm）	1500
顶层水平杆步距 h'（mm）	1000	小梁间距 l（mm）	300
支架可调托座支撑点至顶层水平杆中心线的距离 a（mm）	450	基础	90mm×90mm 方木双拼，1200mm，垂直 10 号工字钢布设
小梁最大悬挑长度 l_1（mm）	150		10 号工字钢，1200mm，垂直贝雷梁布设
主梁最大悬挑长度 l_2（mm）	100		321 号贝雷梁

（3）工艺流程

① 弹出板轴线并复核。

② 搭支模架。

③ 调整托梁。

④ 摆放主梁。

⑤ 调整楼板模高程及起拱。

⑥ 铺设模板。

⑦ 对模板进行清理、刷油。

⑧ 检查模板高程、平整度、支撑牢固情况。

7.4.3　异形板施工方案

黄木岗综合交通枢纽核心区为地下四层结构,其基坑宽 81.2m,深约 39.5m。为保证基坑土石方开挖及吊运作业顺利进行,结构顶板处预留 4 个出土口用于土石方吊运及材料吊装。核心区顶板预留洞口布置如图 7-24 所示。

结构顶板厚 800mm,采用 C35P10 混凝土浇筑;地下一层中板厚 800mm,采用 C35 混凝土浇筑;支撑贝雷梁部位设置了 1530mm × 1500mm 型钢混凝土梁及 1000mm × 1200mm 临时支撑梁。

因钢便桥施工场地需要,核心区顶板 1 号孔、2 号孔、3 号孔预留孔洞需进行提前封堵,如图 7-24 所示。核心区地下一层预留洞口布置如图 7-25 所示。由于预留孔洞从顶板至底板为贯通状态,封堵顶板孔洞时,地下一层预留孔洞采用贝雷梁封堵,同时,顶板支架的施工由地下一层开始。

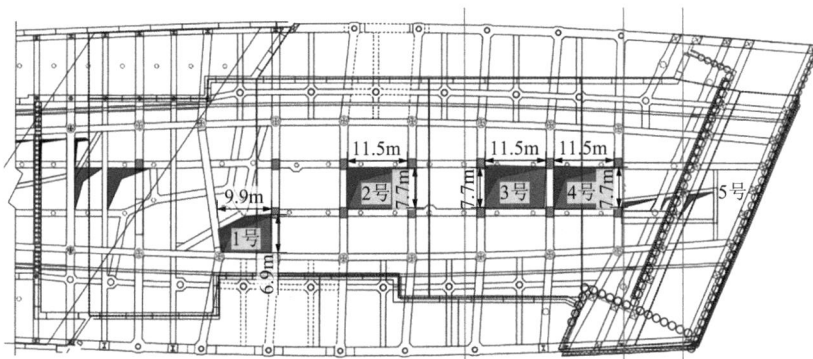

图 7-24　核心区顶板预留洞口布置图

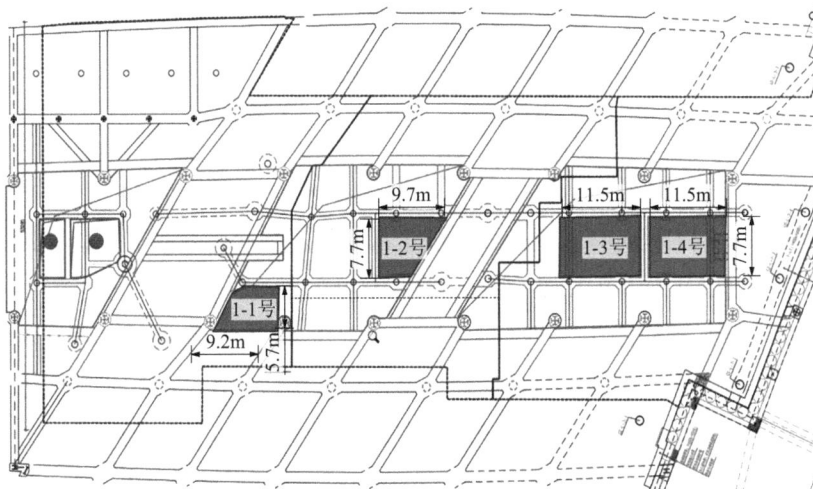

图 7-25　核心区地下一层预留洞口布置图

1）支架基底施工

（1）由于地下一层无永久孔洞，且孔洞内设有临时支撑梁，因此顶板出土孔封堵时需在地下一层临时支撑梁上部搭设贝雷梁作为支架基础，贝雷梁为 90cm×90cm 双排单层加强型。

（2）贝雷梁两端支撑需搭设至支撑梁上部，故贝雷梁跨度为 10.5~12m。

（3）垂直于贝雷梁方向，按照 1200mm 间距布设 10 号工字钢。同时，在垂直于工字钢方向，布设双拼 90mm×90mm 方木作为支架底托基础。

（4）在贝雷梁及支架搭设之前，地下一层临时支撑梁强度必须达到 100%。

（5）在地下一层临时支撑梁与地下二层临时支撑梁之间需搭设临时支架，确保混凝土支撑梁挠度满足要求。

2）支架测量放样

支架搭设前，项目测量主管运用全站仪在基底放出最外侧每组横纵支架钢管的中心线。随后，由现场施工员和技术人员针对每个支架点进行墨斗横纵弹线。弹线完成后，报请测量主管进行复测，确认无误后，方可进行施工，以此保证结构和构件各部分形状尺寸以及相互位置的正确。现场测量情况如图 7-26 所示。

图 7-26　现场测量图

3）盘扣支架搭设

（1）立柱及其他立杆件

①搭接要求：本工程所有部位立柱接长全部采用连接套管连接，严禁搭接。如图 7-27 所示，盘扣立杆设置详细展示了接头的位置要求。

②盘扣架可调托顶如图 7-28 所示。从图中可以看到，支架模板的可调托座伸出顶层水平杆的悬臂长度不得超过 650mm，且丝杆外露长度严禁超过 400mm。同时，可调托座插入立杆长度不得少于 150mm。此外，立杆支撑搭设至少延伸至孔洞外侧一个立杆，并保证顶托与既有混凝土结构做顶紧处理。

③本次方案中，矮支架和明挖顺作板面高支模支架均采用 1200mm×1200mm 盘扣支

架，梁体高支模支架均采用 600mm×900mm 盘扣支架。其中，支架的立杆长度、水平拉杆间距、剪刀撑，应严格采用施工方案计算得出的尺寸。同时，应根据支撑高度，组合套插的立杆段、可调托座和可调底座。

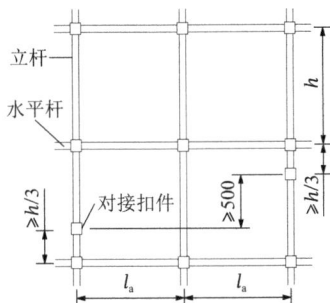

图 7-27　盘扣立杆设置（尺寸单位：mm）
h-立杆长度；l_a-水平杆长度

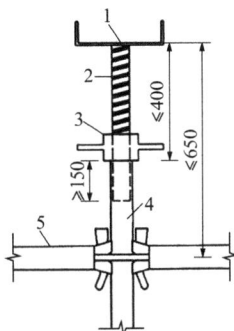

图 7-28　盘扣架可调顶托图（尺寸单位：mm）
1-可调托座；2-螺杆；3-调节螺母；4-立杆；5-水平杆

④ 模板支撑架底层纵、横向水平杆应作为扫地杆，距地面高度不超过 550mm。立杆底部应设置可调托座或固定底座。

（2）水平拉杆

每步纵横向水平杆必须通过盘扣节点连接拉通；所有水平拉杆间距应当完全符合本方案计算书中的排布设置。

（3）剪刀撑

为确保架体安全，在架体四周外立面向内的第一跨，每层均应设置竖向斜杆。同时，架体整体底层以及顶层均应设置竖向斜杆，并应在架体内部区域，每隔 5 跨由底至顶，在纵、横向均设置竖向斜杆或采用扣件钢管搭设的大剪刀撑。当满堂支架模板的架体高度不超过 4 个步距时，可不设置顶层水平斜杆；当架体高度超过 4 个步距时，应设置顶层水平斜杆或扣件钢管水平剪刀撑。

每道剪刀撑跨越立杆的根数应为 5～7 根（4～6 跨），斜杆与地面的倾斜角宜为 45°～60°。

剪刀撑斜杆的接长宜采用搭接，且搭接长度不少于 1m，并用 3 个旋转扣件均匀分布固定。

满堂架斜杆设置立面如图 7-29 所示，从图 7-29 可以看出，剪刀撑的扣件应设在与之相交的横向水平杆伸出端或立杆上，且扣件至主节点的距离不宜大于 150mm。

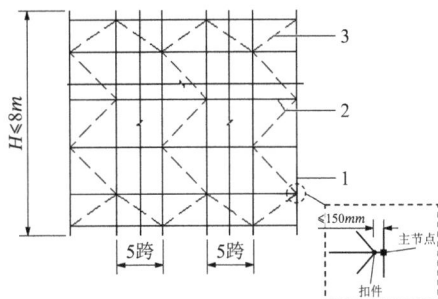

（4）周边拉结

① 梁板与柱、墙不连续浇筑。先浇筑柱墙，从

图 7-29　满堂架斜杆设置立面图
1-立杆；2-水平杆；3-斜杆

而为梁板下支架体系创造拉结位置，以便利用其与支撑架体连接，形成可靠整体。

② 当支架立柱高度超过 5m 时，应在立柱周边外侧和中间有结构柱的部位，按水平间距 6～9m、竖向间距 2～3m 的标准，与建筑结构设置固结点。

③ 连柱件设置如图 7-30 所示，用抱柱的方式（如连墙件），以提高整体稳定性和提高抵抗侧向变形的能力。

图 7-30　连柱件设置

4）模板安装

模板安装应与既有混凝土搭接不少于 300mm，并且下部需有主次楞支撑；模板安装前，应当对支架进行项目三检验收，无误后报监理复检通过，方可进行模板安装。同时，所有模板操作人员应当配备防护目镜、防滑绝缘鞋、防护绝缘手套。施工高度超过 2m 的支架模板，操作人员应当正确佩戴合格有效的安全带后，方可操作。模板支架如图 7-31 所示。

图 7-31　模板支架

（1）浇捣混凝土

① 混凝土浇筑前，应合理布置输送管线，并在浇筑过程中，严禁采用在一个点一直浇筑后再人工分摊的方法，避免局部荷载过大造成支架模板变形。

②墙、柱和梁板分开浇筑，待竖向结构达一定强度后，方可作为支架模板的约束端。

③浇筑时，振捣棒应距离侧模不小于 5cm，严禁贴着侧模振捣。在距离侧模 5cm 以外的范围，应加强振捣操作，同时可采用橡胶锤人工在外侧锤击，进一步加强振捣。

④混凝土浇筑必须根据分层浇筑要求进行。梁板采取侧向分层浇筑，每层浇筑厚度不大于 50cm；柱墙位置采用横向分层浇筑，每层浇筑厚度不大于 50cm。

⑤浇筑前，应当确保至少 2 名支架工、2 名模板工在项目安全员的带领下进行看模工作。

（2）模板拆除

拆模板前，应先进行针对性的安全技术交底，并做好记录，由交底双方履行签字手续。模板拆除前，必须办理拆除模板审批手续，经技术负责人、监理审批签字后，方可拆除。

支拆模板时，2m 以上高处作业需设置可靠的立足点，并有相应的安全防护措施。拆模顺序应遵循"先支后拆，后支先拆，从上往下"的原则。

模板拆除前，必须有混凝土强度报告，且强度达到规定要求后方可拆模。底模拆除时的混凝土强度要求见表 7-10。

底模拆除时的混凝土强度要求　　　　　　　　　　　　表 7-10

构件类型	构件跨度（m）	达到设计的混凝土立方体抗压强度标准值的百分率（%）
板	≤2	≥50
	>2；≤8	≥75
	>8	≥100
梁、拱、壳	≤8	≥75
	>8	≥100
悬臂构件	—	≥100

侧模应在确保混凝土强度构件表面及棱角不因拆除模板而受损坏后，方可拆除。

①底模拆除其他要求如下。

a.梁长大于 8m 时，混凝土强度需达到 100%方可拆除底模；梁长不超过 8m 时，强度达到 75%即可。悬臂构件无论长度如何，均需混凝土强度达到 100% 才能拆除底模。

b.对于板底模，板跨不超过 2m，混凝土强度达到 50%可拆除；板跨大于 2m 且小于或等于 8m，强度达 75%；板跨大于 8m，强度需达 100%。

②柱模拆除：先拆除拉杆再卸掉柱箍，然后用撬棍轻轻撬动模板，使模板与混凝土脱离，然后一同往下传递到地面。

③墙模板拆除：先拆除穿墙螺栓，再拆除水平撑与斜撑。随后，用撬棍轻轻撬动模板，使模板离开墙体，然后逐块向下传递，不得直接下抛。

④楼板、梁模拆除：应先拆除楼板底模，再拆除侧模。楼板模板拆除时，应先拆除水

平拉杆，然后拆除板模板支柱，每排暂留 1～2 根支柱。操作人员应站在已拆除的空隙，拆去近旁余下的支柱，使木档自由坠落，再用钩子将模板钩下。该段的模板全部脱落后，集中运出堆放，且木模的堆放高度不得超过 2m。楼层较高，且支模采用双层排架时，应先拆除上层排架，使木档和模板落在底层排架上，待上层模板全部运出后，再拆除底层排架。此外，若有穿墙螺栓，则应先拆除穿墙螺栓，再拆除梁侧模和底模。

⑤ 当立柱的水平拉杆超过 2 层时，应首先拆除 2 层以上的拉杆。当拆除最后一道水平拉杆时，应和拆除立柱同时进行。

⑥ 当拆除 4～8m 跨度的梁下立柱时，应先从跨中开始，对称地分别向两端拆除。拆除时，严禁采用连梁底板向旁侧拉倒的拆除方法。

—— 第 **8** 章 ——

施工监测与预警控制技术

施工监测是结构动态设计、信息化施工得以实现的前提。在施工过程中，依据施工现场情况和监测结果反馈的信息，技术人员能够预测未来结构可能出现的不利状态，便于对地铁车站结构的设计作出相应调整，保障整个施工过程的安全性。

（1）监测为施工开展提供及时的反馈信息

监测数据和成果是现场施工管理和技术人员判别工程安全与否的依据，是工程决策机构必不可少的"眼睛"和"瞭望塔"。

（2）监测是设计与施工的重要补充手段

设计计算中未曾计入的各种复杂因素，都可以通过对现场监测结果分析加以局部修改和完善。

（3）积累经验以提高地铁车站的改造技术

每一次施工的进行，从某种意义上说，都是一次1∶1的实体试验。所取得的数据不仅是结构和土层在工程施工过程中状态的真实反映，也是各种复杂因素影响和作用下地铁车站系统的综合体现。

8.1　现场监测分布

8.1.1　监测技术体系

1）监测目的

监测的数据和资料主要满足以下几方面的要求：

（1）使甲方能够完全客观真实地了解工程安全状态，掌握工程各主体部分的关键性安全指标。

（2）根据监测成果，按照预警体系发出预警信息，及时将潜在的险情通报给各参建单位，便于其积极采取对策。

（3）通过监测，现场施工管理和技术人员可掌握施工对围岩及既有建（构）筑物的影响程度，用以修改设计参数，进而达到信息化设计目的。

（4）通过积累数据，丰富设计人员和专家对类似工程的经验，以便专家解决工程中所遇到难题。

2）编制依据

（1）《工程测量标准》（GB 50026—2020）。

（2）《建筑地基基础设计规范》（GB 50007—2011）。

（3）《建筑与桥梁结构监测技术规范》（GB 50982—2014）。

（4）《国家一、二等水准测量规范》（GB/T 12897—2006）。

（5）《建筑基坑工程监测技术标准》（GB 50497—2019）。

（6）《深圳市基坑支护技术规范》（SJG 05—2020）。

（7）《建筑基坑支护技术规程》（JGJ 120—2012）。

（8）《建筑变形测量规范》（JGJ 8—2016）。

（9）《城市轨道交通工程监测技术规范》（GB 50911—2013）。

（10）深圳地铁 7 号线黄木岗站中区改造相关设计文件。

（11）国家或行业其他测量规范、强制性标准。

3）监测范围及工程监测等级

考虑工程自身情况及施工现场的周边环境，本工程以既有车站内围护结构为重点监测区域（包括既有车站结构的地下结构板、侧墙、结构变形缝两侧以及临时立柱）。本工程监测等级根据改造工程的自身风险等级、周边环境风险等级进行划分，综合判定监测等级为一级。

4）监测工作重、难点

本工程监测重、难点汇总见表 8-1。

监测重、难点汇总表 　　　　　　　　　　　　　　　　　表 8-1

工点名称	重、难点内容	监控对策
围护、侧墙结构、既有顶板结构拆除	深圳地铁 7 号线黄木岗站改造为国内目前最大体量的既有线改造工程，涉及专业广、接口部门多以及施工协调难度大等问题。需拆除既有结构顶板、围护结构及侧墙，并新建叠合梁（柱），体系转换复杂，施工组织难度大，施工风险高	严格按照设计要求和施工方案分层跳仓破除围护及侧墙结构，既有顶板拆除施工严格按照既定的拆除线路及先后次序进行，防止错拆影响后续拆除安全；在改造施工期间加强对结构水平位移、结构竖向位移、变形缝差异沉降和裂缝宽度进行监测以及巡视工作，及时根据监测数据的变化情况调整监测频率和加大监测范围，并通知施工单位调整施工工序和进行相应的处理，如有异常情况，及时上报
临时立柱架设及拆除	主体结构侧墙拆除前，为防止既有车站结构发生变形，对各层板下施加型钢临时立柱为车站结构提供支撑；临时立柱间距 2500～3150mm，材料采用直径 609mm（钢材厚度 $t = 16$mm）钢立柱，钢立柱支撑位置处，各层结构板底及板面设置连系梁为双拼工字钢 I45b，宽 700mm，在各层板面连系梁上与钢管立柱之间设置高度为 590mm 的轴力伺服系统钢管柱	严格按照施工方案的要求临时进行支撑架搭设作业。在改造施工期间加强对结构水平位移、结构竖向位移、变形缝差异沉降和裂缝宽度进行监测以及巡视工作，及时根据监测数据的变化情况调整监测频率和加大监测范围，并通知施工单位调整施工工序并进行相应处理，如有异常情况，及时上报

5）监测项目及精度要求

本工程监测项目及精度要求见表 8-2。

监测项目及精度要求 　　　　　　　　　　　　　　　　　表 8-2

序号	监测项目	测点布置位置	仪器设备	标称精度	备注
1	结构水平位移	地下结构板、侧墙	徕卡 TM50 全站仪	0.5″0.6mm + 1ppm	采用自动化监测，对于部分不能采用自动监测的区域辅以人工监测手段
2	结构竖向位移	地下结构板、侧墙	徕卡 TM50 全站仪	0.5″0.6mm + 1ppm	
			机器视觉位移传感器	0.5mm	
			YT-880B 压力式静力水准仪	0.03% F·S	

序号	监测项目	测点布置位置	仪器设备	标称精度	备注
3	变形缝差异沉降	结构变形缝两侧	徕卡 TM50 全站仪	0.5″0.6mm + 1ppm	
			机器视觉位移传感器	0.5mm	
			YT-880B 压力式静力水准仪	0.03% F·S	
4	立柱结构应力	临时钢立柱	应变计	≤0.5% F·S	自动化监测
5	裂缝	结构裂缝位置	游标卡尺	0.05mm	人工监测

6）测点布置与测试方法

改造施工期间，7-7～7-26 轴监测断面间距为 5m，其余范围改造结构监测断面间距为 10m，沿地铁 7 号线黄木岗站纵向布置；改造施工前或改造施工完成且新建结构强度达到设计强度后，可将监测断面间距放宽到 10m 布置。

监测断面的布置可随着改造施工的不同阶段进行相应调整。中区改造期间，10 轴以南保留 1 个断面，20 轴以北保留 1 个断面，其余南北区范围暂不进行监测。中区改造完成后至南北区改造开始前，中区保持 5m 一个监测断面。南北区改造开始后，中区监测断面间距调整为 10m。监测数据稳定后，中区范围可停测。剩余南北区监测断面，改造完成后，断面间距可调整为 10m，数据稳定后可停测，监测工程量统计见表 8-3。

深圳地铁 7 号线黄木岗站改造工程监测点统计表　　　　表 8-3

序号	监测项目	总计（个）	备注
1	结构水平位移	155	监测点数量统计依据设计图纸中给定的监测量。因现场情况复杂，后期根据现场实际情况会进行微调
2	结构竖向位移	705	
3	差异沉降	6	
4	立柱结构应力	34	
5	裂缝	/	

7）监测频率

结构监测应贯穿于改造作业的全过程，直至作业完成且监测数据趋于稳定后方可结束。监测频率应综合考虑施工工序、周边环境、自然条件的变化和当地经验而确定。当监测值相对稳定时，可适当降低频率；当监测值出现异常变化时，应加强监测频率。在监测值无异常和无事故征兆的情况下，监测频率可按照以下规则确定。

（1）施工围蔽内应结合施工组织调整监测频率

破墙做柱门洞位置：破墙施工至柱浇筑完成达到设计强度前，监测频率为 4 次/d；结构梁柱浇筑完成达到设计强度后应调整为 1 次/d；改造完成后调整为 1 次/周。

破墙做梁门洞位置：破墙施工至柱浇筑完成达到设计强度前，监测频率为 1 次/d；破墙施工至梁浇筑完成达到设计强度前，监测频率为 4 次/d；结构梁柱浇筑完成达到设计强度后应调整为 1 次/d；改造完成后调整为 1 次/周。

（2）施工围蔽外监测频率

改造期间为 1 次/d，改造完成后为 2 次/月。当改造施工结束，施工影响安全的因素消除，监测对象变形趋于稳定后，监测单位可向相关单位提交停测申请，经批准后方可停止相应的监测工作。

根据现场施工监测数据，本工程既有建筑物进行拆除的监测项目汇总及控制值见表 8-4。

监测项目汇总及控制值　表 8-4

序号	监测项目	断面间距（m）	仪器设备	控制值	备注
1	结构水平位移	5	电子水准仪全站仪	10mm，0.5mm/d	结构监测应贯穿于改造作业的全过程，直至作业完成且监测数据趋于稳定后方可结束，施工期间不宜低于 2 次/d，关键工序期间 2 倍开孔范围内不宜低于 4 次/d
2	结构竖向位移	5	电子水准仪全站仪	10mm，0.5mm/d	
3	变形缝差异沉降	5	电子水准仪全站仪	4mm，0.5mm/d	
4	裂缝（总限值）	5	游标卡尺	＜0.3mm	

8）结构监测

本工程采用的监测控制基准表 8-5。

监测控制基准　表 8-5

序号	监测项目	判定内容	控制基准	备注
1	结构水平位移	累计值和速率	累计值：10mm；速率：1mm/d	设计
2	结构竖向位移	累计值和速率	累计值：10mm；速率：1mm/d	设计
3	差异沉降	累计值和速率	累计值：4mm；速率：1mm/d	设计
4	立柱结构应力	轴力值	3200kN	设计
5	裂缝	累计值	累计值：＜0.3mm	设计

9）管理等级及对策

（1）预警等级管理及其程序

监测项目应按"分区、分级、分阶段"的原则制定监控量测控制标准，并按黄色、橙色和红色三级进行管理和控制，具体险情预警等级见表 8-6。

本工程险情预警等级　表 8-6

序号	预警等级	预警状态描述
1	黄色	"双控"指标（变化量、变化速率）均达到监控量测控制值（极限值）的 60%，或双控指标之一达到监控量测控制值的 80% 时
2	橙色	"双控"指标均达到监控量测控制值的 80%，或双控指标之一超过监控量测控制值时；或双控指标达到极限值而整体工程尚未出现不稳定迹象时
3	红色	"双控"指标均超过监控量测控制值，或实测变化率出现急剧增长，工程存在不稳定迹象时

当本工程出现下列情况之一时，监测人员应根据情况紧急程度、发展趋势和造成后果的严重程度按预警管理制度报送警情，并及时采取应急处治措施。

① 监测数据累计变化量或变化速率之一达到控制值。

② 围护结构出现过大变形、较大裂缝、断裂等。

③ 周边地表出现突然明显沉降或较严重的突发裂缝及坍塌情况。

④ 根据当地工程经验判断，出现其他必须进行警情报送的情况。

当各监测项目监测数值出现异常变化或达到设计文件、规范、规程所定的预警值时，监测人员应检查各测点是否存在松动或破坏，并检查仪器、监测方法及计算过程，经过复测并与第三方监测校核无误后，立即通过电话、短信等快捷方式向建设、监理、施工单位汇报情况，并由上述单位向建设主管部门逐级汇报；报送内容主要包括：风险事件、地点、风险概况、原因初步分析、风险处理建议等；此后，将报告发送至项目部、分部施工单位、监理单位。

（2）预警的判断、发布及响应

当各监测项目的监测数值出现异常变化或达到设计文件、规范、规程所定的预警值时，由施工方检查基准点、控制点及测点是否存在松动或破坏，并检查仪器、监测方法及计算过程，经过复测无误后将按照深圳市交通运输委员会预警管理办法及条例的相关要求和规定，发布警情通报。本工程预警信息通报及预警后应采取的措施见表8-7。

本工程预警信息通报及预警后应采取的措施　　　　表 8-7

预警	通报对象	预警后采取的措施
监测或巡视黄色预警	项目部和监理负责人、主管，联合体项目经理部驻地代表、建设单位驻地代表	（1）加强主体结构检查和位移动态监测； （2）负有特定职责的人员加强巡视
监测、巡视橙色或综合黄色	除前述人员外，另包括建设单位、联合体项目经理部、设计单位的项目技术主管	（1）前述措施； （2）监理组织参建单位、专家对数据及巡视信息进行综合分析、判断，提出意见； （3）属于安全的，继续施工；属于不安全的，采取特殊措施，完善施工方案、开挖进度、支护参数及工艺方法
监测、巡视红色预警或综合橙色预警	除前述人员外，另包括建设单位联合体项目经理部、设计单位项目技术负责人、政府主管部门委托的监管机构	（1）前述措施（其中监测24h现场值班）； （2）建设单位组织施工、监理、监测、设计单位和专家进行分析评估、预测事故发生可能性的大小、影响范围和程度，并提出措施； （3）必要时停止正常作业，采取相应补强措施，如加强支撑加固等
综合红色预警	除前述人员外，另包括建设单位负责人、政府主管部门	（1）前述措施； （2）施工单位抢险救援队伍、联合体项目经理部专业应急抢险队伍进入待命状态，调集应急救援所需要的物资、设备、工具； （3）建设单位项目管理公司、应急办公室负责人赶赴现场，协调工作； （4）采取必要措施，确保交通和地下管线安全； （5）与毗邻社区的街道办、政府建立并保持热线联系
事故中期征兆、晚期征兆	同前	（1）作业人员停止作业，在采取可能的应急措施后撤离作业场所； （2）启动应急预案，进入应急救援状态

预警后，施工方将根据预警等级及现场情况，按照风险应急预案，加密监测频率，指

派专人跟踪以实时掌握变形情况，并及时将跟踪监测资料发送参建各方，以便分析讨论确定预警响应措施。预警点位监测数据稳定后，根据深圳市轨道交通集团预警管理办法及条例的相关要求和规定，进行消警手续。

预警及后续跟踪监测过程中，我方将及时搜集并保存相关资料，以便分析总结，指导后续施工过程。

预警后，应根据预警等级及现场情况加密预警断面测点布设并加大监测频率，指派专人跟踪以实时掌握变形情况；其他参建单位按预警管理办法采取不同措施。监测人员应全过程跟踪数据的发展变化，并全力配合，及时参加各类分析会，为施工及决策单位提供及时有效的监测数据。

10）数据整理与分析

施工监测与第三方监测为相互独立进行的监测工作，由监理对双方数据成果进行对比分析。数据相差过大时，将及时组织相关人员分析原因，并提出处理措施。

监测数据一般是随时间和空间变化的，一般称为时间效应和空间效应。及时以变化曲线关系图的形式表示出来，可使监测成果"形象化"，以便及时发现问题和分析问题。

工程施工期间，一般会绘制监测数据随时间变化的规律曲线——时态曲线（或散点图），并在时态曲线图上注明关键施工工序等，以便对工程结构的变形、受力状态进行分析，指导设计和施工。

现场量测过程中，施工方按照要求做好巡视记录并及时整理分析量测数据，绘制监测变量累计值（P）-时间（t）的时态关系曲线，如图 8-1 所示；绘制监测变量变化速度（ΔP）-时间（t）的时态关系曲线，如图 8-2 所示。

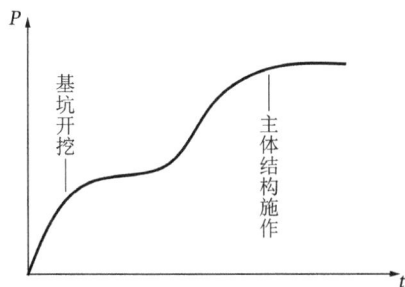

图 8-1　监测变量累计值与时间的关系　　图 8-2　监测变量变化速度与时间的关系

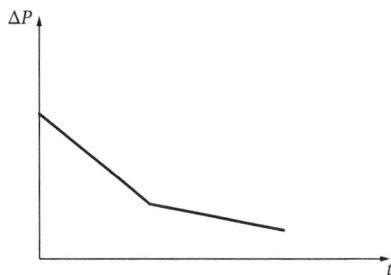

11）信息反馈与工程对策

施工过程中应进行监控量测数据的实时分析和阶段分析。

（1）实时分析

每天根据监测数据及时进行分析，发现工程结构、周边环境被监测对象等出现变形、受力异常等情况时，应及时分析原因并提交《工程险情预警报告》或《工程监控信息卡》。同时，需第一时间告知各参建单位相关监测信息，以便为施工决策和方案优化提供科学依据。

（2）阶段分析

按阶段（本工程按周、月分阶段分析）总结监控量测数据的变化规律，对隧道支护结构状态进行评价，提交阶段分析报告，指导后续施工。

根据监测数据分析成果及时进行监控量测信息反馈，对工程结构、周边环境被监测对象的安全状态进行合理、科学评价，并提出相应的工程对策与建议。其安全状态评价流程和监测信息反馈程序如图 8-3 所示。

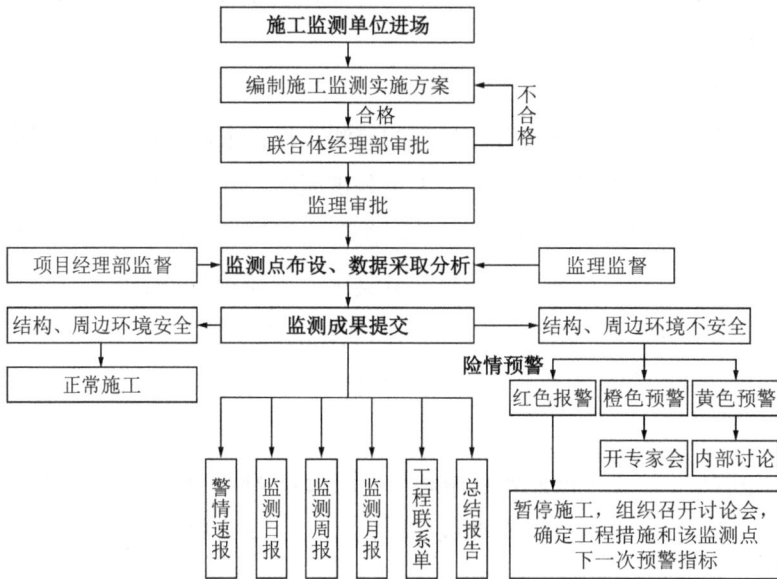

图 8-3　本工程安全状态评价流程和监测信息反馈程序

8.1.2　监测实施方法

监测实施方法的选择应根据地铁 7 号线黄木岗站改造项目的工程特点、设计要求、场地条件和方法实用性等因素综合确定。所选用的监测方法应科学、合理，同时便于操作。本工程主要采用自动化手段进行监测，然而，鉴于车站部分区域存在场地限制，无法实施自动监测，针对这些区域，则采用人工监测手段作为补充。

1）变形监测网

变形监测网主要包括基准点、工作基点、变形监测点及量测方法等内容。基准点不应受工程施工、降水及周边环境变化的影响，应设置在位移和变形影响范围以外、位置稳定且易于保存的位置，并应定期复测，复测周期视基准点所在位置的稳定情况而定。一般情况下，基准点可选用设计单位提供给施工单位的测量控制点（与施工单位同步复测成果）。若无法利用设计单位提供的测量控制点，则可选择较稳定位置自行制作，如图 8-4～图 8-7 所示。

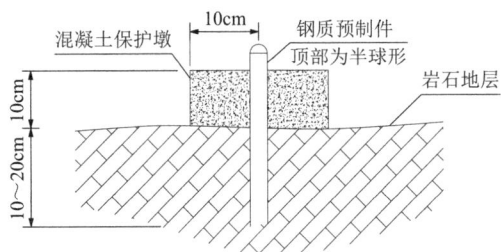

图 8-4　水准点埋设图（岩石地层）

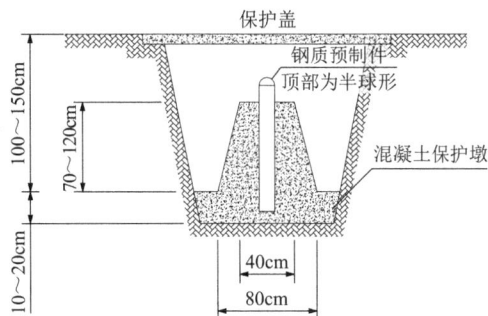

图 8-5　水准点埋设图（土层中）

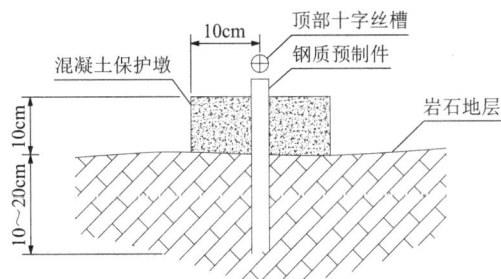

图 8-6　平面控制点埋设图（岩石地层）

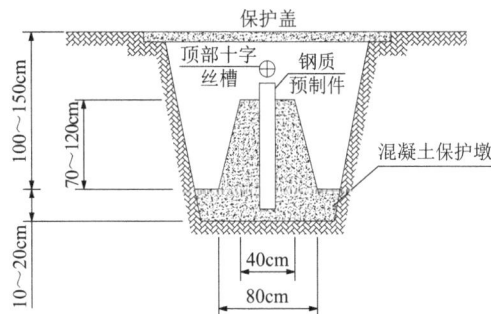

图 8-7　平面控制点埋设图（土层中）

工作基点应选择在相对稳定和方便使用的位置，且应定期将工作基点与基准点进行联测［联测频率一般为 1 次/（1～3）月］。在通视条件良好、距离较近、观测项目较少的情况下，可直接将基准点作为工作基点。

2）仪器设备和元件

性能良好的仪器设备和元件是监测工作能否顺利进行的基本保证，监测现场采用的仪器设备和元件应符合下列规定：

（1）满足观测精度和量程要求，且具有良好的稳定性和可靠性能。

（2）应经过校准或标定，且校核记录和标定资料齐全，并应在规定的校准有效期内使用。

（3）监测过程中应定期对仪器设备进行维护保养及监测元件的检查。

3）基本要求

为将监测中的系统误差降至最小，达到提高监测精度的目的。量测过程中，尽量使仪器设备在基本相同的环境和条件（如环境温度、湿度、光线、工作时段等）下工作。对于同一监测项目宜按照下列要求执行：

（1）采用相同的观测方法和观测路线。

（2）使用同一监测仪器设备。

（3）固定观测人员。

（4）在基本相同的环境和条件下工作。

（5）初始值应在相关施工工序之前测定，并且至少连续观测 3 次稳定值，将这 3 次稳定值的平均值作为初始值。

4）工作基点联测

为确保工作基点的稳定性，需要定期将工作基点与基准点（一般采用本工程的测量控制点作为基准点）联测并及时修正坐标成果，常用的方法有前方交会法、后方交会法和导线测量法。

（1）前方交会法

已知两个基点 A、B，分别对待定点 P（工作基点）观测水平角以计算待定点的坐标。为提高点位精度，实际工作中，常在 3 个基点上进行交会，用 2 个三角形分别计算待定点的坐标，如图 8-8 所示，这样既可取其平均值为所求结果，也可根据两者的差值判定观测结果是否可靠。

如图 8-9 所示，点 A、B 为已知基点，P 为待定点（需要复核的工作基点）；点 A、B、P 三点按逆时针次序排列。

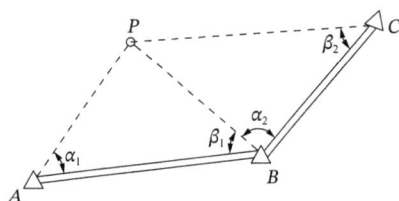

图 8-8　前方交会法示意图（3 点）　　图 8-9　前方交会法示意图（2 点）

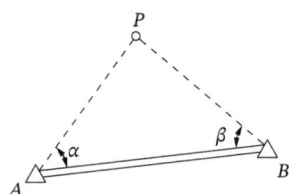

① 根据已知坐标计算已知边 AB 的方位角和边长。

$$\theta_{AB} = \arctan\frac{y_B - y_A}{x_B - x_A} \tag{8-1}$$

$$D_{AB} = \sqrt{(x_B - x_A)^2 + (y_B - y_A)^2} \tag{8-2}$$

方位角 α 与象限角 θ 间的关系如图 8-10 所示，根据二者的关系，可确定 AB 的方位角 α_{AB}。

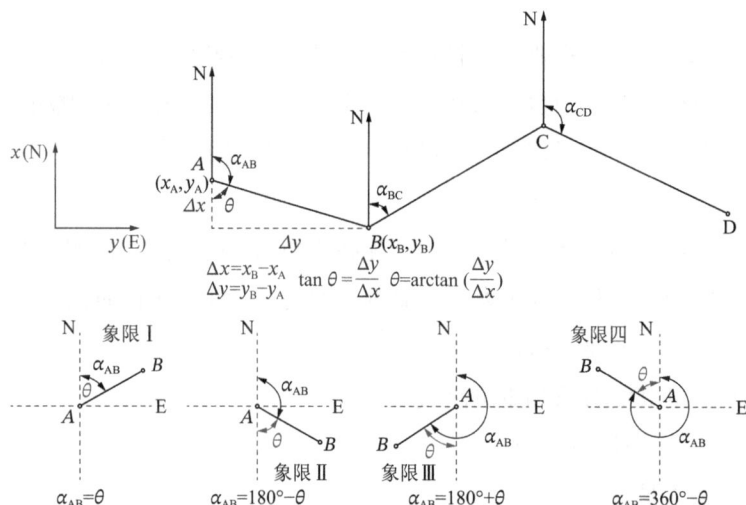

图 8-10　方位角 α 与象限角 θ 间的关系示意图

② 推算边AP和边BP的坐标方位角和边长。

$$\left.\begin{aligned}\alpha_{AP} &= \alpha_{AB} - \alpha\\ \alpha_{BP} &= \alpha_{BA} + \beta\end{aligned}\right\} \tag{8-3}$$

$$\left.\begin{aligned}D_{AP} &= \frac{D_{AB}\sin\beta}{\sin[180° - (\alpha + \beta)]}\\ D_{BP} &= \frac{D_{AB}\sin\alpha}{\sin[180° - (\alpha + \beta)]}\end{aligned}\right\} \tag{8-4}$$

③ 计算点P坐标。

分别由点A和点B按式(8-5)推算点P坐标，并校核。

$$\left.\begin{aligned}x_P &= x_A + D_{AP}\cos\alpha_{AP}\\ y_P &= y_A + D_{AP}\sin\alpha_{AP}\\ x_P &= x_B + D_{BP}\cos\alpha_{BP}\\ y_P &= y_B + D_{BP}\sin\alpha_{BP}\end{aligned}\right\} \tag{8-5}$$

或

$$\left.\begin{aligned}x_P &= \frac{x_A\cot\beta + x_B\cot\alpha + (y_B - y_A)}{\cot\alpha + \cot\beta}\\ y_P &= \frac{y_A\cot\beta + y_B\cot\alpha + (x_B - x_A)}{\cot\alpha + \cot\beta}\end{aligned}\right\} \tag{8-6}$$

需要注意的是：点A、B、P的点号必须按逆时针次序排列。若点A、B、P的点号按顺时针排列时，上述公式中A、B数据要交换使用。

（2）后方交会法

后方交会法分别如图 8-11、图 8-12 所示，设A、B、C为三个已知点；α、β、γ为未知点P上的三个角，其对边分别为BC、CA、AB，且$\alpha + \beta + \gamma = 360°$。

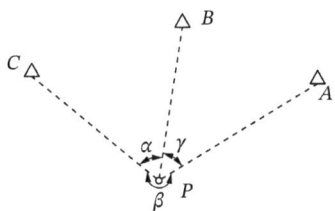

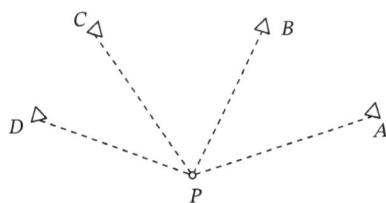

图 8-11　后方交会法示意图（3 点）　图 8-12　后方交会法示意图（4 点）

$$\left.\begin{aligned}P_A &= \frac{1}{\cot A - \cot\alpha}\\ P_B &= \frac{1}{\cot B - \cot\beta}\\ P_C &= \frac{1}{\cot C - \cot\gamma}\end{aligned}\right\} \tag{8-7}$$

$$\left.\begin{array}{l} x_P = \dfrac{P_A x_A + P_B x_B + P_C x_C}{P_A + P_B + P_C} \\[3mm] y_P = \dfrac{P_A y_A + P_B y_B + P_C y_C}{P_A + P_B + P_C} \end{array}\right\} \tag{8-8}$$

在实际应用中，更多的已知点通常能提供更多的约束条件，可能会让后方交会的精度更高，解算结果更可靠。

在运用后方交会法进行定点时，应注意危险圆问题。如图 8-13 所示，当 P、A、B、C 四点共圆时，根据圆的性质，P 点无论在何处，α 和 β 的值都是由这个圆确定的固定值，即 P

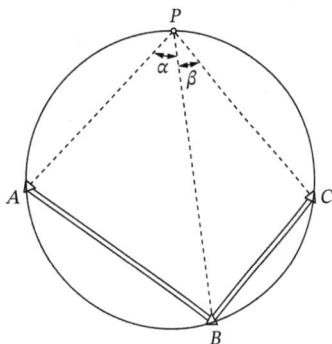

点是一个不定解，这就是后方交会法中的危险圆。在后方交会时，一定要使 P 点远离危险圆。

采用前方交会法或后方交会法时，交会角度一般应满足 $30° \leqslant \alpha \leqslant 150°$。

（3）导线测量法

当工程周边建（构）筑物特别密集时，采用前方交会法和后方交会法都难以实现时，可通过布设合理的导线测定工作基点的稳定性，主要步骤如下。

图 8-13　后方交会危险圆

① 导线测量的外业工作：踏勘选点、角度测量、边长测量。

② 导线的内业计算：坐标方位角的计算与角度闭合差的调整、坐标增量闭合差的计算和调整、坐标的调整。

8.2　围蔽范围内施工监测实施细则

根据设计要求的监测频率，围蔽范围内测点需进行自动化监测。同时，由于场地条件限制，围蔽范围内不同区域可采用不同自动化监测手段。

地下一层～地下三层围蔽范围内结构水平位移以及地下一层围蔽范围内结构竖向位移的监测方面，在地下一层围蔽南北两侧各设置一台徕卡 TM50 测量机器人，在地下二层及地下三层围蔽南端头，也各设置一台徕卡 TM50 测量机器人。通过测量机器人与监测软件的配套使用，实现以上围蔽范围内测点的自动化监测。

对于地下二层、地下三层围蔽范围内竖向位移的监测点，这些测点布置于站台板下的结构面上，采用静力水准仪来实现对其的自动化监测。

而地下三层围蔽范围内的竖向位移监测点，在使用静力水准仪进行自动化监测的基础上，采用图像视觉技术进行自动化监测，对静力水准仪监测数据进行补充。

至于地下二层、地下三层的临时钢立柱，则采用应变计与数据采集箱实现自动化监测。

8.2.1　结构水平（竖向）位移

1）监测目的

改造施工过程中，需要在既有结构侧墙开洞，拆除既有墙体或梁、柱。拆除结构构件后，既有结构受力状态发生改变，可能导致车站结构的地下结构板、侧墙产生较大变形。其中，结构水平（竖向）位移是结构变形的直接体现。变形观测测点埋设于既有结构表面，从改造施工开始时进行监测。

2）自动化监测设备

（1）测量机器人

测量机器人采用固定测站坐标，对基准点进行多次观测，取其坐标平均值为控制点坐标值；并利用自由设站的模式，对观测点进行两次以上观测，确保初始值的准确性。在每个观测周期开始前，测量机器人利用基准点对测站点坐标进行校正，通过 4 个测回解算出测站点的坐标，经多次观测取平均值确定测站点精确坐标。确定测站坐标后，进行 2 个测回的监测点观测作业。监测人员通过远程控制系统操作，利用专业软件接收并自动处理数据，从而生成监测成果表及变形曲线。自动化监测现场见图 8-14，监测测点布设见图 8-15。

图 8-14　自动化监测现场图　　　图 8-15　自动化监测测点布设

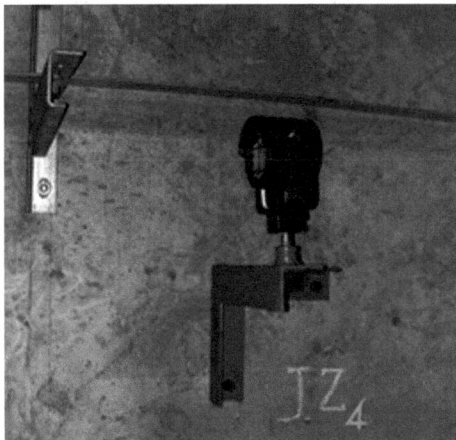

① 地理监测系统（GeoMoS）

GeoMoS 软件是由徕卡测量系统研发的自动化监测软件平台，可以实现计算机远程控制和配置，按照既定的程序设置开展监测作业，并实时反映当前监测对象的结构状态。GeoMoS 主要分为监测器（Monitor）和分析器（Analyzer）两部分，都连接于结构化查询语言服务器数据库（SQL Server），其具体监测流程如图 8-16 所示。

② 徕卡 Nova TM50 监测机器人

徕卡 Nova TM50 集成了目前最高精度的测角和测距系统，其自动目标识别（ATR）角度精度达到 0.5″，距离达 3000m，监测精度非常高。其中，徕卡 Nova TM50 的小视场技术保证仪器可在恶劣环境下高精度、高效率且全天候智能化地完成监测工作。

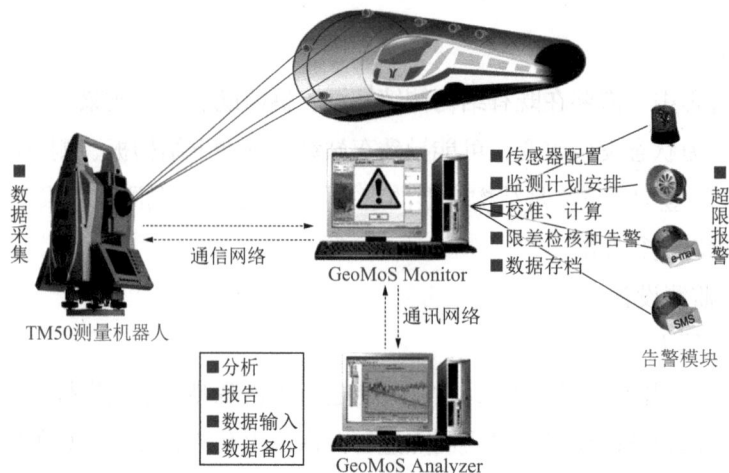

图 8-16　监测流程图

③ 无线数据传输

本项目处于地铁运营期，主要使用第三代移动通信技术（3G）和第四代移动通信技术（4G）网络的无线数据终端（DTU）进行数据传输，其无线数据传输示意图如图 8-17 所示。

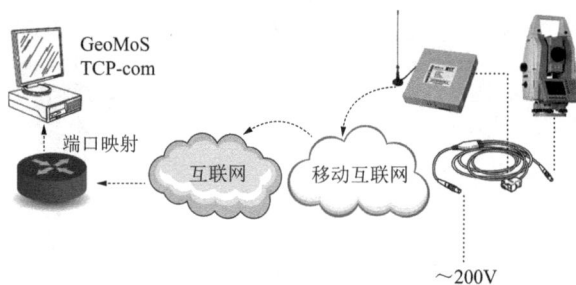

图 8-17　无线数据传输示意图

同时，在监测正常开展的情况下，还应做到不对既有设备构成侵限，影响列车运行安全。

（2）静力水准仪

沉降采用 YT-880B 压力式静力水准仪监测。YT-880B 压力式静力水准仪技术指标见表 8-8。

表 8-8

YT-880B 压力式静力水准仪技术指标

监测项	设备名称	设备型号	技术指标
竖向位移	静力水准仪	YT-880B	量程 300-2000mm 精度：±0.03%F·S 供电：DC 5~36V 环境温度：-25℃~85℃

静力水准仪系统由多个静力水准仪传感器通过一根充满液体的 PU 管（聚氨酯管）连接在一起，最后连接到一个储液罐上。相比于管线的容量，储液罐拥有足够大的容积，能够有效减少因温度变化导致管线容量产生细微变化所带来的影响。将储液罐及其附近的静力水准仪传感器视作基点，基点必须安装在垂直位移相对稳定或者可以通过其他人工手段测量确定的位置，接下来就可以通过测点静力水准仪传感器的数据变化直接测得该点的相对沉降。

（3）图像视觉技术

本工程借助图像视觉技术可实现自动化监测，图像视觉技术的原理是通过计算监测点标靶与基准点标靶在同一互补金属氧化物半导体（CMOS）传感器上成像的像素坐标差的变化情况，反映被测物体点的横向（x）和竖向（z）位移情况，是一种非接触式的高精度长期位移监测解决方案。图像测量系统现场安装如图 8-18 所示。

图 8-18　图像测量系统现场安装图

图像视觉技术所采用的图像测量系统由人工智能（AI）视觉位移测量传感器、监测点标靶、基准点标靶三部分组成，该系统的主要特点包括：

① 传感器本身不需要安装于被测物体结构表面或内部，可实现多个监测点同时采集。

② 监测靶、基准靶均采用 850nm 波段发光二极管（LED）不可见光，无光污染。

③ 运用独特的长期监测滤波算法，有效避免了数据漂移等长期监测问题，且无须人员对设备维护。

④ 该算法可将像素精度提升 256 倍，经多个监测项目试验证明，其可靠分辨率可达到 0.02mm。

3）测点埋设方法及要求

（1）L 形棱镜安装

L 形棱镜安装前，监测人员需根据设计资料及审批完成的监测方案确定监测点位及监测范围。全站仪自动化监测测点采用徕卡 L 形棱镜进行安装，选用规格为 ϕ10cm、长度为 8cm 的膨胀螺栓来固定测点，所有监测设施安装位置需在保证不影响监测工作正常开展的情况下，做到不对既有设备构成侵限，影响列车运行安全。

（2）静力水准仪

① 储液罐支架为 L 形不锈钢板，短边 4 个孔用于将其固定在结构表面，如图 8-19 所

示。长边上同样设有 4 个孔，用于与储液罐进行连接固定。

② 传感器支架同样使用 L 形喷塑钢板，短边 4 个孔用于将其固定在结构表面，长边 2 个孔用于固定传感器安装外壳。

③ 静力水准仪使用桥架保护，且线槽或桥架尺寸应根据现场情况及走线根数确定。同时，线槽或桥架必须与结构物可靠固定，并使用胶粒和自攻螺丝将线槽固定于结构物上，使用膨胀螺丝和托架将桥架固定于结构物。

④ 在储液罐安装固定完成后，便可进行通液管铺设与连接工作，同时进行传感器的安装。在这一过程中，利用从储液罐流向安装位置的液体，尽可能将通液管内的气泡排出。根据需要连接的两个测点之间的距离，截取相应长度的通液管，务必预留有一定的余量，以应对可能出现的位置调整等情况。两个测点间通液管安装好之后，管线中间应比两段低，这样有利于排出空气。管线铺设时，应避免打折、扭曲和划伤，且管线必须紧固、可靠地连接到三通、直通上，以免漏液。

⑤ 需要注意的是，为防止储液罐内液体蒸发，建议在储液罐内添加不具有挥发性的硅油，使硅油覆盖在溶液表面形成油膜以隔绝空气，从而限制水分的挥发。油膜厚度以 0.2～0.5mm 为宜。添加硅油应使用黏度单位为 5～10cSt 的品种，黏度太大的硅油不利于液面的平衡。

⑥ 调试工作完成，且传感器正常工作后，即可进行通气管连接与铺设工作。通气管的作用是使储液罐液面以上气压及传感器内部压力保持一致，因此整个通气系统应相互连通，并仅在一点处和大气连通。根据需要连接的两个测点间的距离，截取相应长度的连通管，务必留有一定的余量。截取完成后，松开干燥管一端的螺丝，使其与大气导通，接着在干燥管上套一层处于自然干瘪状态的较大气球，对其进行保护，有利于延长干燥剂的使用寿命。通气管安装完毕后，可与通液管聚拢、绑扎在一起。同时，管线铺设过程中，应避免打折、扭曲和划伤。

图 8-19　静力水准仪外观

（3）视觉位移

① 监测点布设

监测点采用被动光源标靶，其现场安装如图 8-20 所示。利用反射片的强反射性，并借助 850nm 红外光照明，即可获得理想且锐利的光斑成像。安装时，应采用膨胀螺栓对其进行固定，并在调试结束后使用免钉胶进行加固处理。

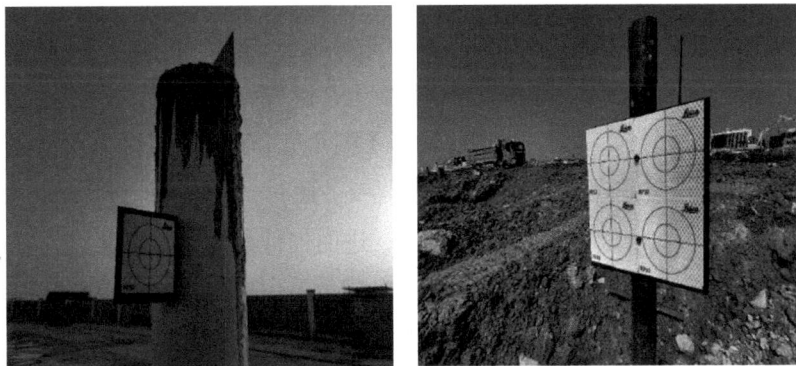

图 8-20　被动光源标靶现场安装图

② 观测站布设

观测设备采用楔形三脚支架固定，如图 8-21 所示。固定时，采用四颗 M10mm×100～120mm 的膨胀螺丝对三脚支架进行固定。待设备完成调试后，采用云石胶对观测设备进行加固处理。

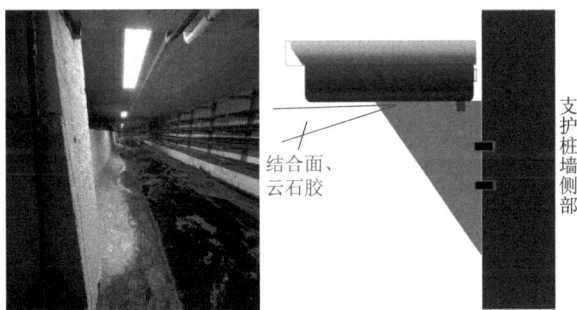

图 8-21　楔形三脚支架固定观测设备示意图

③ 基准点

基准点即参考点，每一个观测点将对应一个基准点与一个校准点。基准点采用与监测点相同的标靶及固定工艺，位于观测点前方视野范围内 5m 位置。

4）测试方法

（1）监测机器人

后方交会法方便灵活，工作效率高，适合于各种条件的监测，结合现场综合情况确定采用全站仪自由设站法。

首先，通过三维坐标测量的方法，将已知坐标点传导至基准点上，从而得到各个基准点的坐标。

具体做法为：将测站 A 坐标、仪器高、棱镜高输入全站仪中，并输入后视 B 点坐标或后视方位角；完成全站仪测站定向后，瞄准 P 点处的棱镜，按下全站仪上的相应功能键（测量键），即可显示 P 点三维坐标。用此方法可以得到所布设基准点的三维坐标，其测量示意如图 8-22 所示。

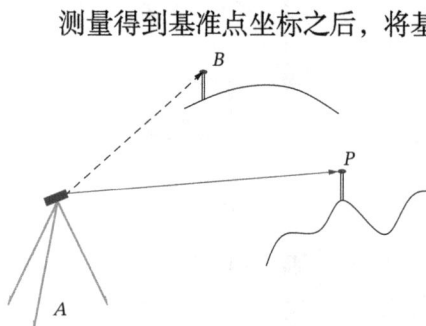

测量得到基准点坐标之后，将基准点作为已知点 A、B、C 使用。监测时，将全站仪安置于待定点 P 上，观测三个或三个以上已知点（点 A、B、C 等）的角度和距离，并输入各已知点的三维坐标和仪器高。此时，全站仪即可计算出测站点 P 的三维坐标，进而进行其他点的测量。

首次测量采用极坐标法，能够构建起三维坐标系并确定基准点的三维坐标。重复监测时，采用后方交会法对设站点的坐标进行校准修正，并进行监测

图 8-22 三维坐标测量示意图

工作。使用全站仪进行观测时，需借助固定的支座将全站仪稳定在设站点位置。在三维坐标网中，经过观测可得基准点以及监测测点的空间坐标（X、Y、Z）。凭借这种方法，可实现对监测测点的重复观测。最后，将监测结果通过坐标计算，即可得监测点的水平和竖向位移。

（2）静力水准仪

根据连通管原理，系统搭建完成后，各测点基本处于同一高程。当连通管一端（末端）密封后，整个通液管路中的液体便不再流动。此后，当测点随结构变形（沉降或隆起）时，测点相对于基点储液罐中的液面相对高差随即产生变化，致使测点测值发生相应改变，此改变量即为该测点的相对沉降量。

压差式变形测量传感器变量计算公式：

$$\Delta h = (h_i - h_0) - (H_i - H_0) \tag{8-9}$$

式中：Δh——当前时刻测点计算值（kPa 或 mm），即相对变形展示值；

h_i——测点当前时刻测量值（kPa 或 mm）；

h_0——测点初始时刻测量值（kPa 或 mm）；

H_i——基点当前时刻测量值（kPa 或 mm）；

H_0——基点初始时刻测量值（kPa 或 mm）。

（3）图像视觉技术

机器视觉智能测量仪能够识别结构物上的靶标图像，当被测结构物发生平面位移时，靶标坐标随之变化，从而测量到被测物的水平与垂直双向位移。该测量仪内置有图像增强边缘计算软件，能够将图像转化为二维位移数据，并无线上传至远程在线监测云平台，供工作人员实时了解现场结构物的健康状况。

8.2.2 立柱结构应力

1）监测目的

改造施工过程中，地下二层、地下三层采用 $\phi 609$mm 钢立柱进行临时支撑，支撑体系

受力状态直接影响既有车站结构安全稳定，故而应掌握既有车站改造过程中，临时立柱的轴力大小及变化情况，对车站既有结构是否安全进行判断，并从钢立柱架设前开始取初频，架设后开始监测。

2）测点埋设及要求

钢筋计两端分别与直径相同的钢筋搭接焊接，然后整体焊接在立柱上，如图 8-23 所示。在焊接时，为避免传感器受热损坏，需在传感器上包裹湿布并不断浇冷水，直至焊接完毕后钢筋冷却到一定温度为止。沿立柱外周边均匀布置 4 个测点，钢筋计及安装位置截面如图 8-24 所示。

过程中还应不断测试传感器的频率，观测其频率值是否处于正常状态。要求电缆接头焊接可靠、稳定且防水性能达到规定的耐水压要求。在对桩浇筑混凝土完毕后，进行冠梁施工前，需凿除超灌部分。此时，应注意保护预埋的钢筋计，尤其注意对电缆线的保护。若施工过程中电缆线需加长，则应由施工单位及时通知监测单位到场；如遇破坏情况，施工方应及时通知监测单位到场，并协助配合采取相应补救措施。

图 8-23　钢筋计与立柱焊接图

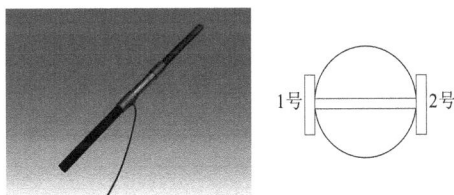

此外，还有一些其他需要着重注意的事项。钢筋计安装定位后，应及时测量仪器初值，根据仪器编号和设计编号做好记录并存档，严格保护好仪器的引出电缆。

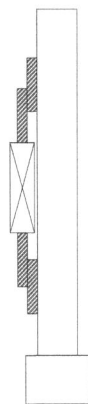

图 8-24　钢筋计及安装位置截面

3）计算方法

支撑应力计算公式为：

$$F = K(f_i^2 - f_0^2) \tag{8-10}$$

式中：F——支撑应力；

f_i——元器件的本次读数；

f_0——元器件的初始读数；

K——元器件的标定系数。

立柱应力计算：

（1）第一步，利用钢筋计的初始频率及本次观测的频率值，计算单根钢筋受力（N_i）。

（2）第二步，计算整个截面内，钢筋计的平均受力。

（3）第三步，根据弹性变形和平面假设，计算整个临时立柱的轴力。公式如下：

$$N = A \times E \times \varepsilon \tag{8-11}$$

式中：N——轴力；

$\quad\quad A$——截面面积；

$\quad\quad E$——材料弹性模量；

$\quad\quad \varepsilon$——应变。

某根钢筋的轴力：

$$N_i = K_i\left(f_i^2 - f_0^2\right) \tag{8-12}$$

横截面上n根钢筋的平均轴力：

$$N_{均} = \frac{1}{n}\sum_{i=1}^{n} N_i \tag{8-13}$$

整个立柱支撑轴力：

$$N_{轴力} = N_{均} \times \frac{A_{钢}}{A_{单钢}} + N_{均} \times \frac{A_{混凝土}}{A_{单钢}} \times \frac{E_{混凝土}}{E_{钢}} \tag{8-14}$$

式中：f_0——钢筋计初始频率；

$\quad\quad f_i$——监测时测得的钢筋计频率值；

$\quad\quad K_i$——钢筋计的标定系数；

$\quad A_{单钢}$——单根安装钢筋计的钢筋面积；

$\quad\quad A_{钢}$——立柱钢材横截面积；

$\quad A_{混凝土}$——混凝土横截面积；

$\quad\quad E_{钢}$——立柱钢管弹性模量；

$\quad E_{混凝土}$——混凝土弹性模量；

$\quad\quad n$——横截面内钢筋计安装个数（$n \geqslant 4$）。

8.2.3　变形缝差异沉降

（1）监测目的

改造施工可能会引起既有车站产生沉降、倾斜，车站结构变形缝的差异沉降直接影响既有车站结构的安全稳定。因此，监测人员应掌握既有车站改造过程中，变形缝两侧的沉降差值及变形情况，从而对车站结构是否安全进行判断。

（2）计算方法

基于结构竖向位移观测结果作适当计算即可获取变形缝差异沉降值。已知既有结构变形缝两侧的两点A、B，通过结构竖向位移测量得到点A、B的沉降值ΔS_A、ΔS_B后，进行差异沉降计算：

$$\Delta S = \left|\Delta S_A - \Delta S_B\right| \tag{8-15}$$

ΔS即为所求差异沉降值。

8.2.4　裂缝观测

1）裂缝测点布设要求

（1）裂缝宽度监测应根据裂缝的分布位置、走向、长度、宽度、错台等参数，综合分析裂缝的性质、产生的原因及发展趋势，选取应力或应力变化较大部位的裂缝或宽度较大的裂缝进行监测。

（2）裂缝观测应在裂缝最宽处及裂缝首端及末端按组布设，每组 2 个监测点，并应分别布设在裂缝两侧，且其连线应垂直于裂缝。

（3）工程施工前，应记录监测对象已有裂缝的分布位置和数量，对监测裂缝进行统一编号，记录各裂缝的位置、走向、长度、宽度、深度以及初测日期等。

（4）裂缝监测标志应便于量测，必要时可采用坐标方格网板标志。

2）裂缝观测方法

（1）裂缝宽度观测应采用裂缝观测仪进行测读，也可在裂缝两侧贴、埋标志。采用千分尺或游标卡尺等直接量测，或采用裂缝计、粘贴千分表及摄影量测等方法，监测裂缝宽度变化。

（2）裂缝长度监测应采用直接量测法。

（3）裂缝深度可采用凿出法等。

8.3　围蔽范围外施工监测实施细则

8.3.1　车站既有结构竖向/水平位移

深圳地铁 7 号线黄木岗站围蔽范围外监测主要包括车站既有结构水平位移监测及竖向位移监测，采用人工监测手段。对于车站顶板、既有柱及侧墙测点水平（竖向）位移监测，其测试方法，可参考上文，此处不再赘述。

对于站厅层顶板测点，采用规格为 $\phi 10cm$、长度为 8cm 的膨胀螺栓，将伸长支架固定在既有顶板上，然后将徕卡 L 形棱镜固定于支架上。对于深圳地铁 14 号线顶板底部测点及车站侧墙测点，则采用大直径反射膜片固定于结构表面，该方法简便快捷且精度较高。

8.3.2　车站既有结构竖向位移

1）监测目的

车站既有结构竖向位移监测是既有车站结构板变形的直接体现，有助于了解车站结构稳定性，同时也可用于间接判断围护结构的安全状况。车站既有结构竖向位移采用人工监测方式，自改造施工启动时正式开展。

2）测点埋设及要求

水准监测网以本工程高程系统为基准建立。控制点由基准点和工作基点组成，同沉降监测点一起布设成闭合线路、附合线路等形式。针对深圳地铁 7 号线黄木岗站车站内部的实际情况，以保证测试精度、减少对车站运营的干扰为原则，车站内部测点采用粘贴式沉降监测点进行竖向位移监测。粘贴式沉降监测点应埋设平整，防止绊倒车站乘客。同时采用高强度黏结剂粘贴牢固，以保证测点稳定，防止测点破坏，如图 8-25 所示。

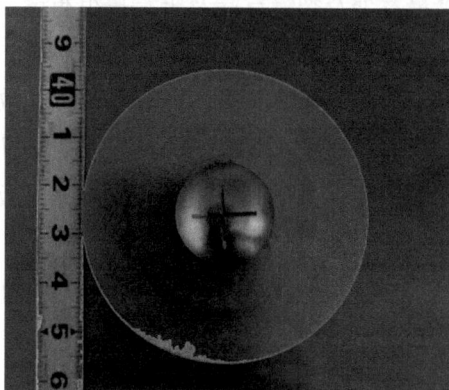

图 8-25　粘贴式沉降监测点

对于深圳地铁 7 号线黄木岗站西侧外部测点，根据现场实际情况，采用高强度测量钉进行观测。

3）测试方法

水准监测网观测采用几何水准测量方法，使用精密水准仪进行观测，主要技术要求如下。

（1）基点、工作基点的观测按《工程测量标准》（GB 50026—2020）二等垂直位移监测网技术要求进行，其主要技术指标及要求见表 8-9。

基点、工作基点观测主要技术指标及要求　　　　　　　　　　表 8-9

序号	项目	限差
1	相邻基准点高差中误差	0.5mm
2	每站高差中误差	0.15mm
3	往返较差及环线闭合差	$4\sqrt{L}$ mm（L 为测站公里数）
4	检测已测高差较差	$\pm 0.4\sqrt{n}$ mm（n 为测站数）
5	视线长度	30m
6	前后视的距离较差	0.5m
7	任一测站前后视距差累计	1.5m
8	视线距离地面最低高度	0.5m

沉降监测点观测按《工程测量标准》（GB 50026—2020）三等垂直位移监测网技术要求进行，主要技术指标及要求见表 8-10。

沉降监测点观测主要技术指标及要求　　　　　　　　表 8-10

序号	项目	限差
1	沉降观测点与相邻基准点高差中误差	1.0mm
2	每站高差中误差	0.30mm
3	往返较差及环线闭合差	$\pm 0.6\sqrt{n}$mm（n为测站数）
4	检测已测高差较差	$\pm 0.8\sqrt{n}$mm（n为测站数）
5	视线长度	50m
6	前后视的距离较差	2.0m
7	任一测站前后视距差累计	3.0m
8	视线距离地面最低高度	0.3m

（2）观测采用闭合水准路线时，可以只观测单程；采用附合水准路线形式时，必须进行往返观测，并取两次观测高差中数进行平差。往测观测顺序为：后、前、前、后；返测观测顺序为：前、后、后、前。观测注意事项如下。

① 在项目开始前和结束后应对使用的水准仪、水准尺进行检验，项目进行中也应定期进行检验，确保仪器处于良好状态。

② 观测应做到三固定，即固定人员、固定仪器、固定测站。

③ 观测前应对精密水准仪的各项控制限差参数进行检查设定，确保附合观测要求。

④ 应在无气浪状态、确保标尺刻度清晰的条件下进行观测。

⑤ 仪器温度与外界温度一致时才能开始观测。

⑥ 每测段往测和返测的测站数均应为偶数，否则应加入标尺零点差改正。

⑦ 由往测转向返测时，两标尺应互换位置，并应重新整置仪器。

⑧ 完成闭合或附合路线时，应注意闭合或附合差情况，确认合格后方可完成测量工作，否则应查找原因直至返工重测合格。

（3）计算方法

工作基点为已知高程，利用测得的各监测点与基准点的高差ΔH，可得到各监测点的高程H_n，其与上次测得的高程H_{n-1}的差值Δh，即为该监测点的沉降值，亦即：

$$\Delta h = H_n - H_{n-1} \tag{8-16}$$

8.4　地下水位监测与预警控制技术

8.4.1　地下水位监测的方法

地下水位监测常用方法如下。

（1）水位传感器：水位传感器是地下水位监测中最常用的方法之一。它可以深入井下直接测量水位的高度，并将数据传输至地面上，实现对地下水位的实时监测。水位传感器的优点是精度高，能够提供准确的地下水位数据。

（2）压力传感器：压力传感器也是一种常用的地下水位监测方法。它通过测量地下水的压力变化，来推断地下水位的变化情况。压力传感器具有响应速度快、安装方便等优点。

（3）水文测站：水文测站是一种对地下水位进行长期、连续监测的设备。它通过在地下水位较高的区域设置测站，采集水位数据，并将数据传送至数据中心进行分析和处理，从而为地下水资源的管理和保护提供全面、系统的数据支持。

8.4.2　地下水位现场监测方案

黄木岗站改造工程地下水位监测是通过钻孔设置水位观测井，并采用水位计进行测量。监测点的作用一是检验降水井的降水效果，二是观测降水对周边环境的影响。地下水位观测是监控地下水位变化的最直接手段，根据监测到的水位变化可及时采取应对措施，预防事故发生。

1）施工工序

地下水位监测孔施工工序如下：

现场实地踏勘→施工前测量放点→设备转场运输→就位准备→钻孔并测量孔深→安装检测孔钢管→投料及回填灌浆→孔口保护墩浇筑及保护罩安装→编号喷涂。

2）现场实地踏勘

使用测量设备对设计图纸中的地下水位监测孔位置进行实地踏勘，观察各相关地下水位监测孔是否位于不便于施工的位置，编制初步踏勘报告，邀请建设、设计和监理单位相关人员现场查看，对于不便施工的地下水位监测孔位置进行调整和处理。

3）施工前测量放点

完成现场实地踏勘后，监测人一样采用工程联系单的方式将踏勘、调整后的地下水位监测孔位置上报。待建设、监理、设计单位批复认可后，即可进行地下水位监测孔位置放点，为接下来的施工提供点位。具体地下水位测点布置如图 8-26 所示。

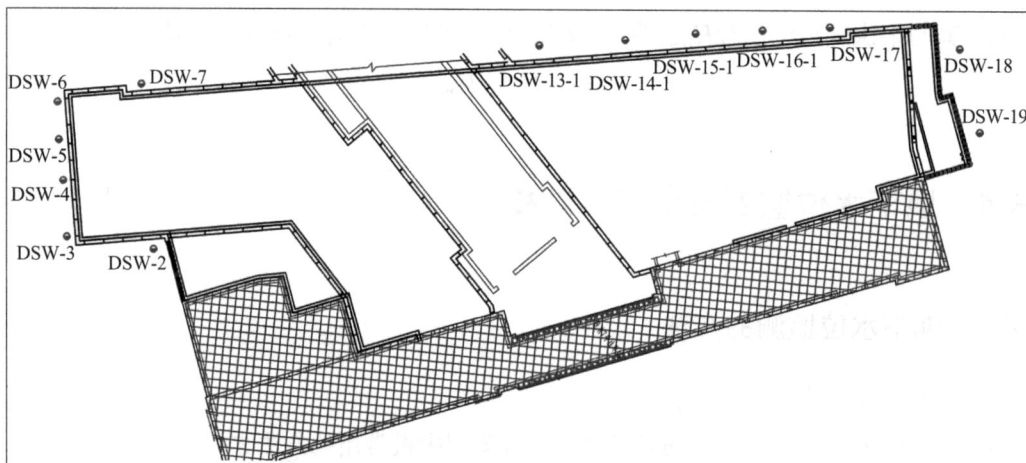

图 8-26　地下水位监测点布置平面图

4）测点布设

本工程的地下水位监测点采用地质钻机钻孔，并选用 55mm 左右的聚氯乙烯（PVC）塑料管作测管，在相应土层深度处将测管做成花管并包裹土工布。在水位管顶部砌方井并悬挂标识牌，做好保护，避免施工时受到损坏，现场监测点布设如图 8-27 所示。

埋设潜水位观测管时，要定好孔位并避开管线。成孔至设计高程后，放入裹有滤网的水位管，管壁与孔壁之间用净砂回填过滤段，上部用黏土进行封填，以防地表水流入。埋设承压水位观测管时，水位管放入钻孔后，水位管滤管必须位于承压水层内。承压水面层以上范围全部采用密封光管，管壁与孔壁之间用黏土封闭，隔断承压水与上层潜水的连通。同时，为防止雨水、地表水以及杂物进入管内，需对观测管进行加盖保护。水位观测管的导管段应顺直，内壁应光滑、无阻，接头应采用外箍接头。观测孔完成后应进行清洗，观测孔内水位应与地层水位一致，且连通良好，观测孔底宜设置沉淀管。

5）监测仪器

地下水位监测常用仪器设备为钢尺水位计，如图 8-28 所示。钢尺水位计是一种测量水位最精确的仪器，通常用于测量井、钻孔及水位管中的水位，特别适合于水电工程中地下水位的观测或土石坝体的坝体浸润线的人工巡检。本仪器既可在施工期间使用，也可作为工程的长期安全监测用。

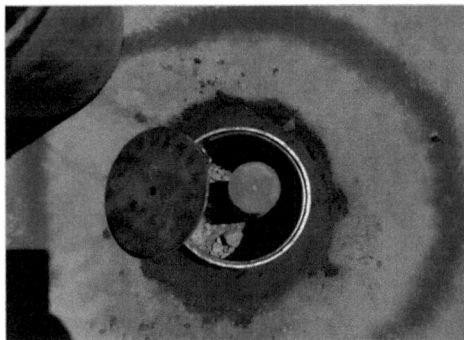

图 8-27　现场监测点布设图　　　　图 8-28　钢尺水位计

（1）组成结构

①地下材料埋入部分，由水位管和底盖组成。

②地面接收仪器——钢尺水位计，由测头、钢尺电缆、接收系统和绕线盘等组成。

a. 测头部分：由不锈钢制成，内部安装了水阻接触点。当触点接触到水面时，便会接通接收系统；当触点离开水面时，就会关闭接收系统。

b. 钢尺电缆部分：由钢尺和导线采用塑胶工艺合二为一，既防止了钢尺锈蚀，又简化了操作过程，测读更加方便、准确。

c. 接收系统部分：由音响器、指示灯和峰值指示器组成。音响器发出连续不断的蜂鸣声响，指示灯点亮，峰值指示为电压表指示。

（2）操作方法

测量时，先让绕线盘自由转动，再按下电源按钮，将测头放入水位管内，手拿钢尺电缆，让测头缓慢地向下移动。当测头的接触点接触到水面时，接收系统的音响器会发出连续不断的蜂鸣声。此时读出钢尺电缆在管口处的深度尺寸，即为地下水位离管口的距离。若在噪声比较大的环境中测量时，难以听见音响器的声响，可观测指示灯和电压表。

监测人员在测读时必须注意两点：①当测头的触点接触到水面时，音响器会发出声音，指示灯亮，电压表指针转动。此时应缓慢下放钢尺电缆，以便仔细地寻找到发音或指示瞬间的确切位置，进而读出该点距孔口的深度尺寸。②读数的准确性，取决于能否及时判断音响器或指示灯亮、电压表指针转动的起始位置。同时，测量的精度还与操作者的熟练程度有关，故测量人员应反复练习与操作。

6）水位量测

降水开始前，所有降水井及观测井需在统一时间联测静水位，统一编号量测基准水位。具体而言，运用水准测量手段测出孔口高程 H，并将探头沿水位管缓慢放下，当测头接触水面时，电测水位仪音响器响，此时读取测尺读数 a_i，则地下水位高程 $H_i = H - a_i$，本次测量地下水位高程与上次测量地下水位高程之间的差值即为水位的升降变化数值。地下水位现场监测如图 8-29 所示。

从降水开始，观测井孔的观测时间间隔分别为 30min、1h、2h、4h、8h、12h，以后每隔 12h 观测一次，直到降水工程结束。观测过程中根据水位变化值绘制水位随时间的变化曲线，以及水位随施工过程的变化曲线。

图 8-29　地下水位现场监测图

8.4.3　地下水位预警的方法

地下水位预警通常通过以下几种方法实现。

（1）阈值预警：该方法需预先设置阈值，当地下水位达到或超过预设的阈值时，系统会发出预警信号。这种方法简单易行，但需要事先对地下水位的变化规律有一定的了解。

（2）模型预警：通过建立地下水位的数学模型，进行地下水位变化的预测和预警。这种方法需要较为详尽的地下水位数据和专业的模型建立，但能够提供更准确的预警结果。

（3）数据分析预警：通过对地下水位数据进行分析和处理，寻找其中的规律和趋势，并进行预警判断。这种方法需要有专业的数据分析工具和算法支持，能够更好地理解和利用地下水位数据。

8.5　自动化监测平台介绍

自动化在线监测系统架构如图 8-30 所示，主要由感知层、数据采集层、传输通信层、应用层组成。

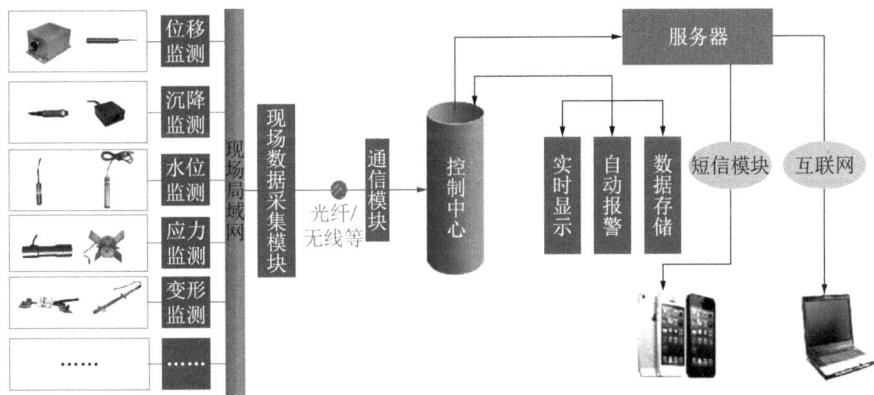

图 8-30　自动化监测系统架构

感知层主要完成待监测物理量的信号转换，其由多种类型智能传感器构成，主要有应变传感器、压力传感器、倾斜传感器、力传感器等；数据采集层主要负责数据采集，将感知层转换后的电信号转换成数字信号，以方便数据远距离传输；传输通信层负责采集层与云平台之间的通信及数据传输，数据传输方式主要有有线传输和无线传输。有线传输借助光纤、网线等介质，经网关将数据发送到云平台及云平台数据下发；无线传输主要通过通用分组无线服务技术（GPRS）以及第三、四、五代移动通信技术（3G、4G、5G）将数据传输到云平台及云平台数据下发；应用层负责数据信息化管理，如控制指令下发和数据接收、多传感器数据融合分析、结果展示、预警等。预警信息通过短信或邮件及时发送到相关管理人员，并提示后台及时对结构当前状态进行安全评估。

8.5.1 自动监测依据

本工程采用自动化监测手段，严格遵守《城市轨道交通工程监测技术规范》（GB 50911—2013）的规定。施工期间，监测频率为 1 次/d；在关键工序期间，2 倍开孔范围内的监测频率提升至 4 次/d。监测贯穿于改造全过程，直至作业完成且监测数据趋于稳定。当监测变形值达到安全控制指标的 60% 时，触发预警；当达到安全控制指标的 80% 时，触发报警并启动应急预案，具体数据见表 8-11。

监测项目、控制值及监测频率

表 8-11

监测项目	断面间距（m）	仪器设备	控制值	备注
结构水平位移	5	全站仪	10mm，2mm/d	自动化监测，部分区域辅以人工监测手段
结构竖向位移	5	电子水准仪全站仪	10mm，2mm/d	自动化监测，部分区域辅以人工监测手段
变形缝差异沉降	5	电子水准仪全站仪	4mm，1.5mm/d	自动化监测，部分区域辅以人工监测手段
裂缝（总限值）	5	游标卡尺	<0.3mm	自动化监测，部分区域辅以人工监测手段
立柱轴力	5	应变计或轴力计	3200kN	—
轨道高低轴向变形	5	电子水准仪全站仪	<4mm/10m	轨行区应采取自动化监测
两轨道横向高差	5	电子水准仪	<4mm	轨行区应采取自动化监测
三角坑高低差	5	电子水准仪	<4mm/18m	轨行区应采取自动化监测
轨道扭曲变形	5	全站仪	<4mm/6.25m	轨行区应采取自动化监测
轨距	5	全站仪	+3mm，−2mm	轨行区应采取自动化监测

8.5.2 监测点布置

本次工程需要监测地铁车站在侧墙及顶板拆除过程中的竖向位移及地下水位监测，以达到动态控制车站结构安全性的目的。竖向位移监测点布置如图 8-31 所示，地下水位监测点分布如图 8-26 所示。

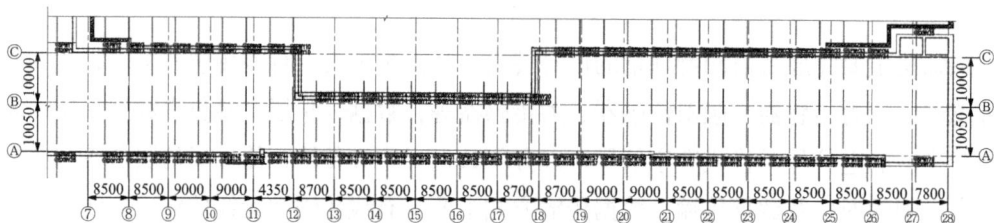

图 8-31　竖向位移监测点布置平面图（尺寸单位：mm）

8.5.3 自动监测系统使用方法

（1）用户界面

用户通过输入指定登录账号进入用户管理模块主界面，如图 8-32 所示。

图 8-32　用户管理模块

（2）数据传输

数据采集传输系统的设备主要由数据采集仪、串口服务器、A（D）转换设备（模拟数字转换器）、传输线缆以及无线数传模块组成。各个监测子项会依据结构物现场环境布置信息采集传输节点，将各类参数传感器所获取的实时数据经由无线数传模块上传至中心服务器主机，以便进行数据记录与分析。当实际施工要求为人工监测的时候，数据采集传输系统依然留有供人工便携采集仪使用的传输端口，供人工采集数据。

（3）数据分析

监测分析选项是将现场所有设备采集返回的数据进行整理，并根据时间排序展示在系统中。系统会对数据进行自诊断，判断其有效性，主要实现方法是通过对比同组别的历史数据，查看其是否是单一突变值。对于有效的数据，系统将分类进行整理分析，用户能够按需查看和分析相应数据，监测数据自动对比如图 8-33 所示。

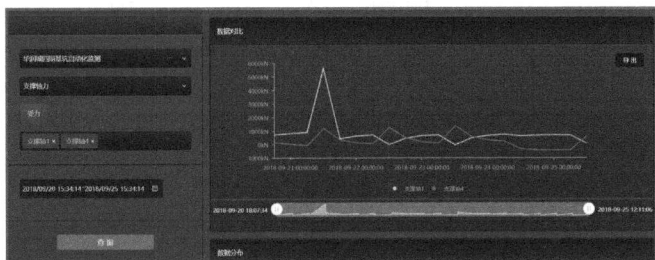

图 8-33　监测数据自动对比功能图

进入监测分析页面后，可看到工程对应的所有设备模块。用户能按需选择相应设备，并进行时间选择查看。比如，可查看数据变化时程曲线，如图 8-34 所示；或查看数据历史累计值，如图 8-35 所示。

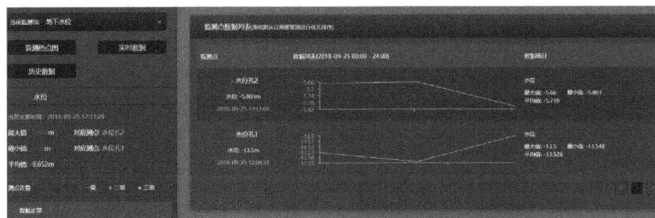

图 8-34　数据变化时程曲线

图 8-35　数据历史累计值

全部监测数据均由计算机数据库管理。同时，对数据设置分级控制，根据监测控制指标的不同范围，将预警分为三级来进行监测过程管理。具体操作时，将监测数据与三级预警值进行比较，预警值设定如图 8-36 所示，从而确定工地现场的监测预警级别。

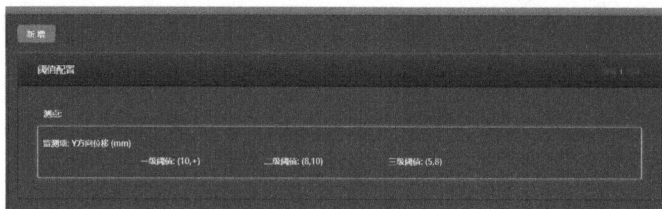

图 8-36　预警值设定

（4）预警推送功能

在线监测系统为全天 24h 无间断工作，一旦结构物发生异常状况，系统便会向用户的移动终端发送预警信息。用户可预先添加不同的报警等级，系统会依据所设定的报警级别，自动通过短信形式将相关信息发送给用户，短信预警设置如图 8-37 所示，短信预警界面如图 8-38 所示。

图 8-37　短信预警设置

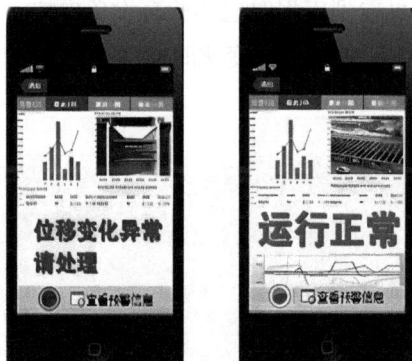

图 8-38　短信预警界面

用户能够对系统中查询到的数据进行报表导出操作。用户进入本系统后，可下载自己需要的数据，且下载之后，即使在没有网络的地方，也可以随时随地的查看和分析数据。如图 8-39 所示，各监测项以日报表的形式呈现，并且系统会自动导出数据并发送。此外，用户还可根据自己的需求，针对特定类别或时间段的数据进行导出，如图 8-40 所示。

图 8-39　监测日报及导出功能

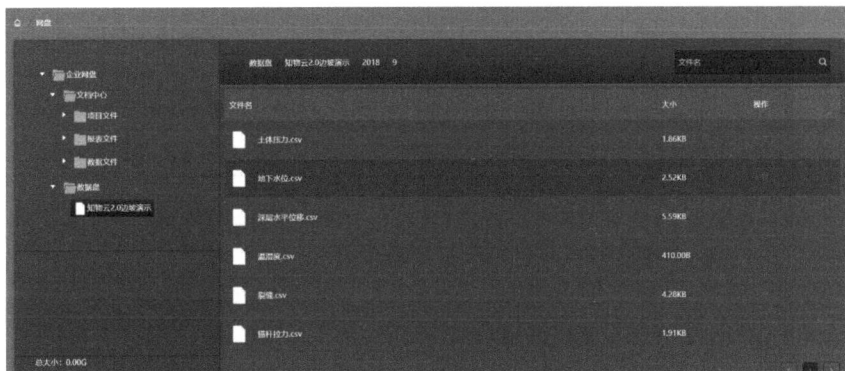

图 8-40　导出特定类别或时间段的数据

8.5.4　巡视与观察

1）改造范围及周边环境巡视

（1）监测目的

现场安全巡视是监控量测的首选项目，既能最直观、全方位、最及时地掌握施工现场的工作状态，又能宏观把握现场的动态安全。因此，安全巡视是保障周边环境及施工现场安全必不可少的监测手段。由于施工阶段不同，现场巡视的重点也会随之发生变化，但总体上可分为对周边环境的安全巡视和工程结构的安全巡视。针对深圳地铁 7 号线黄木岗站改造工程，为全面掌握周边建（构）筑物及既有黄木岗站结构安全状况，现场安全巡视频率定为 1 次/d。

（2）改造施工现场安全巡视

首次巡视：在改造施工开始前，对车站周边道路、地面做首次巡视。首次巡视重点是调查地面有无裂缝、地面隆陷、周边堆载、地表积水及地下水位状况等问题。有裂缝的地方做好标识，记录裂缝的位置、形态，用游标卡尺或裂缝读数显微镜测量并记录裂缝的宽度，并采用拍照的方式对既有裂缝地面隆陷、地表积水等情况进行影像资料的存档。

日常巡视内容：①改造施工部位、施工状态。②车站围护结构体系有无裂缝、倾斜、渗水、坍塌。③临时钢立柱架设的及时性。④既有轨道有无变形。⑤车站附属设施是否运转正常（如电梯等）。⑥车站内部管线有无变形、扭曲、断裂等。

巡视过程中注意人身安全，听从现场施工安全管理人员的指挥，发现车站围护结构出现裂缝、支撑扭曲变形、轨道或既有管线扭曲变形或附属设施运行杂音增大等异常情况时，应及时通报，并拍照存档。

2）现场安全巡视成果

在巡视过程中，巡视人员应填写现场安全巡视表，现场巡视对象及内容见表8-12。

现场巡视对象及内容表　　　　表8-12

分类	巡查检查内容	巡视检查结果	备注
施工工况	改造施工部位、施工状态有无异常		
	临时钢立柱架设是否及时		
	其他		
支护结构	车站围护结构体系有无裂缝、倾斜、渗水、坍塌		
	临时钢立柱有无存在大的变形、扭曲		
	其他		
周边环境	既有轨道有无变形		
	车站附属设施是否运转正常（如电梯等）		
	车站内部管线有无变形、扭曲、断裂等		
	工程周边开挖、堆载、打桩等可能影响工程安全的其他生产活动		
	其他		
监测设施	基准点、监测点的完好状况、保护情况		
	监测元器件的完好状况、保护情况		
	其他		

3）监测交底与测点保护

（1）监测交底

方案完成后，监测单位应对所对应的施工单位进行监测方案交底，交底内容主要包含：①监测点布置原则及点位；②监测项目；③预（报）警值标准；④预警的分类及分级；⑤监测预（报）警响应程序；⑥监测预（报）警程序等。

（2）测点保护

在施工过程中，监测点难免被破坏，监测单位应对监测点采取相应的保护及补救措施。

监测单位将对现场测点进行必要的标识工作，可修复或恢复难度不大的测点类型，由监测单位自行负责。但如全站仪、视觉位移、静力水准仪等仪器被破坏后，应遵循"谁破坏谁恢复"的原则。若需协调机械修复时，应由施工方配合恢复。

8.6　应急总体预案

8.6.1　应急预案的编制依据、原则及方针

为了预防和控制重大事故的发生，并能在重大事故发生后有条不紊地开展救援工作，根据监控量测的特点，监测单位应对易发生重大事故的部位、环节进行监控，并制定监控量测安全事故应急救援预案。根据该应急预案，建立应急救援组织，同时配备必要的应急救援器材、设备等。

（1）编制依据

①《中华人民共和国建筑法》（2011 年修正版）。

②《中华人民共和国安全生产法》（2021 年新修订含草案说明）。

③《中华人民共和国消防法》。

④《生产安全事故报告和调查处理条例》。

⑤《建筑工程安全操作规程》。

⑥《建设工程安全生产管理条例》。

⑦《安全生产许可证条例》。

⑧其他相关标准、规范及规程。

（2）基本原则与方针

应急预案坚持"安全第一、预防为主""保护人员安全优先、保护环境优先"的方针，贯彻"常备不懈、统一指挥、高效协调、持续改进"的原则，更好地适应法律和经济活动的要求；为监测人员提供更好、更安全的环境；保证各种应急资源处于良好的状态；指导应急行动按计划有序地进行；防止因应急行动组织不力或现场救援工作的无序和混乱而延误事故的应急救援；事故预兆发生后，应防止事故预兆的扩大，中止事故的发生，有效地避免或降低人员伤亡和财产损失；帮助应急行动实现快速、有序、高效的目标；充分体现应急救援的"应急精神"，应急事故处理后，根据监测结果进行信息反馈，指导后续施工。

8.6.2　监测风险应急预案

监测项目应按"分区、分级、分阶段"的原则制定监控量测控制标准，并按建设单位相关预警管理办法的规定进行管理和控制，本工程险情预警等级见表 8-13。

险情预警等级

表 8-13

预警等级	状态描述	监测响应	应对措施
黄色预警	"双控"指标（变化量、变化速率）均达到监控量测控制值（极限值）的70%，或双控指标之一达到监控量测控制值的80%时	项目部和监理负责人、主管，联合体项目经理部驻地代表、建设单位驻地代表	（1）加强地面和建筑物（尤其是预警点的附近的雨污水管和有压管线）的检查和沉降动态监测； （2）负有特定职责的人员加强巡视
橙色预警	"双控"指标均达到监控量测制值的80%，或双控指标之一超过监控量测控制值时；或双控指标达到极限值而整体工程尚未出现不稳定迹象时	除前述人员外，建设单位联合体项目经理部、设计单位的项目技术主管	（1）前述措施； （2）监理组织参建单位、专家对数据及巡视信息进行综合分析、判断，并提出意见； （3）属于安全的，继续施工；属于不安全的，采取特殊措施，完善施工方案、开挖进度、支护参数、工艺方法
红色预警	（1）"双控"指标均超过监控量测控制值，或实测变化率出现急剧增长，工程存在不稳定迹象时； （2）"双控"指标之一超过监控量测控制值且持续增长时，可视现场情况下发红色预警	除前述人员外，建设单位联合体项目经理部、设计单位项目技术负责人、政府主管部门委托的监管机构	（1）前述措施（其中监测24h现场值班）； （2）建设单位组织施工、监理、监测、设计单位和专家进行分析评估、预测事故发生可能性的大小、影响范围和程度，提出措施； （3）必要时停止正常作业，采取相应补强措施，如加强支撑、堵漏止水、注浆加固等
综合红色预警	根据对现场的监测数据和监测项目控制值指标的比较分析以及现场的巡视情况，通过综合分析后认定为红色预警	除前述人员外，建设单位负责人、政府主管部门	（1）前述措施； （2）施工单位抢险救援队伍、建设-移交（BT）联合体项目经理部专业应急抢险队伍进入待命状态，调集应急救援所需要的物资、设备、工具； （3）建设单位项目管理公司、应急办公室负责人赶赴现场，协调工作； （4）采取必要措施，确保交通和地下管线安全； （5）与毗邻社区的街道办、政府建立并保持热线联系
事故中期征兆、晚期征兆	—	同前	（1）作业人员停止作业，在采取可能的应急措施后撤离作业场所； （2）启动应急预案，进入应急救援状态

工程施工过程中出现下列情况之一时，或出现工程施工安全施工征兆时，必须立即进行警情报送：

（1）监测数据累计变化量或变化速率之一达到控制值。

（2）支护结构出现过大变形、较大裂缝、断裂、出现明显变位或脱落情况。

（3）顶板出现突然明显沉降或较严重的突发裂缝和坍塌。

（4）周边环境出现危害正常使用功能、结构安全的过大沉降、倾斜、裂缝等。

（5）根据当地工程经验判断，出现其他必须进行警情报送的情况。

当各监测项目监测数值出现异常变化或达到设计文件、规范、规程所定的预警值时，应检查后视基准点、控制点、测点是否存在松动或破坏，并检查仪器、监测方法及计算过程，经过复测并与第三方监测校核无误后，立即通过电话、短信等快捷方式向建设、监理、施工单位汇报情况，并由上述单位向建设主管部门逐级汇报；报送内容主要包括：风险事件、地点、风险概况、原因初步分析、风险处理建议等；此后，将报告发送至项目部、分部施工单位、监理单位。

预警后，应根据预警等级及现场情况加密预警断面测点布设并加大监测频率，指派专人跟踪，并实时掌握变形情况。与此同时，监理单位组织相关部门人员讨论、分析原因，并根据实时监测成果做出相应处理措施。监测人员应全过程跟踪数据的发展变化，并全力配合，及时参加各类分析会，为施工及决策单位提供及时有效的监测数据。而预警的解除，必须严格按照管理部门的规章制度。

8.6.3　突发事件的应急处理组织措施

（1）突发事件应急处理队伍的组成和配置

组建强有力的突发事件应急处理小组，确保在发生突发工程事故时，能在工程事故应急指挥领导小组指挥下迅速启动。

紧急事故发生时，突发事件应急处理小组在项目部的统一调动下，有条不紊的实施工程抢险；机动小组根据现场实际情况，机动调配。

（2）紧急事故处置措施

① 事故处置方案

在紧急情况发生的最初阶段，应第一时间通过手机通知现场作业人员，以及有可能遭受危险的附近作业人员，并尽快报告有关部门。

发生事故后，现场负责人要立即采取措施加以控制，避免事故的扩大。当有可能对抢险人员或其他作业人员构成威胁时，应优先撤离人员。

② 事故处理程序

当紧急情况发生时，班组应急联络人或事故发现者立即向专职应急联络员或向小组长报告；专职应急联络员或小组长立即向中心报告，并做出相应反应；中心随即向上级部门汇报，并组织人员马上赶往现场。

③ 紧急安全疏散

紧急事故发生时，作业人员必须立即停止作业，并迅速撤离至安全地带。撤离时必须迅速而有序，按预先计划的路线进行，并保证这些路线及通道在任何时候都保持畅通。

8.6.4　突发事件的应急处理技术措施

（1）既有建筑骤然倾斜、沉陷紧急应对措施

① 发生此类情况时，立即停止作业，采取临时钢支撑等方式组织土体位移的发展和扩散，严禁重型机械靠近。

② 疏散人群，及时对地层进行注浆加固作业，减少土体坍塌，控制位移。

③ 分析原因并彻底处理后，才能继续开挖。进行连续观测，反馈监测信息。

（2）仪器损毁

注意仪器保养工作，出现仪器故障损坏情况时，应上报项目部，由项目部对仪器进行统一调配。

8.6.5 应急区域划分及应急回应

1）应急区域范围规定

（1）工地现场内应急区域范围划定

① 场地内围护结构施工范围发生安全事故时，以事故危害形成后的任何安全区域为应急区域范围。

② 基坑边坡及自然灾害事故等危害半径以外的任何安全区域为应急区域范围。

③ 发生电气设备故障、严重漏电事故时，以任何绝缘区域（如木材堆放场等）为应急区域范围。

④ 场地内施工便道发生碰撞、刮擦事故区域为应急区域范围。

（2）工地场外应急区域范围的划定

对事故可能波及的工地（围挡）外，引起人员伤亡或财产损失的，需要当地政府的协调，属政府职能。在事故（危害）发生后，及时通报相关部门并由相关部门通知政府，以确定应急区域和范围。

2）预案的启动

当围护结构顶部的水平位移大于警戒值时，或位移突然加大、突降大雨或暴雨时，或遇其他突发事件时，应立即启动应急预案。现场管理人员根据出现的险情或有可能出现的险情，迅速逐级上报。由办公室收集、记录、整理紧急情况信息并向小组及时传递，由小组组长或副组长主持紧急情况处理会议，协调、派遣和统一指挥所有车辆、设备、人员、物资等，组织实施紧急抢救工作，并向上级汇报。事故处理可根据事故大小情况来确定，如果事故规模极小，可根据上级指示由中心自行直接处理。如果事故较大或中心无法独立处理，则由中心向经理部等部门进行请示，请求启动建设单位的救援预案。

3）应急人员安排

（1）紧急情况发生后，实行昼夜值班制。

（2）紧急情况发生后，现场要做好警戒和疏散工作，保护现场，及时抢救伤员和财产，并由现场项目部的最高级别负责人指挥，在3min内电话通报到值班室，主要说明紧急情况的性质、地点、发生时间、有无伤亡以及是否需要派救护车、消防车或警力支持到现场实施抢救等问题。若情况紧急，可直接拨打120、110等求救电话。

（3）值班人员在接到紧急情况报告后，必须在2min内将情况报告到紧急情况领导小组组长和副组长。小组组长组织讨论后，在最短的时间内发出如何进行现场处置的指令。分派人员车辆等到现场进行抢救、警戒、疏散和保护现场等。在30min内以小组名义打电话向上一级有关部门报告。

（4）遇到紧急情况，全体职工应特事特办、急事急办，主动积极地投身到紧急情况的处理中去。各种设备、车辆、器材、物资等统一调遣，各类人员必须坚决服从组长或副组长的命令和安排，不得拖延、推诿、阻碍紧急情况的处理。

（5）整个施工阶段，要从人员、设备、材料和制度等方面，做好充分的准备工作，一旦遇到险情能迅速投入抢险工作。

（6）对于雨季施工，要及时了解天气信息。如遇到暴雨天气，要及时委派专人值班，掌握施工现场情况并及时汇报。

— 第 **9** 章 —

改造施工力学响应与效益分析

9.1 改造方案对比与实测

根据前面章节的模拟分析，已得出最优的车站结构拆除工序，包括最优侧墙拆除工序A-1、最优顶板拆除工序B-1。根据抗浮抗拔桩模型箱试验结果可知，应用抗浮抗拔桩于车站既有结构的拆除过程是合理有效的。因此，本章将前面分析的结果应用于实际工程之中，结合现场实测数据，验证抗拔桩的有效性和拆除顺序的合理性。

9.1.1 改造要求

地铁车站的设计使用年限为100年，因此对结构的变形要求非常严格。为确保既有地铁站的结构安全，要求主体结构在改造过程中的附加竖向和水平位移量均小于5mm，轨道结构变形要求控制在3mm以内。同时，既有结构的配筋须满足改造后车站承载能力极限状态和正常使用极限状态裂缝宽度验算的设计要求。该车站所处的环境类别为一般环境（I类），车站结构的正截面受力裂缝控制等级为三级，其中不与地下水、土接触的结构构件，最大裂缝宽度不能超过0.3mm，与地下水、土接触的结构构件，最大裂缝宽度限制在0.2mm以内。

9.1.2 抗浮稳定性的现场实测

（1）现场地下水位监测数据

地下水位现场监测数据如图9-1所示，黄木岗综合交通枢纽的地下水位在6～8m，出现降雨情况时地下水位会有所上升。

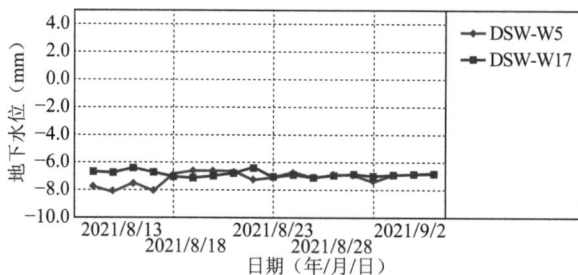

图9-1 地下水位现场监测数据

根据地下水位的情况，结合抗拔桩模型试验和现场试桩试验，得到抗拔桩的抗拔力以及车站总体结构的浮力和重力。通过计算可知，本工程中需要35根抗拔桩，具体抗拔桩布置如图9-2所示。

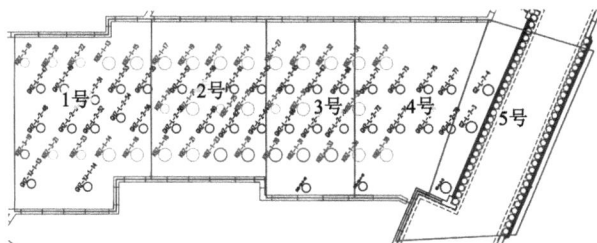

图 9-2　抗拔桩布置示意图

（2）现场底板竖向位移监测

现场竖向位移的监测包括既有顶板、地下一层中板、地下二层中板和地下三层底板，当拆除既有侧墙时，对前三者（既有顶板、地下一层中板、地下二层中板）的竖向位移影响较大，不能较为准确地反映车站的抗浮性。因此，本节选取地下三层底板竖向位移变化值来检验黄木岗综合枢纽抗拔桩的抗浮效果。现场地下三层底板竖向位移监测点布置如图 9-3 所示，选取其中 5 个测点作为数据来源进行分析。

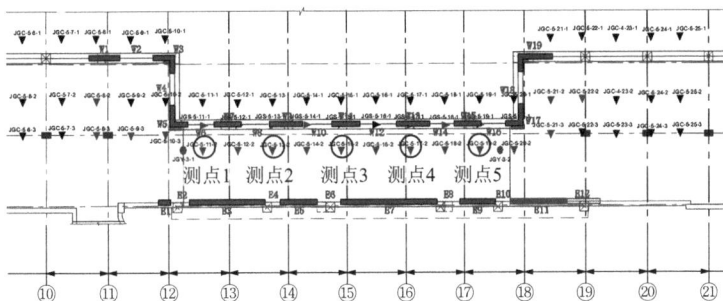

图 9-3　B3 层底板竖向位移监测点

从图 9-3 可知，在抗拔桩的作用下，整个施工过程中（顶板和侧墙拆除以及新建主体结构），地下三层底板竖向位移都在《既有建筑维护与改造通用规范》（GB 55022—2021）[51]所规定的 10mm 竖向位移控制值之下，由此可以验证抗拔桩在实际工程中的有效性。

如图 9-4 所示，通过 5 个选定测点数据变化规律的分析可知，测点 1 和测点 2 所对应的地下三层底板左侧呈现先上浮后下沉的变化规律，测点 4 和测点 5 则完全相反。测点 1 和测点 2 先出现上浮现象，这是由于此时间段正在进行左侧既有结构的拆除工作，整个车站结构的质量有所减轻，导致车站会出现一定程度的上浮，最大上浮位移出现在测点 1，其值为 3.74mm。观察测点 4 和测点 5，可以发现，此阶段沉降值明显小于上浮值，这是由于抗拔桩的作用，减小了右侧结构竖直位移的变化，反映出抗拔桩在车站重量下降时能有效减少浮力对车站整体稳定性影响的作用。测点 1 和测点 2 而后出现下沉现象，是由于左侧新建主体结构逐步施工完成，整体结构重量增加，导致出现下沉趋势，最大沉降值出现在测点 1，其值为 3.28mm；在抗拔桩的作用下，测点 4 和测点 5 的上浮值也明显低于测点 1 和测点 2 的沉降值。

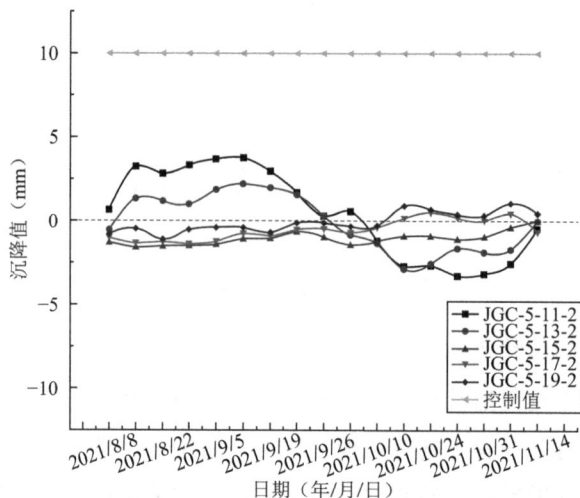

图 9-4 5 个选定测点沉降值变化

注：JGC-5-11-2 简称为 1 号测点；JGC-5-13-2 简称为 2 号测点；JGC-5-15-2 简称为 3 号测点；JGC-5-17-2 简称为 4 号测点；JGC-5-19-2 简称为 5 号测点。

总之，现场施工过程中应该更加注重结构两侧的竖直位移，避免车站上浮导致车站局部破坏。同时，应坚持采用"跳仓法"进行施工，尽力保障整个车站结构受力均匀，防止车站发生整体破坏。

9.1.3 侧墙拆除方案与实测

（1）竖向位移分析

将优化后的侧墙拆除工序 A-1 和抗浮抗拔桩结合运用于实际工程中，对比实际监测数据与模拟结果，并根据《既有建筑维护与改造通用规范》（GB 55022—2021）[51]所规定的竖向位移为依据，得到侧墙拆除工序过程的车站结构竖向位移曲线，如图 9-5 所示。

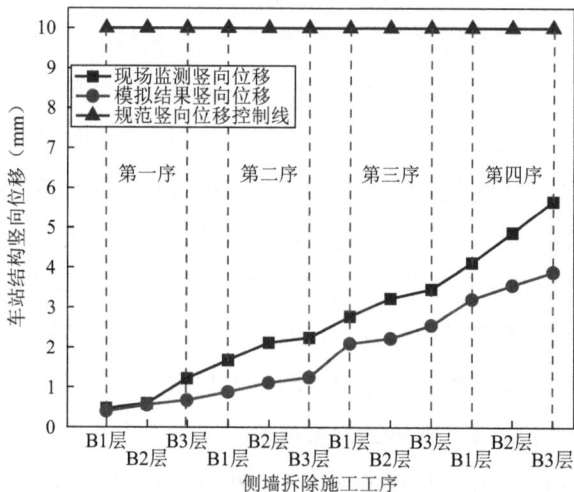

图 9-5 侧墙拆除工序过程的车站结构竖向位移曲线

由图 9-5 可知，随着侧墙拆除的进行，车站结构竖向位移持续增大，但均未达到规范
竖向位移控制线。当第一序拆除完成时，模拟结果显示竖向位移为 0.62mm，现场监测竖
向位移为 1.21mm，相对增大了 0.59mm；当第二序拆除完成时，模拟结果显示竖向位移为
1.12mm，现场监测竖向位移为 2.22mm，相对增大了 1.1mm；直到第四序拆除完成时，模
拟结果显示竖向位移为 3.6mm，现场监测竖向位移为 5.8mm，相对增大了 2.2mm。分析原
因：侧墙拆除是一个不断减重过程，而且在地下水的浮力作用下，整体车站结构位移不断
增大；横向对比模拟结果与监测数据，在实际侧墙拆除过程中，地面移动荷载及地下水位
增大均是提高竖向位移的原因，而模拟过程一直处于稳定分析过程，并未受人为或其他不
确定因素的影响，因此，实际监测数值会略大一些。监测数据结果显示，车站结构在拆除
过程中并未达到或超过规范竖向位移控制线，说明抗浮抗拔桩的作用效果明显，是适用的、
可行的。

（2）结构内力分析

将优化后的侧墙拆除工序 A-1 和抗浮抗拔桩结合运用于实际工程中，对各监测点的弯
矩值进行统计，并与模拟结果进行对比，以《建筑结构荷载规范》（GB 50009—2012）[52] 所
规定的建筑结构荷载控制值 150kN·m 为限值，得到侧墙拆除工序过程中车站结构的最大
弯矩值变化曲线，如图 9-6 所示。

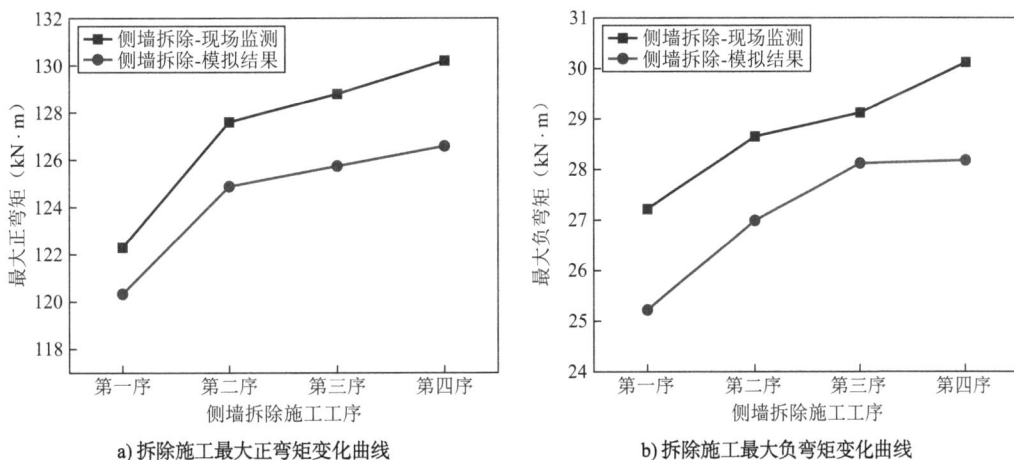

a) 拆除施工最大正弯矩变化曲线　　　　b) 拆除施工最大负弯矩变化曲线

图 9-6　侧墙拆除工序过程中车站结构的最大弯矩值变化曲线

由图 9-6 可知，随着侧墙拆除施工的逐步推进，弯矩值持续增大，但都未超过规范规
定的最大值。顶板拆除第一序完成时，现场监测结果最大正弯矩为 123.1kN·m，模拟结
果为 121.2kN·m；直到顶板拆除第四序完成时，现场监测结果最大正弯矩为 131.5kN·m，
模拟结果为 126.3kN·m。总体来看，现场监测值比模拟值更大一些，分析原因：模拟参数
与实际现场取值一致，但模拟过程并没有设置人为影响和突发因素，而实际工程中地下水
位存在浮动等突发事件，对整体车站内力的影响较大，从而导致了实际监测值比模拟值更
大一些。

9.1.4 顶板拆除方案与实测

（1）竖向位移分析

将优化后的顶板拆除工序 B-1 和抗浮抗拔桩结合运用于实际工程中，并根据《既有建筑维护与改造通用规范》（GB 55022—2021）[51]所规定的竖向位移为依据，将实际监测数据与模拟结果对比，得到顶板拆除工序过程中的车站结构竖向位移曲线，如图 9-7所示。

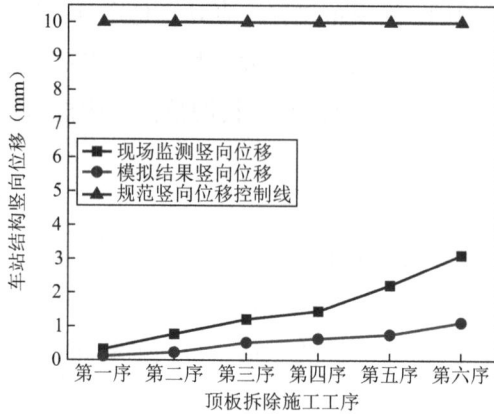

图 9-7　顶板拆除工序过程中的车站结构竖向位移曲线

由图 9-7 可知，随着顶板拆除的进行，车站结构竖向位移持续增大，但均未达到规范竖向位移控制线。当第一序拆除完成时，模拟结果显示竖向位移为 0.14mm，现场监测竖向位移为 0.25mm，相对增大了 0.11mm；当第三序拆除完成时，模拟结果显示竖向位移为 0.56mm，现场监测竖向位移为 1.22mm，相对增大了 0.66mm；直到第六序拆除完成时，模拟结果显示竖向位移为 1.1mm，现场监测竖向位移为 3.02mm，相对增大了 1.92mm，分析原因与侧墙拆除一致。监测数据结果显示，车站结构在拆除过程中并未达到或超过规范竖向位移控制线，说明抗浮抗拔桩的作用效果明显，是适用的、可行的。

（2）内力分析

将优化后的侧墙拆除工序 B-1 和抗浮抗拔桩结合运用于实际工程中，对各监测点的弯矩值进行统计，并与模拟结果进行对比，以《建筑结构荷载规范》（GB 50009—2012）[104]所规定的建筑结构荷载控制值 150kN·m 为依据，得到侧墙拆除工序过程中的车站结构最大弯矩值变化曲线，如图 9-8 所示。

由图 9-8 可知，随着顶板拆除施工进行，弯矩值持续增大，但都未超过规范规定的最大值。当顶板第一序拆除完成时，现场监测结果最大正弯矩值为 49.45kN·m，模拟结果为 48.21kN·m；直到顶板第四序拆除完成时，现场监测结果最大正弯矩为 59.2kN·m，模拟结果为 52.32kN·m。总体来看，现场监测值比模拟值更大一些，分析原因与侧墙拆除一致。

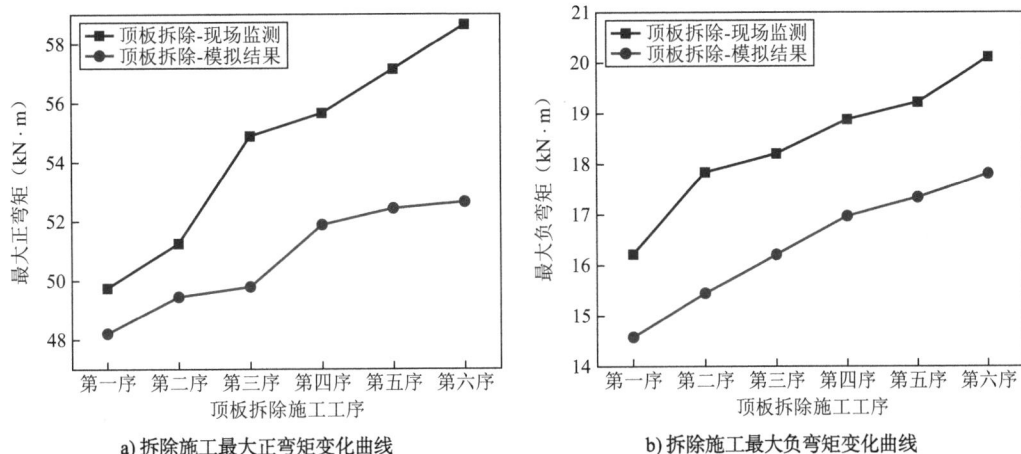

a) 拆除施工最大正弯矩变化曲线　　　　b) 拆除施工最大负弯矩变化曲线

图 9-8　侧墙拆除工序过程中的车站结构最大弯矩值变化曲线

通过选取优化后的侧墙与顶板拆除工序，并将抗拔桩运用于实际工程之中，其控制车站结构竖向位移与结构内力都是十分有效的。

9.2　黄木岗综合枢纽建设情况总结

9.2.1　承建单位简介

中铁隧道集团三处有限公司是世界企业五百强、世界品牌五百强之一的中国中铁股份有限公司（中国中铁，SH：601390；HK：0390）下属的中铁隧道集团有限公司的全资子公司，注册资金 2.1 亿元。中铁隧道集团三处有限公司拥有公路工程、市政公用工程施工总承包一级资质，以及隧道工程、机电设备安装工程、水工隧洞工程、地基与基础工程、桥梁工程专业承包一级资质，还有机电安装工程施工总承包二级，公路水运工程综合试验检测机构丙级资质。中铁隧道集团三处有限公司主要从事铁路、市政、公路、长大隧道、城市轨道交通、地基与基础、桥梁、水利水电、机电设备安装等工程的施工。

中铁隧道集团三处有限公司年生产隧道 60000 m，桥梁 12000 m，路基 1000 万 m³，年施工产值 40 亿元以上。企业通过了质量管理体系认证（ISO9001）、环境管理体系认证（ISO14001），满足职业健康安全管理体系要求（GB/T 45001），承建工程合格率 100%，优良率 96% 以上。

中铁隧道集团三处有限公司现有员工 3200 多人，其中大专以上文化程度 1300 多人，高级工程技术人员 56 人，中级工程技术人员 308 人，专业管理人员 1200 多人，技术工人 1900 多人。下设 21 个专业化工程分公司和机械制造、机电设备安装等分支机构，公司资产总额约 12 亿元，装备有全断面隧道掘进机（TBM）、盾构机等世界先进的隧道、桥梁、地基与基础、路基土石方施工专业设备。

中铁隧道集团三处有限公司具有 50 多年的施工历史，为国内各时期最长、最大隧道如成昆铁路沙木拉打隧道、襄渝铁路大巴山隧道、衡广铁路复线大瑶山隧道、南昆铁路米花岭隧道等做出过决定性贡献。改革开放以来，公司面向市场，先后在全国二十多个等省（自治区、直辖市）承建了数百项高速公路、市政、地铁、水利、地基与基础、矿山、码头等工程，其中价款 1 亿元以上的工程有 50 多项。

9.2.2　工程特点

（1）工程意义

深圳地铁黄木岗综合交通枢纽工程于 2022 年 10 月底与地铁 14 号线同步投入运营。黄木岗综合交通枢纽位于福田中心区，华富路、泥岗西路和笋岗西路五岔路口，是地铁 7 号、14 号、24 号三线换乘枢纽，呈现出地下三线交会、地上桥贯南北的独特格局。枢纽永久桥和既有地铁 7 号线改造工程分别为国内首座站桥合一大跨度钢箱拱桥和当前国内最大体量既有线改造工程。黄木岗综合交通枢纽共有 4 层地下空间，是一个集轨道交通、道路交通、地下公共空间于一体的城市交通综合体。该枢纽利用"一桥一隧"的组织形式，优化了黄木岗片区的市政交通接驳，实现交通的快慢分离，释放了大量地上空间，很大程度上改善了该片区从前区域割裂、景观差、缺乏慢行系统等一系列问题。

黄木岗交通枢纽的建成将提高地铁 14 号线、24 号线、7 号线三线的换乘能力，由于地铁 7 号线车站预留的通道换乘方案难以满足建设需求，故需对地铁 7 号线进行改造。改造过程需将既有运营车站围护结构及主体结构拆除，然后新建梁柱，达到与新建地铁 14 号线同台换乘的效果，黄木岗综合交通枢纽站内效果如图 9-9 所示，整个改造过程由中铁隧道局集团三处有限公司进行实施。

图 9-9　黄木岗综合交通枢纽站内效果图

（2）施工难点

黄木岗综合交通枢纽改造工程具有"一紧、两高、三难"的特点。"一紧"指的是确保地铁 14 号线如期开通，工期十分紧迫，在规定期限内完成了常规工期需要 5 年以上的工程建造任务。"两高"指的是施工工序衔接复杂、结构体系转换频繁，综合难度高；同时，在保障既有线正常运营的情况下实施改造，安全风险高；"三难"指的是工程体量大，包含多个国内首次实施的项目，且面临多次交通疏解和复杂地下管线迁改工作。同时，周边高楼林立、交通繁忙，既要确保既有道路正常通行，又要保障市民正常生活不受干扰。尤其要在平均占地 9 万 m² 的场地内完成总建筑面积达 19.4 万 m² 的上下七层结构，施工组织难、协调难、技术难。

（3）施工创新点

为提升建造水平，建设者加强现场网格化管理，强化施工实时监测预警，积极开展针对性科研与技术攻关工作。结合施工实际，采用了隔式跳仓拆除、分块式拆除等施工组织；创新运用了绳锯切割拆除、水刀破碎拆除等施工工艺；运用金刚石绳锯切割机能够快速、高效、低粉尘和低噪声地进行既有结构的拆除，运用高压水射流来清除既有结构墙趾混凝土，能最大限度地减小改造对既有结构的影响，保留既有结构钢筋。此外，还发明隔音防火围挡，围挡厚 18cm，中间为型钢骨架 + 吸音棉（厚 8cm），两侧为防火消音板（厚 5cm），围挡具有稳固、防火、防水、防尘、消音、抗冲击等特点。中铁隧道局三处有限公司通过开展针对性科研与技术攻关工作，减少了施工噪声粉尘对乘客通行干扰，保障了在既有地铁正常运营的情况下，高效优质地推进既有线路改造工程。

（4）施工工期

黄木岗综合交通枢纽工程既有地铁 7 号线改造于 2021 年 4 月 30 日开始施工，共计拆除主体结构 2312.33m³，原计划整个改造工程历时 417d。2021 年 4 月 9 日，深圳地铁 7 号线改造工程开始进行围护结构破除，先后进行地下一层围护结构破除、地下二层层围护结构破除和地下三层围护结构破除，历时 73d，于 2021 年 6 月 20 日完成围护结构破除；在围护结构破除期间，于 2021 年 4 月 26 日同步进行西侧及顶板改造工程，先后进行站内永久围挡施工、站台板拆除、地下二层楼梯及扶梯孔洞封堵、临时立柱及系梁安装、侧墙改造、顶板拆除、新建行车隧道结构、拆除临时支撑结构和站台板施工等工作，历时 400d，于 2022 年 5 月 30 日完成西侧及顶板改造；东侧改造工程于 2021 年 8 月 6 日开工，先后进行围护桩拆除、叠合梁施工、永久柱施工和东侧侧墙拆除，历时 107d，于 2021 年 11 月 20 日完成施工。

中铁隧道局集团三处有限公司利用既有运营地铁车站快速改造安全控制技术，将主体侧墙拆除"化整为零、分段分仓、伺服补偿"，既减少了对墙体的扰动影响，又可使切割下的混凝土块便于运输。同时，跳仓作业可多工区同时施工，加快施工效率，最终较原计划提前 60d 完工。

9.2.3　经济效益和社会效益

既有运营地铁车站快速改造安全控制技术研究在深圳市黄木岗综交通枢纽工程中

成功应用，黄木岗综合交通枢纽改造工程具有改造规模大、拆除工程量大、新建结构工程量大等特点，传统的施工方法施工进度缓慢、施工粉尘且噪声污染较大，无法保证既有运营线的正常运行，同时也给乘客带来了麻烦。而此次采用地下结构改造侧墙破除施工工法，不仅提高了施工效率，更有力地保障了既有运营线的运行，也将粉尘及噪声污染降到了最低，给出行乘客带来了舒适的出行环境。本工法保证了工程安全、优质、高效地完成，为黄木岗综合交通枢纽工程早日完工打下坚实基础，取得了显著的经济效益和社会效益。

黄木岗综合交通枢纽工程在施工过程中，利用既有运营地铁车站快速改造安全控制技术，产生直接经济效益 237 万元，成效斐然。黄木岗综合交通枢纽改造工程较原计划工期缩短工期 60d，直接经济效益节约 237 万元。减少了大量机械设备租赁费用和人工工资成本支出，其中 80t 起重机 5 万/月，叉车 3 万元台/月，水刀设备 30 万台/月，伺服系统 18 万/月，人工 1 万人/月，共计节约成本：$5 \times 3 + 3 \times 2 \times 3 + 30 \times 3 + 18 \times 3 + 1 \times 20 \times 3 = 237$ 万元。

本工程通过地铁车站跳仓拆除侧墙的施工方法保证快速、安全地建设，开创了快速破除既有侧墙应用于大型地铁改造的先例，以及快速破除既有侧墙应用于大型地铁改造的先例。同时，通过对施工技术的优化，既有运营线的运行得到了保障，粉尘及噪声污染也降到了最低，给出行乘客带来了舒适的出行环境。通过将研究内容和工程实际紧密结合，保证了工程安全、优质、高效地完成，为黄木岗综合交通枢纽工程早日完工打下坚实基础，黄木岗交通枢纽整体效果如图 9-10 所示，车站建成通车剖面如图 9-11 所示。该项目获得了国际隧道协会（ITA）2022 年度地下空间创新贡献奖，并斩获先进项目部、深圳市优质结构等多项荣誉，ITA 获奖证书如图 9-12 所示，取得了显著的社会效益。

图 9-10　黄木岗交通枢纽整体效果图

图 9-11　车站建成通车剖面图

图 9-12　ITA 获奖证书

参 考 文 献

[1] 惠伦. 城市轨道交通站台形式设计方案研究[J]. 交通运输系统工程与信息, 2008, 8(6): 167-173.

[2] 王波. 城市地下空间开发利用问题的探索与实践[D]. 北京: 中国地质大学, 2013.

[3] 孟迎春. 我国城市轨道交通规模研究[D]. 北京: 北京交通大学, 2009.

[4] 李东坤, 谢宇航, 冯会会. 中国城市轨道交通 TOD 政策框架构成及其发展评价——《中国城市轨道交通 TOD 政策指数报告（2023）》摘编[J]. 西南交通大学学报(社会科学版), 2024, 25(2): 29-66.

[5] 张涛. 北京某既有地铁车站改造方案优化[D]. 北京: 北京建筑大学, 2019.

[6] 王亚鹏. 城市轨道交通既有线改造方案的比较分析研究[J]. 数字通信世界, 2019(1): 280, 141.

[7] 马永超. 城市轨道交通既有线改造实例分析[J]. 建筑技术开发, 2018, 45(19): 61-62.

[8] 邓冰晶. 地铁车站建筑改造消防设计研究[J]. 智能城市, 2020, 6(6): 74-75.

[9] 安东辉, 邵文. 地铁车站扩建改造工程对原有结构受力影响分析[J]. 铁道标准设计, 2020, 64(11): 129-135.

[10] 张发明, 王旭东. 既有地铁车站电缆改造施工技术[J]. 现代城市轨道交通, 2014(2): 30-32.

[11] 李斌. 既有地铁工程扩建改造技术研究[D]. 天津: 天津大学, 2015.

[12] 刘力. 既有高架地铁车站改造扩建关键技术研究[J]. 铁道建筑技术, 2017(1): 86-88, 94.

[13] 杜志涛, 郭宏博. 既有线地铁车站侧墙改造破除方案分析[J]. 施工技术, 2020, 49(13): 109-113.

[14] 陈希茂. 预应力混凝土连续梁的切割拖拉移除技术研究[J]. 铁道建筑技术, 2016(10): 14-17, 23.

[15] 李法胜, 修岩. 金刚石绳锯切割技术在钢筋混凝土结构拆除中的应用[J]. 铁道建筑技术, 2009(7): 70-73.

[16] 朱科峰. 闹市区钢筋混凝土结构切割拆除技术[J]. 建筑施工, 2013, 35(5): 370-371.

[17] 聂文高. 运营地铁车站与新建深基坑之间分坑地下室改造施工技术[J]. 建筑施工, 2022, 44(10): 2356-2359.

[18] 茅利华. 复杂地下结构拆除改造施工技术研究[J]. 建筑科技, 2022, 6(4): 60-62, 65.

[19] 孙金山, 蒙云琪, 倪明亮, 等. 紧邻地下结构拆除爆破工程的缓冲减振措施[J]. 工程爆破, 2020, 26(5): 52-56.

[20] 俞天波, 杨帆. 地下空间结构大范围拆改加固施工技术[J]. 上海建设科技, 2022, 253(5): 42-46.

[21] 张长泰. 换乘站施工破除既有车站结构的力学分析[J]. 市政技术, 2014, 32(1): 90-92.

[22] 李长太. 装配式混凝土建筑预制外墙接缝防水技术研究[J]. 中国建筑防水, 2018(16): 25-27.

[23] 徐建月, 陈宝贵, 段林丽. 密封材料在建筑防水工程中的应用[J]. 新型建筑材料, 2011, 38(12): 39-41.

[24] 朱志远. 建筑密封胶及其新标准[J]. 中国建筑防水, 2010(6): 16-19.

[25] 钟强, 张凯, 李文俊. 内浇外挂装配式建筑预制外墙接缝防水技术[J]. 施工技术, 2020, 49(S1): 1025-1028.

[26] PAUL S. Sealability tests of gaskets between precast concrete tunnel lining segments[D]. Urbana-Champaign: University of Illinois Urbana-Champaign, 1978.

[27] 张子新, 谷冠思, 黄昕, 等. 盾构隧道管片接头嵌入式密封垫防水性能探究[J]. 隧道建设(中英文), 2019, 39(9): 1402-1411.

[28] 乔浩, 刘承友, 李洪玲, 等. Bi 系低熔点玻璃粉对无机超薄膨胀型钢结构防火涂料性能的影响研究[J]. 化工新型材料, 2019, 47(3): 242-246.

[29] 韩忠智, 李石, 郭晓军, 等. 可膨胀石墨改性环氧防火涂料的制备及性能研究[J]. 涂层与防护, 2019, 40(4): 45-48.

[30] 衣欣. 基于厚型防火涂料的 H 型钢梁耐火性能数值分析[D]. 沈阳: 沈阳建筑大学, 2013.

[31] 徐世烺, 李宾宾, 李贺东. 新型混凝土钢结构厚型防火涂料的研制[J]. 新型建筑材料, 2016, 43(5): 1-4, 13.

[32] 舒凯征. 水性硅丙树脂超薄膨胀型钢结构防火涂料的研制[D]. 南京: 南京工业大学, 2006.

[33] 滕丽影. 水性环氧膨胀型钢结构防火涂料的制备与研究[D]. 淮南: 安徽理工大学, 2013.

[34] 刘万鹏. 环氧改性水性丙烯酸树脂超薄钢结构防火涂料的研制[D]. 沈阳: 沈阳理工大学, 2010.

[35] 赵雷. 水性超薄型钢结构防火涂料研制及性能研究[D]. 长沙: 湖南大学, 2009.

[36] 扈中武, 孙井臻, 谷晓昱, 等. 氧化钼与钼酸铵对防火涂料阻燃抑烟性能的影响[J]. 涂料技术与文摘, 2016, 37(1): 46-50.

[37] WANG Z Y, HAN E H, KE W. Influence of nano-LDHs on char formation and fire-resistant properties of flame-retardant coating [J]. Progress in Organic Coatings, 2005, 53(1): 29-37.

[38] GU J W, ZHANG G C, DONG S L, et al. Study on preparation and fire-retardant mechanism analysis of intumescent flame-retardant coatings [J]. Surface and Coatings Technology, 2007, 201(18): 7835-7841.

[39] YEW M C, SULONG N H R, YEW M K, et al. Eggshells: a novel bio-filler for intumescent flame-retardant coatings [J]. Progress in Organic Coatings, 2015, 81: 116-124.

[40] 马永喜, 王洪, 靳向煜. 复合针刺非织造布的结构与吸声性能研究[J]. 非织造布, 2009, 17(4): 31-34.

[41] 王双闪, 刘建立, 刘健, 等. 非织造材料基三明治结构吸声体的吸声性能[J]. 上海纺织科技, 2013, 41(12): 56-60.

[42] 班无用, 刘伦贤, 庄兴民, 等. 丙纶基熔喷非织造材料吸声性能研究[J]. 上海纺织科技, 2013, 41(7): 14-16.

[43] JIANG N, CHEN J Y, PARIKH D V. Acoustical evaluation of carbonized and activated cotton nonwovens[J]. Bioresource technology, 2009, 100(24): 6533-6536.

[44] PARIKH D V, CHEN Y, SUN L. Reducing automotive interior noise with natural fiber nonwoven floor covering systems[J]. Textile Research Journal, 2006, 76(11): 813-820.

[45] 蒋明曦. 抗浮锚杆的试验研究[D]. 广州: 中山大学, 2007.

[46] HE L, HE Z. Analysis of floating effect of groundwater on built underground structure[C]// IOP Conference Series: Earth and Environmental Science. IOP Publishing, 2021, 784(1): 012030.

[47] 郑震东. 谈地下室抗浮锚杆设计[J]. 中外建筑, 2003(4): 85-87.

[48] 沈德飞. 地下结构抗浮设计[J]. 工程建设与设计, 2020(23): 28-30, 33.

[49] 董培鑫, 杨浩军, 阚生雷, 等. 某中学基坑工程抗浮设计方案优化分析[J]. 土工基础, 2020, 34(1): 9-11, 16.

[50] 牛斌, 王琦, 郭婷. 行洪区地铁车站设计及安全措施研究[J]. 隧道建设(中英文), 2019, 39(4): 661-668.

[51] 张刘平, 石哲然. 某工程初雨调蓄池抗浮方案研究和优化[J]. 工程技术研究, 2020, 5(10): 28-29.

[52] CHIAN S C, MADABHUSHI S P G. Remediation against floatation of underground structures[J]. Proceedings of the Institution of Civil Engineers-Ground Improvement, 2013, 166(3): 155-167.

[53] TAYLOR E J, MADABHUSHI S P G. Remediation of liquefaction-induced floatation of non-circular tunnels[J]. Tunnelling and Underground Space Technology, 2020, 98: 103301.

[54] 胡正东, 刘毓氚. 地下结构主动抗浮措施工作机制及工程应用[J]. 隧道建设, 2017, 37(1): 68-74.

[55] LI W, DENG L, CHALATURNYK R. Centrifuge modeling of the behaviour of helical piles in cohesive soils from installation and axial loading[J]. Soils and Foundations, 2022, 62(3): 101141.

[56] EMIRLER B, TOLUN M, YILDIZ A. Investigation on determining uplift capacity and failure mechanism of the pile groups in sand[J]. Ocean Engineering, 2020, 218: 108145.

[57] 杨眉, 陈久照, 李超华, 等. 钢管桩和预应力管桩的极限抗拔破坏试验研究[J]. 广东土木与建筑, 2022, 29(9): 25-28.

[58] 李千, 李命成, 李庶林, 等. 削扩支盘桩承载力的抗拔测试研究[J]. 厦门大学学报(自然科学版), 2022, 61(4): 579-584.

[59] 何子睿, 韦古强, 刘广东, 等. 桩侧注浆嵌岩抗拔桩承载性状原位试验研究[J]. 建筑结构, 2022, 52(S1): 2743-2747.

[60] 颜宇鸿, 宋志, 汪浩, 等. 非均匀预应力对抗拔桩受拉性能影响分析[J]. 建筑结构, 2022, 52(S1): 2748-2752.

[61] 杨晶. 软土地区某深基坑开挖过程中抗拔桩受力分析[J]. 地下空间与工程学报, 2021, 17(S2): 861-867.

[62] 何广斌. 地铁既有线车站改造工程风险管理研究[D]. 广州: 华南理工大学, 2022.

[63] 吕高乐, 易领兵, 杜明芳, 等. 软土地区双侧深基坑施工对邻近地铁车站及盾构隧道变形影响的分析[J]. 地质力学学报, 2018, 24(5): 682-691.

[64] 麻凤海, 高冠一, 刘增斌. 地铁深基坑工程变形规律监测与数值模拟研究[J]. 施工技术, 2019, 48(S1): 557-562.

[65] 胡增辉, 竺曙东. 宁波地铁车站深基坑地下连续墙变形特征研究[J]. 现代城市轨道交通, 2018 (5): 38-41.

[66] 刘国彬, 黄院雄, 侯学渊. 基坑工程下已运行地铁区间隧道上抬变形的控制研究与实践[J]. 岩石力学与工程学报, 2001 (2): 202-207.

[67] 赵赵远, 辛建丽. 地铁车站深基坑变形监测分析[J]. 温州职业技术学院学报, 2015, 15(01): 62-65, 88.

[68] 李智. 地铁附属改造项目常见问题分析与建议——以广佛线季华园站为例[J]. 隧道建设(中英文), 2018, 38(11): 1846-1852.

[69] 安东辉, 邵文. 地铁车站扩建改造工程对原有结构受力影响分析[J]. 铁道标准设计, 2020, 64(11): 129-135.

[70] 张长泰. 换乘站施工破除既有车站结构的力学分析[J]. 市政技术, 2014, 32(1): 90-92.

[71] 李储军, 王立新, 胡瑞青, 等. 黄土地区地铁车站换乘改造施工力学行为研究[J]. 铁道标准设计, 2019, 63(9): 101-109.

[72] 王其升. 既有地铁车站运营期间换乘改造施工技术[J]. 铁道建筑技术, 2021(7): 116-120.

[73] 姚燕明, 王毅, 叶蓉. 软土地区既有地下通道加固改造与地铁车站连接技术[J]. 施工技术(中英文), 2022, 51(7): 35-38, 43.

[74] 李斌. 既有地铁工程扩建改造技术研究[D]. 天津: 天津大学, 2015.

[75] 杜志涛, 郭宏博. 既有线地铁车站侧墙改造破除方案分析[J]. 施工技术, 2020, 49(13): 109-113.

[76] 束龙仓, 栾佳文, 宫荣, 等. 傍河地下水位监测断面的优化设计[J]. 吉林大学学报(地球科学版), 2023, 53(2): 555-565.

[77] 袁鸿鹄, 刘光华, 魏红, 等. 输水隧洞渗漏地下水位监测分析研究[J]. 人民黄河, 2021, 43(S2): 141-142, 149.

[78] 潘博, 游加, 田震, 等. 地下水位监测冗余数据去除算法研究与应用[J]. 水电能源科学, 2012, 30(5): 21-24, 20.

[79] 姜规模, 韩凤霞. 西安市地面沉降与地下水位动态监测信息管理系统应用研究[J]. 工程勘察, 2010, 38(6): 44-47.

[80] 闫永杰, 翁其能, 吴秉其, 等. 水平层状围岩隧道顶板变形特征及机理分析[J]. 重庆交通大学学报(自然科学版), 2011, 30(S1): 647-649.

[81] 张运良, 曹伟, 王剑, 等. 水平层状岩体隧道超欠挖控制爆破技术[J]. 铁道科学与工程学报, 2010, 7(5): 70-74.

[82] 黄天. 地下室泄水减压抗浮法的应用研究[D]. 武汉: 华中科技大学, 2021.

[83] 任志盛. 地下基础结构水浮力折减及排水减压抗浮研究[D]. 南宁: 广西大学, 2019.

[84] 贺学海, 孙保卫, 徐宏声. 建筑场地地下水压力监测与渗流分析[J]. 勘察科学技术,

1999(2): 3-5.

[85] 裴豪杰. 地下结构抗浮设计的探讨[J]. 福建建筑, 2004, 85(1): 59-60.

[86] 费康, 张建伟. ABAQUS 在岩土工程中的应用[M]. 北京: 中国水利水电出版社, 2010.

[87] 陈卫忠, 伍国军, 贾善坡. ABAQUS 在隧道及地下工程中的应用[M]. 北京: 中国水利水电出版社, 2010.

[88] 熊维, 王瑞海, 唐浩, 等. 地下水位上升对黄土地基的影响[J]. 工程勘察, 2013, 41(3): 11-14, 22.

[89] 李彬. 西咸新区黄土增减湿特性及预测模型的研究[D]. 西安: 西北大学, 2015.

[90] 程小勇. 含水量对黄土强度的影响试验研究[D]. 北京: 中国地质大学, 2009.

[91] 米海珍, 李如梦, 牛军贤. 含水量对兰州黄土剪切强度特性的影响[J]. 甘肃科学学报, 2006(1): 78-81.

[92] 陈福江. 黄土隧道围岩含水量变化对隧道形态影响的研究[D]. 成都: 西南交通大学, 2008.

[93] 郑伟龙. 北京地区地下结构上的浮力作用机理试验研究[D]. 北京: 中国地质大学, 2005.

[94] 刘博洋, 周维博, 李慧, 等.西安市主城区地下水位动态成因类型分析[J].人民黄河, 2016, 38(4): 43-46, 49.

[95] 冯卫星, 景诗庭. 地下水回升对浅埋地下结构的影响及相应对策[J]. 石家庄铁道学院学报, 1992(3): 12-17.

[96] 熊欢. 地下结构抗浮设计中浮力的研究[D]. 长沙: 中南大学, 2013.

[97] 高海. 地下水对某已建地下结构的浮起作用分析[D]. 哈尔滨: 哈尔滨工业大学, 2016.

[98] 张景花. 地铁车站的抗浮设计[J]. 山西建筑, 2010, 36(8): 122-123.

[99] CHATTOPADHYAY B C, PISE P J. Uplift capacity of piles in sand[J]. Journal of geotechnical engineering, 1986, 112(9): 888-904.

[100] DESHMUKH V B, DEWAIKAR D M, CHOUDHURY D. Computations of uplift capacity of pile anchors in cohesionless soil[J]. Acta Geotechnica, 2010, 5: 87-94.

[101] SHANKER K, BASUDHAR P K, PATRA N R. Uplift capacity of single piles: predictions and performance[J]. Geotechnical and Geological Engineering, 2007, 25: 151-161.

[102] CHIM-OYE W, MARUMDEE N. Estimation of uplift pile capacity in the sand layers[J]. International Transaction Journal of Engineering, Management, & Applied Sciences & Technologies, 2013, 4(1): 57-65.

[103] 白晓宇, 秘金卫, 王雪岭, 等. 抗拔桩在抗浮工程中的研究进展[J]. 科学技术与工程, 2022, 22(17): 6781-6789.

[104] 范玉明, 邓鑫, 赵亮. 抗拔桩内力测试现场试验研究[J]. 建筑结构, 2020, 50(S1): 963-967.

[105] 陈杨, 杨敏, 魏厚振, 等. 钙质砂中单桩轴向抗拔模型试验研究[J]. 岩土力学, 2018, 39(08): 2851-2857.

[106] 杨柏, 肖世国, 马建林, 等. 砂岩地层扩底桩抗拔承载特性现场试验研究[J]. 工业建筑, 2021, 51(4): 132-138, 147.

[107] 吴江斌, 王向军, 王卫东. 桩侧注浆与扩底抗拔桩的极限载荷试验研究[J]. 地下空间与工程学报, 2018, 14(1): 154-161.

[108] 唐维. 优势节理控制下小净距地铁车站暗挖施工力学效应研究[D]. 重庆: 重庆交通大学, 2019.

[109] 史逸伟. 不同风化程度花岗岩地层大型海上风机单桩基础承载特性研究[D]. 济南: 山东大学, 2022.

[110] 朱语聪. 透明硬岩相似材料物理力学特性试验及应用研究[D]. 重庆: 重庆交通大学, 2022.

[111] 杨何, 张振波, 侯宏韬, 等. 相似土体原材料配比试验研究[J]. 建筑结构, 2021, 51(S1): 1905-1909.

[112] 中华人民共和国住房和城乡建设部. 混凝土结构加固设计规范: GB 50367—2013[S]. 北京: 中国建筑工业出版社, 2013.

[113] 中华人民共和国住房和城乡建设部. 混凝土结构设计规范: GB 50010—2010[S]. 北京: 中国建筑工业出版社, 2010.

[114] REILLY J J. The management process for complex underground and tunneling projects[J]. Tunnelling and Underground Space Technology, 2000, 15(1): 31-44.

[115] 曹保刚. 城市立交异形板桥的力学特征及工程应用[J]. 中外公路, 2020, 40(S2): 147-150.

[116] 李文治, 曹东国, 王晓军, 等. 城市立交拼宽工程中异形板梁的局部受力分析及配筋探讨[J]. 城市道桥与防洪, 2017(3): 117-120.

[117] 陈伟, 贺国京, 刘敬坤. 钢筋混凝土异形板桥梁受力性能研究[J]. 湖南交通科技, 2016, 42(1): 78-81, 162.

[118] 武占科. 现浇混凝土异形板梁桥支座布置分析[J]. 上海公路, 2013(3): 37-39, 60.

[119] 逢毓卓, 邵新妍. 异形板受力分析与配筋[J]. 低温建筑技术, 2010, 32(6): 70-72.

[120] 何胜. 异形板受力性能的有限元分析[J]. 山西建筑, 2006(5): 53-54.